贵州财经大学学术专著出版资助基金资助

财政科技政策激励与企业创新驱动发展效率

郑 威 ◎ 著

中国社会科学出版社

图书在版编目（CIP）数据

财政科技政策激励与企业创新驱动发展效率 / 郑威著 . —北京：中国社会科学出版社，2022.9
ISBN 978 – 7 – 5227 – 0792 – 1

Ⅰ.①财… Ⅱ.①郑… Ⅲ.①科学研究事业　财政政策—关系—企业创新—研究—中国　Ⅳ.①F812.0②F279.23

中国版本图书馆 CIP 数据核字（2022）第 152941 号

出 版 人	赵剑英
策划编辑	周　佳
责任编辑	黄　丹
责任校对	胡新芳
责任印制	王　超

出　　版	中国社会科学出版社
社　　址	北京鼓楼西大街甲 158 号
邮　　编	100720
网　　址	http://www.csspw.cn
发 行 部	010 – 84083685
门 市 部	010 – 84029450
经　　销	新华书店及其他书店
印　　刷	北京明恒达印务有限公司
装　　订	廊坊市广阳区广增装订厂
版　　次	2022 年 9 月第 1 版
印　　次	2022 年 9 月第 1 次印刷
开　　本	710×1000　1/16
印　　张	15
字　　数	228 千字
定　　价	79.00 元

凡购买中国社会科学出版社图书，如有质量问题请与本社营销中心联系调换
电话：010 – 84083683
版权所有　侵权必究

目 录

前 言 …………………………………………………………… (1)

第一章 绪论 …………………………………………………… (4)
第一节　研究问题与背景 ………………………………………… (4)
第二节　研究目标与意义 ………………………………………… (9)
第三节　研究思路与内容 ………………………………………… (11)
第四节　研究方法与创新 ………………………………………… (13)

第二章 理论借鉴与文献综述 …………………………………… (16)
第一节　理论借鉴 ………………………………………………… (16)
第二节　文献综述 ………………………………………………… (25)
第三节　本章小结 ………………………………………………… (42)

第三章 财政科技政策激励与企业创新驱动发展效率的理论分析及指标测度 …………………………………………… (43)
第一节　财政科技政策激励与企业创新驱动发展效率的概念界定 …………………………………………………… (43)
第二节　财政科技政策激励对企业创新驱动发展及其效率的作用机理 …………………………………………………… (47)
第三节　财政科技政策激励与企业创新驱动发展效率的指标测度 …………………………………………………… (62)

第四节　本章小结 …………………………………………………（75）

第四章　财政科技政策激励与企业创新驱动发展效率概况及问题分析 ……………………………………………………（76）
　　第一节　财政科技政策的演进阶段与基本特征 ……………………（76）
　　第二节　财政科技政策激励的总体概况及异质性分析 ……………（87）
　　第三节　企业创新驱动发展效率的基本概况分析 …………………（100）
　　第四节　企业创新驱动发展效率提升面临的主要问题 ……………（107）
　　第五节　本章小结 …………………………………………………（117）

第五章　财政科技政策激励对企业创新驱动发展效率的总体影响检验 ……………………………………………………（118）
　　第一节　研究设计 …………………………………………………（118）
　　第二节　实证检验与结果分析 ……………………………………（125）
　　第三节　财政科技政策激励的门槛效应检验 ………………………（138）
　　第四节　本章小结 …………………………………………………（145）

第六章　财政科技政策激励对企业创新驱动发展两阶段效率的影响检验 ……………………………………………………（146）
　　第一节　企业创新驱动发展两阶段效率的测度结果分析 …………（146）
　　第二节　研究设计 …………………………………………………（160）
　　第三节　实证检验与结果分析 ……………………………………（164）
　　第四节　行业异质性与地区异质性检验 ……………………………（171）
　　第五节　本章小结 …………………………………………………（177）

第七章　不同类型财政科技政策激励对企业创新驱动发展效率的影响检验 ……………………………………………………（179）
　　第一节　研究设计 …………………………………………………（179）
　　第二节　实证检验与结果分析 ……………………………………（181）
　　第三节　行业异质性与地区异质性检验 ……………………………（191）

第四节　本章小结 …………………………………………（196）

第八章　研究结论、对策建议与研究展望 ………………（198）
　　第一节　研究结论 …………………………………………（198）
　　第二节　对策建议 …………………………………………（201）
　　第三节　研究展望 …………………………………………（208）

参考文献 ……………………………………………………（210）

后　记 ………………………………………………………（231）

前　言

本书是关于财政科技政策激励影响企业创新驱动发展效率的理论与实证研究。作为提高社会生产力和综合国力的重要支撑，企业创新驱动发展效率越高，其对社会发展质量与效益的贡献率就越大。财政科技政策激励则是实现企业创新驱动发展的重要引擎，缺少财政科技政策的有效激励，企业创新驱动发展就缺乏活力。政府对企业技术创新活动的财政科技政策激励对于企业增加创新投入、扩大创新规模起到了不可替代的作用。当前中国企业创新模式仍然较为粗放，高投入、低产出的创新格局并未实现根本性改变，企业创新低效率问题仍然是制约中国企业提升自主创新能力的瓶颈。因此，在经济新常态下，研究如何科学界定政府在创新资源配置中的边界，充分发挥财政科技政策对企业创新驱动发展的引导与激励作用，助力创新资源向企业集聚，从而提高企业创新驱动发展效率，具有重要的理论价值与现实意义。

本书在梳理公共财政理论、政策工具理论、激励理论及创新理论等的基础上，清晰界定了财政科技政策激励与企业创新驱动发展效率的概念内涵，探索性研究了财政科技政策激励对企业创新驱动发展及其效率的作用机理；将政府直接补贴、税收直接优惠与税收间接优惠统一纳入财政科技政策激励的评价指标体系，利用线性加权求和法和熵值法计算了财政科技政策激励的综合指数；将科技研发与经济转化纳入企业创新驱动发展效率的整体测算体系，采用两阶段关联网络 DEA 模型的 Malmquist 指数，测算了中国工业企业创新驱动发展效率（系统效率）及其两阶段效率（科技研发效率与经济转化效率）；基于此，描述性统计分析了财政科技政策激励与企业创新驱动发展效率的状况及问题，并利用2009—2016年中国行业层面和地区层面工业企业面板数据，采用FE方法、D&K方法、工具变量法、系统GMM、门槛模型估计等计量方法，分别实证检验了财政科技政策激励对企业创新驱动发展效率的总体影响、财政科技政策激励对企业创新驱动发展两阶段效率的影响，以及不同类型财政科技政策激励对企业创新驱动发展效率的影响。本书主要研究结论如下。

第一，财政科技政策激励水平与企业创新驱动发展效率水平在样本期内整体上均呈现出显著的增长趋势，且表现出明显的行业异质性与地区异质性。研究结果表明，2009—2016年政府直接补贴、税收直接优惠及税收间接优惠均是逐年增长的，企业创新驱动发展效率水平在主要年份均大于1；资本与技术密集型行业的财政科技政策激励水平高于资源与劳动密集型行业，东部地区的激励水平高于中西部地区；整体来看，资本与技术密集型行业的企业创新驱动发展效率水平高于资源与劳动密集型行业，中西部地区的效率水平高于东部地区。

第二，财政科技政策激励促进了企业创新驱动发展效率的提升，但其影响具有明显的行业异质性、地区异质性及双门槛效应。财政科技政策激励对企业创新驱动发展效率的促进效应在资本与技术密集型行业中显著，在资源与劳动密集型行业中并不显著；与东部地区相比，中西部地区财政科技政策激励对企业创新驱动发展效率的提升作用更强；在财政科技政策激励水平的不同门槛值区间，财政科技政策激励对企业创新驱动发展效率的提升效应呈现出明显的倒"U"形规律。

第三，财政科技政策激励促进了企业创新驱动发展两阶段效率的提升，但该影响效应存在显著的差异性。行业层面与地区层面的回归结果均证实，财政科技政策激励不仅有助于提升企业科技研发效率，还有助于提升企业经济转化效率。相比于经济转化效率，财政科技政策激励对科技研发效率的提升效应更强，说明财政科技政策激励对企业创新驱动发展效率的促进作用主要通过提升科技研发效率来实现。进一步研究发现，财政科技政策激励对企业创新驱动发展两阶段效率的影响还存在行业异质性与地区异质性。

第四，不同类型财政科技政策激励均促进了企业创新驱动发展效率的提升，但其激励效应存在明显差异。行业层面与地区层面的回归结果均证实，政府直接补贴、税收直接优惠与税收间接优惠均有助于提升企业创新驱动发展效率。对比不同类型财政科技政策的激励效应发现，政府直接补贴的激励效应要强于税收直接优惠，税收间接优惠的激励效应相对较弱。进一步研究发现，不同类型财政科技政策激励对企业创新驱动发展效率的影响也存在行业异质性与地区异质性。

本书主要从以下几个方面提出促进企业创新驱动发展效率提升的对策建议。一是不断完善财政科技政策的组织实施：加强财政科技政策立法，强调政策的法制化与权威性；增强税收优惠的普适性，优化财政科技政策结构；提高政策执行效率，释放政策红利；加强政策后续监管，提高政策效应水平。二是充分发挥财政科技政策的激励作用：建立财政科技投入的稳定增长机制；提高对基础研究和应用研究的支持力度；满足企业创新驱动发展不同阶段的创新需求。三是大力激发企业创新驱动发展积极性：坚定确定企业创新主体地位，调动企业创新主动性；增加企业基础研究与应用研究投入，提高企业研发创新能力；加强企业自身能力建设，激发企业创新积极性。四是着力增强行业协调性与地区协调性：企业要实施差异化的创新驱动发展策略，着力增强行业协调性与地区协调性；财政科技政策激励要充分考虑行业异质性与地区异质性，并兼顾行业协调性与地区协调性。

第 一 章

绪　　论

本书主要是关于财政科技政策激励影响企业创新驱动发展效率的理论与实证研究。本章的写作目的是为全书构建一个清晰的、系统的研究框架，分别介绍本书研究的具体问题与相关背景、研究的总体目标与研究意义、研究的主要思路与内容安排、研究的基本方法与创新。

第一节　研究问题与背景

一　研究问题

经过改革开放四十多年的发展，中国经济进入了产业结构调整的深层次阶段。增强科技创新能力是国家或地区经济可持续增长的主要动力，也是新时代实现经济高质量发展的重要引擎。由于企业在科技创新中的主体性地位，国家创新驱动发展战略的成功实施以及经济结构的转型升级有赖于企业持续的研发投入和自主创新能力的提高。[①] 然而，在企业创新驱动发展过程中，由于创新活动所固有的正外部性，以及创新过程中的信息不对称，市场对创新资源的配置存在失灵现象。[②] 同时，受企业内部及外部诸多因素的影响，企业在面临融资约束、诉讼风险等问题时通

[①] 赵康生、谢识予：《政府研发补贴对企业研发投入的影响——基于中国上市公司的实证研究》，《世界经济文汇》2017年第2期；郑威、陆远权：《金融分权、地方官员激励与企业创新投入》，《研究与发展管理》2018年第5期。

[②] S. Lach, "Do R&D Subsidies Stimulate or Displace Private R&D? Evidence from Israel", *Journal of Industrial Economics*, Vol. 50, No. 4, 2002。

常会减少创新投入，从而影响企业技术创新的主动性与积极性。① 因此，政府干预有了介入的必要。近年来，国家不断加大财政科技政策的投入力度。从国际上看，中国研发经费投入规模为 1.75 万亿，仅次于美国，居世界第二位。《工业企业科技活动统计年鉴》数据显示，2009 年，中国政府科技活动资金、高新技术企业减免税及研究开发费用加计扣除减免税分别为 212.55 亿元、260.52 亿元、150.41 亿元，到 2016 年三类数据的投入规模分别增加到 615.02 亿元、782.82 亿元、488.98 亿元，年均增长率分别高达 16.4%、17.0%、18.3%。财政科技政策激励作为企业创新系统高效运转的重要保证，在保持财政科技投入高速增长的同时，它是否提高了企业创新质量与创新驱动发展效率呢？因此，探究财政科技政策激励对企业创新驱动发展效率的总体影响，是本书研究的第一个具体问题。

企业创新驱动发展是一个先投入创新资源，接着进行技术创新活动形成创新产品成果，然后通过生产活动将创新成果进行扩散，最终驱动企业发展、增加企业经济效益，并由此带来企业发展速度加快与发展质量提升的复杂程序和系统过程。其中，可以将企业利用创新资源投入实现中间创新成果产出的过程称为科技研发阶段，将科技创新成果转化为企业市场化产品及提升企业经济效益的过程称为经济转化阶段。企业在科技研发阶段需要注入大量的项目资金，耗费大量的研发人员与研发经费。对外源融资依赖较强的企业而言，研发成本高且耗时较长的科技研发项目容易受融资约束的影响而被搁置。同样，在经济转化阶段，企业创新成果的批量化生产需要持续的资金供给，创新产品的市场化过程还容易被其他企业通过技术模仿的方式分享市场份额及创新收益。面对市场失灵的影响，政府通过实施财政科技政策是否会达到分担或补偿企业科技研发阶段与经济转化阶段风险损失的目的呢？（即财政科技政策激励是否有利于提升企业创新驱动发展两阶段效率）如果是，该影响效应又是否存在差异呢？因此，探究财政科技政策激励对企业创新驱动发展两

---

① 潘越、潘健平、戴亦一：《公司诉讼风险、司法地方保护主义与企业创新》，《经济研究》2015 年第 3 期。

阶段效率的影响，是本书研究的第二个具体问题。

财政科技政策激励是企业创新系统高效运转的重要保证。当前，财政科技政策涵盖了政府财政投资、政府购买、财政补贴、税收优惠以及各种财政专项经费支出和财政奖励等方面。Bérubé 等指出，政府直接补贴采用直接拨款、贷款贴息等方式为企业技术创新活动进行直接资助，可以降低企业研发项目成本，使部分获益较难的研发项目在得到政府研发补贴后变得有利可图，以此激励企业加大研发创新力度。① 王波和张念明认为，税收直接优惠通过优惠税率、税额减免等方式，将企业创新收益内部化，可以增加企业研发和生产再投入能力，提高企业竞争力、产品附加值和企业利润率，以此助推企业切入创新驱动发展模式。② 税收间接优惠则以研发费用加计扣除、加速折旧、投资抵免、亏损结转等方式，将原本完全由企业单独承担的创新风险，通过退税、税收抵免的形式由政府承担一部分，从而补偿了企业科技创新中的财务风险损失，缓解了企业开展风险性研发活动的创新压力。③ 综上所述，财政科技政策激励的方式不同，其对企业技术创新的影响路径也存在差异。那么，不同类型的财政科技政策激励是否会影响企业创新驱动发展效率呢？如果会，这种影响是否又存在差异性呢？因此，探究不同类型财政科技政策激励对企业创新驱动发展效率的影响，是本书研究的第三个具体问题。

---

① C. Bérubé, P. Mohnen, "Are Firms That Receive R&D Subsidies More Innovative?", *Canadian Journal of Economics*, Vol. 42, No. 1, 2009；刘继兵、王定超、夏玲：《政府补助对战略性新兴产业创新效率影响研究》，《科技进步与对策》2014 年第 23 期；周江华等：《政府创新政策对企业创新绩效的影响机制》，《技术经济》2017 年第 1 期。

② 王波、张念明：《创新驱动导向下财政政策促进科技创新的路径探索》，《云南社会科学》2018 年第 1 期。

③ T. Clausen, "Do Subsidies Have Positive Impacts on R&D and Innovation Activities at the Firm Level?", *Structural Change & Economic Dynamics*, Vol. 20, No. 4, 2009；解维敏、唐清泉、陆姗姗：《政府 R&D 资助，企业 R&D 支出与自主创新——来自中国上市公司的经验证据》，《金融研究》2009 年第 6 期；范硕、何彬：《创新激励政策是否能提升高新区的创新效率》，《中国科技论坛》2018 年第 7 期；龚立新、吕晓军：《政府补贴与企业技术创新效率——来自 2009—2013 年战略性新兴产业上市公司的证据》，《河南大学学报》（社会科学版）2018 年第 2 期。

二 研究背景

对于上述问题的解答不能脱离既定的研究背景，尤其是近年来政策层面对企业创新驱动发展给予了高度关注，理论层面关于财政科技政策的创新效应研究也不断涌现。因此，本书尝试从以下两个方面系统阐述财政科技政策激励影响企业创新驱动发展效率问题的研究背景。

（一）理论背景

对任何事物间关系的探究都不能不考虑其理论支撑，缺乏理论支撑的研究是没有说服力的，财政科技政策激励影响企业创新驱动发展效率的理论与实证研究也不例外。尽管当前直接研究财政科技政策激励对企业创新驱动发展效率影响的文献较少，但针对政府财政支持与企业创新效率的理论和实证研究文献较为丰富。在理论成果方面，早期学者们多基于凯恩斯（John Maynard Keynes）的政府干预理论，研究财政支持对市场失灵的调节作用。随着研究内容的不断深入，他们所依据的理论研究基础也拓展到了其他方面。到目前为止，学者们除了应用凯恩斯理论外，还借鉴了波特（Michael E. Porter）的创新驱动理论、新古典经济学的效率思想等，探究财政科技政策对企业创新效率的影响。总体来讲，涉及财政科技支持与企业创新效率关系研究的相关理论分为两大流派：一是以凯恩斯的政府干预理论和波特的创新驱动理论为代表的"促进论"流派，其认为政府财政科技支持提升了企业创新效率；二是以挤出效应理论与信息不对称理论为代表的"抑制论"流派，其认为政府财政科技支持抑制了企业创新效率。在了解上述理论背景的基础上，开展财政科技政策激励对企业创新驱动发展效率的影响研究，是必要且有效的。

（二）现实背景

中国正处于经济体制转型期。由于国内知识产权保护意识与知识产权体系建设还不健全，科技自主创新基础普遍较弱，研发创新环境有待完善，创新资源供给不足等，中国企业创新主体的科技研发投入与创新意愿相比于创新型国家还有一定差距。此外，中国经济转型期的监管约束、创新资源配置以及信息披露等机制不够完善，公众对政府财政科技政策的影响效应、使用效率以及投入合理性等问题尚且存在质疑。在实际中，不乏部分企业为享受财政科技政策优惠而选择性地进行低质量、高数量的策略性创新，更有甚者利用欺骗或寻租等非生产性手段谋取财政科技资助，并可能造成政府财政科技支持的"抑优扶劣"现象。① 此外，政府财政科技政策对高校与科研机构基础研究的资助力度较大，一定程度上会对企业通过市场竞争机制赢得创新资源产生挤出效应，从而造成企业研发成本增加、企业创新效率下降。倘若政府违背市场运行机制以及创新活动发展规律，并忽略企业要素禀赋特征，财政科技政策激励非但不能科学合理地配置公共科技资源，还可能"适得其反"，致使企业错误投入或过度投入创新资源，最终导致企业科技创新水平下降以及创新驱动发展的低效率。在中国经济转型升级背景下，把财政科技政策当作影响企业创新驱动发展效率提升的关键因素，探究财政科技政策激励对企业创新驱动发展效率的影响效应，具有重要的理论借鉴意义与现实参考价值。

在新时代背景下，中国经济正逐渐向高质量发展阶段迈进，而实现经济持续、高质量发展的关键是由要素驱动发展转向创新驱动发展。《国家中长期科学和技术发展规划纲要（2006—2020年）》（国发〔2006〕6号）特别强调，要提高自主创新能力，建设创新型国家。党的十八大明确提出，科技创新是提高社会生产力和综合国力的战略支撑，要坚持实施创新驱动发展战略，并清楚界定了企业作为创新主体的作用与地位，提出让企业成为技术需求选择、技术项目确定的主体，成为技术创新投入和创新成果产业化的主体。党的十九大更是明确强调，贯彻新发展理念、建设现代经济体系的关键是要把创新型国家建设当作一项重大战略任务来完成。可见，中国政府始终高度重视科技创新在驱动经济发展中的作用，已将企业科技创新主体地位、建设创新型国家提高到了国家战略地位。然而，与美国、法国、日本等先进创新型国家相比，中国的科技创新能力仍然存在差距，创新投入强度、原始创新能力、基础研究和

---

① 安同良、周绍东、皮建才：《R&D补贴对中国企业自主创新的激励效应》，《经济研究》2009年第10期；黎文靖、郑曼妮：《实质性创新还是策略性创新？——宏观产业政策对微观企业创新的影响》，《经济研究》2016年第4期；陈庆江：《政府科技投入能否提高企业技术创新效率?》，《经济管理》2017年第2期。

重大科技开发水平等仍有待加强，对外技术依存度还比较高。① 在"建设创新型国家"的战略背景下，探究如何发挥财政科技政策的激励作用，助力企业创新驱动发展效率的有效提升，既有理论意义又有实践意义。

第二节　研究目标与意义

一　研究目标

本书总的研究目标是，应用科学的理论与方法，在清晰界定财政科技政策激励与企业创新驱动发展效率概念内涵的基础上，剖析财政科技政策激励对企业创新驱动发展及其效率的作用机理，并系统检验财政科技政策激励对企业创新驱动发展效率（系统效率）的总体影响、财政科技政策激励对企业创新驱动发展两阶段效率的影响，以及不同类型财政科技政策激励对企业创新驱动发展效率的影响，从而为提升企业创新驱动发展效率提供理论与实证支撑。为了实现总目标，本书还设置了以下四个具体目标。

第一，在回顾和借鉴公共财政理论、政策工具理论、激励理论、创新理论及效率理论等经典理论的基础上，清晰界定财政科技政策激励与企业创新驱动发展效率的概念内涵，探索性研究财政科技政策激励对企业创新驱动发展的影响、财政科技政策激励对企业创新驱动发展效率的影响，以及不同类型财政科技政策激励对企业创新驱动发展效率的影响，并详细介绍了财政科技政策激励与企业创新驱动发展效率的测度指标及测度方法。

第二，归纳财政科技政策的演进阶段与主要特征，并基于财政科技政策激励与企业创新驱动发展效率指标的测算结果及相关统计数据，从行业层面与地区层面描述性统计分析财政科技政策激励的总体概况、行业异质性与地区异质性，以及企业创新驱动发展效率的基本概况。在此基础上，阐述企业创新驱动发展效率提升所面临的主要问题。

---

① 熊维勤、张春勋：《财政科技政策与企业技术创新》，经济科学出版社2017年版，第79页。

第三，依托文献梳理与理论机理，分别从行业层面与地区层面实证检验财政科技政策激励对企业创新驱动发展效率的总体影响、财政科技政策激励对企业创新驱动发展两阶段效率的影响及其差异性，以及不同类型财政科技政策激励对企业创新驱动发展效率的影响及其差异性，并进一步探究上述影响效应可能存在的行业异质性与地区异质性。

第四，结合理论分析与实证检验结果，归纳财政科技政策激励影响企业创新驱动发展效率的基本结论，提出财政科技政策激励助力企业创新驱动发展效率提升的对策建议，为提升企业创新驱动发展效率中的财政政策供给、支持与利用提供理论参考与实践依据。

二 研究意义

基于前文的研究目标，理论分析并实证检验财政科技政策激励对企业创新驱动发展效率的影响，对于丰富财政科技政策与企业创新驱动发展的系列研究、利用财政科技政策激励提升企业创新驱动发展效率的政策设计思路，具有重要的理论参考价值与实践借鉴意义。

（一）理论意义

本书突破现有理论研究局限，以公共财政理论、政策工具理论、激励理论、创新理论与效率理论为基础，从理论层面探究财政科技政策激励对企业创新驱动发展及其效率的作用机理，并将财政科技政策激励方式划分为政府直接补贴、税收直接优惠与税收间接优惠，从理论上阐释不同类型财政科技政策激励对企业创新驱动发展效率的影响及其差异性。这不仅有助于丰富和拓展财政科技政策激励与企业创新驱动发展效率的理论研究内容，还为优化财政科技政策激励、提升企业创新驱动发展效率提供了理论借鉴与支撑。

（二）实践意义

在科学测算财政科技政策激励与企业创新驱动发展效率的基础上，系统梳理财政科技政策激励与企业创新驱动发展效率的总体概况、异质性表现及现存问题，实证检验财政科技政策激励对企业创新驱动发展效率及其两阶段效率的影响，以及不同类型财政科技政策激励对企业创新驱动发展效率的影响，有助于清晰识别中国企业创新驱动发展效率的真实水平以及财政科技政策激励的实际效应,精准把握财政科技政策激励在企业创新驱动发展效率提升过程中的关键难题,进而为政府制定财政科技政策提供科学的现实参考与依据,以期实现利用财政科技政策激励提升企业创新驱动发展效率的有效政策供给。

第三节 研究思路与内容

一 研究思路

本书遵循问题导向型的基本研究思路,从"理论研究—实证研究—政策研究"的一般研究逻辑出发,即首先是发现研究问题,分析研究背景;梳理并探讨关于该研究问题的发展动态与研究价值,然后对研究问题进行理论分析与实证研究;最后,归纳研究结论并据此提出对策建议。本书的研究思路详见图1.1。

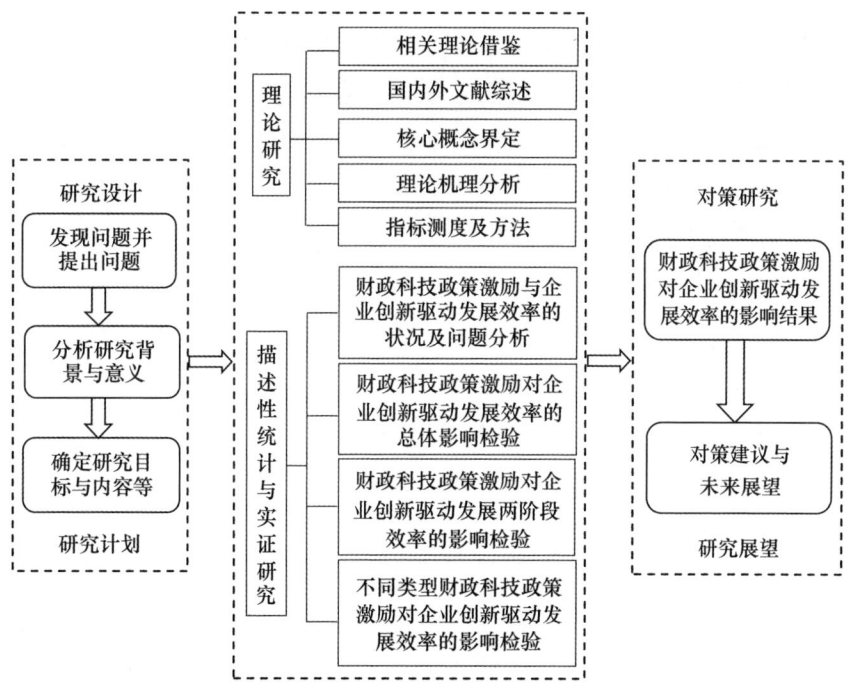

图1.1 研究思路

二 研究内容

本书是关于财政科技政策激励影响企业创新驱动发展效率的理论与实证研究,其主要内容包括绪论、理论研究、现状和问题研究、实证研究与对策研究五个方面,有四个方面的重点。

第一,理论研究。本书的第二章与第三章为理论研究部分,其中,第二章主要梳理公共财政理论、政策工具理论、激励理论、创新理论与效率理论,并以财政科技政策激励与企业创新驱动发展效率作为研究切入点,对国内外相关文献进行综述。第三章主要基于对财政科技政策激励与企业创新驱动发展效率的概念界定,探讨财政科技政策激励对企业创新驱动发展及其效率的作用机理,并详细介绍财政科技政策激励与企业创新驱动发展效率的测度指标和测度方法。

第二,现状和问题研究。本书的第四章为现状与问题研究部分,它主要基于测算结果与相关统计数据,描述性统计分析2009—2016年中国财政科技政策激励的总体概况、行业异质性及地区异质性,以及2009—2016年中国行业层面与地区层面工业企业创新驱动发展效率的基本情况。同时,从财政科技政策的激励作用不充分、企业创新驱动发展内在动力不足、行业不协调与地区不协调现象突出等方面,阐述当前企业创新驱动发展效率提升面临的主要问题。

第三,实证研究。本书的第五章、第六章及第七章为实证研究部分。其中,第五章基于前文理论分析与现有研究,利用2009—2016年中国行业层面与地区层面工业企业面板数据,实证检验财政科技政策激励对企业创新驱动发展效率的总体影响以及该影响可能存在的行业异质性与地区异质性,并构建面板门槛模型进一步检验财政科技政策激励与企业创新驱动发展效率之间是否存在非线性门槛关系。第六章基于企业创新驱动发展两阶段效率的测度结果,实证检验财政科技政策激励对企业创新驱动发展两阶段效率的影响及其差异性,并进一步检验该影响可能存在的行业异质性与地区异质性。第七章基于政府直接补贴、税收直接优惠与税收间接优惠三种类型的财政科技政策激励方式,分别实证检验不同类型财政科技政策激励对企业创新驱动发展效率的影响及其差异性,并进一步检验该影响可能存在的行业异质性与地区异质性。

第四，对策研究。本书的第八章为对策研究部分，主要基于前文理论分析与实证研究结论，总结出财政科技政策激励对企业创新驱动发展效率的影响结果，结合主要研究结论提出促进企业创新驱动发展效率提升的对策建议，并就未来可能存在的改进与拓展空间提出研究展望。

第四节 研究方法与创新

一 研究方法

本书在研究过程中坚持定性分析与定量分析相结合、规范分析与实证分析相结合，运用数理经济学的模型推演、计量经济学中的回归分析等研究方法，理论刻画并实证检验财政科技政策激励对企业创新驱动发展效率的影响，所运用的研究方法如下。

（一）文献研究法

本书基于研究目标与研究内容，通过对以往国内外学者关于财政科技政策与企业创新效率的相关研究成果的归纳、总结与吸收，较为全面地掌握了财政科技政策激励与企业创新驱动发展效率相关理论及国内外研究进展。本书的第二、第三章主要采用该方法。

（二）综合指数测度法

本书将政府直接补贴、税收直接优惠与税收间接优惠统一纳入财政科技政策激励的评价指标体系，并利用线性加权求和法和熵值法计算了财政科技政策激励的综合指数，以期较为科学、全面地反映财政科技政策激励水平。本书第三章的第三节部分采用该方法。

（三）两阶段关联网络 DEA 与 Malmquist 指数法

本书将两阶段关联网络 DEA 模型和 Malmquist 指数相结合，利用两阶段关联网络 DEA 模型的 Malmquist 指数，测算了企业创新驱动发展效率及其两阶段效率，期望比传统 DEA 模型测算得到的企业创新驱动发展效率数值更精确且更好地反映客观事实。本书第三章的第三节部分采用该方法。

(四) 描述性统计分析法

本书基于财政科技政策激励与企业创新驱动发展效率的测算结果及相关统计数据,描述性统计分析了2009—2016年中国财政科技政策激励的总体概况、行业异质性及地区异质性,以及2009—2016年中国行业层面与地区层面工业企业创新驱动发展效率的基本情况,期望从统计分析中总结出企业创新驱动发展效率提升面临的主要问题。本书的第四章主要采用该方法。

(五) 计量分析法

本书主要利用2009—2016年中国行业层面与地区层面工业企业面板数据。首先,实证检验了财政科技政策激励对企业创新驱动发展效率的总体影响以及该影响可能存在的行业异质性与地区异质性,并构建面板门槛模型,进一步检验财政科技政策激励与企业创新驱动发展效率之间是否存在非线性门槛关系。其次,实证检验财政科技政策激励对企业创新驱动发展两阶段效率的影响及其差异性。最后,基于政府直接补贴、税收直接优惠与税收间接优惠三种类型的财政科技政策激励方式,分别实证检验不同类型财政科技政策激励对企业创新驱动发展效率的影响。本书结合了FE模型、D&K方法、工具变量法、系统GMM估计、门槛模型估计等计量分析方法,以期系统考察财政科技政策激励对企业创新驱动发展效率的影响效应。本书第五、第六以及第七章主要采用该方法。

二 研究创新

第一,既有研究更多的是从实证层面检验财政补贴或税收优惠对企业创新效率的影响,但并未系统考察财政科技政策激励影响企业创新驱动发展效率的理论机理。本书不仅从理论层面探究了财政科技政策激励对企业创新驱动发展及其效率的作用机理,还将财政科技政策激励方式划分为政府直接补贴、税收直接优惠与税收间接优惠,阐释了不同类型财政科技政策激励对企业创新驱动发展效率的影响及其差异性,以丰富和拓展财政科技政策激励与企业创新驱动发展效率的理论研究内容和研究范围。

第二,既有研究虽然为克服企业创新活动的"黑箱"问题引入了两阶段 DEA 模型来分析企业创新效率，但更多文献仅测算了企业科技研发阶段或经济转化阶段的效率，忽略了各子阶段之间的关联性问题，由此可能导致测算结果存在偏差。本书将科技研发与经济转化统一纳入企业创新驱动发展效率的整体测算体系，并利用两阶段关联网络 DEA 模型的 Malmquist 指数，不仅测算了企业创新驱动发展两阶段效率，还重点测算了企业创新驱动发展的系统效率。研究发现，样本期间内，中国工业企业创新驱动发展效率整体上呈现出上升趋势，且科技研发效率明显高于经济转化效率。

  第三，既有研究主要关注财政科技支持对企业创新效率的具体效应（激励、挤出或者非线性影响），总体上缺乏系统性。为了全面考察财政科技政策激励对企业创新驱动发展效率的影响，本书在理论分析的基础上，利用中国行业层面与地区层面工业企业面板数据，系统检验了财政科技政策激励对企业创新驱动发展效率的总体影响、财政科技政策激励对企业创新驱动发展两阶段效率的影响，以及不同类型财政科技政策激励对企业创新驱动发展效率的影响。研究发现，财政科技政策激励显著提升了企业创新驱动发展效率；财政科技政策激励对科技研发效率的提升效应要强于经济转化效率；政府直接补贴的激励效应强于税收直接优惠，税收直接优惠的激励效应强于税收间接优惠。基于此，本书提出了合理利用财政科技政策激励提升企业创新驱动发展效率的对策建议。

第 二 章

理论借鉴与文献综述

财政科技支持与企业创新效率一直是学界重点关注的研究领域。探究财政科技政策激励对企业创新驱动发展效率的影响，需要回顾和梳理财政科技政策激励与企业创新驱动发展效率的相关理论，归纳和评述国内外相关问题的研究成果。为此，本章内容主要分为两部分：一是理论借鉴，二是国内外文献综述。借此发现该领域可供拓展的研究方向，以期为后文的理论与实证分析提供研究基础与依据。

第一节 理论借鉴

一 公共财政理论

公共财政的形成背景是与市场经济密切相关的，正是由于"市场失灵"，资源无法实现最优配置，才需要市场以外的力量来调控或干预，政府便是这种力量。公共财政理论的阶段性演进主要是伴随着西方经济学的发展而发展的。一是亚当·斯密（Adam Smith）的廉价政府论。西方经济学开山鼻祖亚当·斯密在其著作《国富论》中表达了他对国家与政府角色的质疑，并基于自由制度中"自私的动机、私有的企业、竞争的市场"三大要素，强调了国家的具体作用是完善资本用途、扩充资本数量、强化分工层级。政府这只"看不见的手"在调控着整个社会的运作，从而导致社会经济活动最终只是一个大家均获益的社会结果。实质上干预市场经济运行的任何行为都是不必要的、不可取的，让市场经济自由发展才是壮大国家和民众财富的最好方式。基于上述论断，亚当·斯密提出了对政府义务三方面的限定：维护并保障社会不受任何侵犯；维护并保障社会中的每个人不受侵犯；维持并发展公共设施建设与公共事业。此外，亚当·斯密还对政府税收行为与支出行为做了具体规范，指出政府要秉持"公平、明确、简便、税收最小化"的原则，坚守节约与量入为出，公共财政坚持的最高目标是实现廉价政府。[1] 二是凯恩斯的政府干预论。西方经济学在20世纪30年代遭遇了一次重大转变。受世界经济危机的影响，在这之后，主张市场自由的经济自由主义开始让位于主张政府调控的经济干预主义。尽管从整体上凯恩斯认可自由市场制度在保障个人自由、激发创造性等方面是一个有效的机制，但是自由市场是存在缺陷的，要更正市场缺点、解决市场失灵，就需要发挥政府的干预机能，从而保障市场经济的合理运作。倘若政府放弃干预或调控而任由市场中的有效需求得不到满足，那么就会导致社会失业、供需失衡、经济危机等再次爆发。因此，政府需要干预以弥补自由市场的有效需求不足，而财政支出就可以直接形成社会有效需求。[2] 对此，凯恩斯系统论证了政府财政支出的经济必要性以及财政赤字的经济合理性，并首次对抗古典经济学秉持的"量入为出"的政府支出原则。三是布坎南（James M. Buchanan）的"公共选择学派"理论。在20世纪70年代，以美国为主的西方国家出现了严重的经济滞胀现象，借此众多经济学家纷纷与凯恩斯主义展开了争论。这些经济学家将经济滞胀局面的形成全部归因于国家对市场经济的干预，正是因为政府过度干预，自由市场经济才丧失了活力。当人们围绕着凯恩斯理论无休止争议时，以布坎南和塔洛克（Gordon Tullock）为首的一批经济学家开始关注公共需求并满足公众需要的产品。与此同时，经济学家们集

---

[1] A. Smith, *An Inquiry into the Nature and Causes of the Wealth of Nations*, Liberty Fund Inc., 1982；张延：《西方经济学中的危机、革命和综合》，《经济科学》1998年第1期；[韩] 孙基华：《亚当·斯密的国富论》，申春梅、朱顺兰译，科学普及出版社2014年版，第137页。

[2] E. E. Hale, R. Phillips, R. Phillips, "Some Implications of Keynes General Theory of Employment, Interest, and Money", *Economic Record*, Vol. 12, No. 2, 2010; J. Mcmanus, E. A. Heinen, M. M. Baehr, "The General Theory of Employment, Interest, and Money", *Limnology & Oceanography*, Vol. 12, No. 1, 2010.

中分析了生产公共物品所需要的机器以及决定公共物品分配的过程，并指出等价交换是自由市场运行的基础。因此，具有可交换的产品必须要满足可排斥性，只有私人产品才能在自由市场上进行交易。公共产品不满足排斥性与可交换性，所以不能形成市场交易，由此便会中断供给者与消费者之间的关联。此时，就需要政府介入来供给该类产品并解决市场配置资源的限制性问题。

从上述西方公共财政理论的不断演变中，可以总结出公共财政的起因是市场失灵，财政对象是公共产品。市场失灵理论的主要观点在于，虽然充分发挥自由市场的作用可以起到实现资源配置的目的，但是市场也有失灵的时候。从宏观上来讲，自由市场对公平收入及平衡宏观经济总量等问题无能为力；从微观上来讲，自由市场不能供给公共产品，且解决不了信息不对称、外部性等问题。公共产品理论则强调了公共产品的主要特征：一是消费的非竞争性，消费者因使用公共产品而获得的效用并不会减少，也不会增加其他消费者从该公共产品中获得的效用；二是收益的非排他性，消费者为使用公共产品而支付了相应成本，但对于不愿支付公共产品使用成本的消费者，无法排除该类消费者对公共产品的使用。同时，消费者也不能以不享用某类公共产品为由而不对公共产品支付成本。①

本书探究财政科技政策激励对企业创新驱动发展效率的影响问题时，涉及政府干预并调控企业科技创新活动，对此需要阐释市场为何没有实现创新资源的最优配置，政府又为何要干预或引导企业创新行为等问题。这就需要依托公共财政理论，从外部性、不完全信息以及公共物品等方面进行解释并分析。因此，公共财政理论是本书研究财政科技政策激励对企业创新驱动发展效率影响问题的重要理论参考与依据。

二 政策工具理论

政策工具研究在经济学领域曾经长期盛行，诸如货币、财政、税收

---

① 王桂娟：《从公共产品到绩效预算的经济学分析》，《财政研究》2007年第9期；童光辉：《公共物品概念的政策含义——基于文献和现实的双重思考》，《财贸经济》2013年第1期。

等常被用作政府调控宏观经济运行的政策工具。由于政府等政策实施者在实践中遇到的政策问题越来越复杂，以及人们将政府政策的调控失灵与政策工具选择挂钩，因此，学者们纷纷开始研究政策工具。政策工具是实现政策目标的一种方式或手段。从公共政策学视角来看，政策工具是与政策执行的方式或手段相对应的，政策执行要求的提高会催促政策工具的日益完善，即它是随着政策执行的复杂度以及难度的提高而不断优化的。政策工具理论不仅强调对公共决策过程与公共政策选择的科学性，还强调政策执行过程的科学性，并在不同方式或工具的执行政策中进行甄别、权衡与评估。① 随着西方国家"新公共管理"运动以及"政府再造"运动的不断兴起，政府的公共管理与治理手段也逐渐多样化，政策工具理论日益受到关注，并随之在 20 世纪 80 年代的西方国家兴起。政策工具理论被当作研究公共政策科学执行的焦点，其研究内容主要与行政体制改革、公共具体领域管理等密切相关，重点探究如何运用与创新政策工具来完善政府治理。其代表人物及代表作主要有克里斯托弗·胡德（Christopher Hood）的《政府工具》、盖伊·彼得斯（B. Guy Peters）和弗兰斯·冯尼斯潘（Frans K. M. van Nispen）的《公共政策工具：对公共管理工具的评价》、戴维·奥斯本（David Osborne）和彼得·普拉斯特里克（Peter Plastrik）的《政府改革手册：战略与工具》等。政策工具理论的核心内容是如何将政策意图转变为管理行为，将政策理想转变为政策现实。受政策工具宽泛性特征的影响，政府政策与政策工具很难进行严格区分，政府采用的政策工具在某种程度上是一项政府政策，而在更高层面上理解，政策工具又只是政府执行上层政策的一种工具。系统而言，它既可以将政策工具理解为用于完善行政体制改革和公共事业管理的工具或机制，又可以将政策工具看作政府提供公共管理与服务的工具或机制。

受益于政策工具宽泛的理论内涵，近年来，政策工具理论逐渐在就

---

① 黄红华：《政策工具理论的兴起及其在中国的发展》，《社会科学》2010 年第 4 期；孙志建：《政府治理的工具基础：西方政策工具理论的知识学诠释》，《公共行政评论》2011 年第 3 期。

业服务、基础设施管理、科技政策、财政金融以及资源管理等方面广泛运用。尤其是在财政金融领域，政府通常应用财政政策工具或金融工具来扩大就业机会、调控市场经济、调整消费等。具体地，财政政策工具分为收入与支出两类，收入类的财政政策工具主要包括减免税、增值税、调整税等各种税收政策，支出类的财政政策工具主要包括购买、转移等各种政府支付政策。在科技创新领域，政府用来激励企业从事科技研发项目的政策被叫作技术创新政策工具。依照政策工具影响科技创新的不同层面，可以将其分为供给面、环境面与需求面三类。从供给面的角度来看，技术创新政策工具旨在完善研发资源的供给状况，扩大技术层面研发资本与研发人员的供给，从而促进创新产品的研发，具体包括信息、创新基础设施、技术研发人员、研发资金等的供给。从环境面的角度来看，技术创新政策工具旨在借助专利法规、财政政策、金融政策等工具影响科技创新环境。从需求面的角度来看，技术创新政策工具主要包括中央政府采购与地方政府采购等内容。

本书主要内容是财政科技政策激励对企业创新驱动发展效率的影响研究，而作为实现政策目标的一种方式，政府在激励企业创新驱动发展过程中的政策工具选择如何影响政策执行效果，政策工具选择又是否合理，财政科技政策作为调控科技创新活动的主要政策方式与手段，又是如何激发企业创新积极性并实现企业科技创新目标的呢？解答这些问题，需要应用政策工具理论的相关知识。因此，政策工具理论对本书研究具有重要的理论参考价值。

三 激励理论

早期学者们对激励的研究仅限于心理学范畴，并主要围绕如何调动人的积极性来展开。直到20世纪初期，激励理论逐渐被应用到管理学与经济学等领域，并逐渐形成较为系统的激励理论体系。总体而言，激励理论是基于人的目标、需要和行为动机，如何激发和控制人的良好工作行为的理论。依据激励理论的研究侧重点，可以将其分为四个理论类别，即内容型激励、过程型激励、强化型激励以及综合型激励。

内容型激励理论主要是研究如何基于个体需要，满足个人需求，所以又被称作需要激励理论。该类型激励理论的代表性理论有马斯洛（Abraham Harold Maslow）的"需求层次理论"、赫茨伯格（Fredrick Herzberg）的"双因素理论"、麦克利兰（David McClelland）的"成就需要理论"以及奥尔德弗（Clayton Alderfer）的"ERG理论"。不同类型的内容型激励理论都是注重研究如何满足个体的不同层次或方面的需要，以激励个体的工作积极性。相比于内容型激励理论对需求内容的强调，过程型激励理论更注重在满足个体需求前如何采取具体行为，并且在这个过程中要弄清个体的付出行为、努力程度以及所期望的奖励等情况。该类型激励理论的代表性理论有弗鲁姆（Victor H. Vroom）的"期望理论"、洛克（Edwin A. Locke）的"目标设定理论"以及亚当斯（John Stacey Adams）的"公平理论"（"社会比较理论"）。强化激励理论主要由斯金纳（Burrhus Frederic Skinner）提出的"强化理论"演化而来。所谓强化激励，是指如果某人做某件事会对其自身产生有利的结果或影响，那么出于行为上的条件反射，该行为人便会反复做这件事，这便是一种强化行为。如果对自身会产生不好的结果或影响，那么他就会减少这种行为的重复次数。在斯金纳之前的激励理论多重视激励物是什么，激励物的大小或多少等，却忽视了激励对象行为后果与激励物的关联性，由此导致达不到激励的预期效果。综合型激励理论是对内容型激励、过程型激励以及强化型激励的统一，更为系统、全面地表达人在激励中的具体反应。早期综合型理论的主要代表是勒温（Kurt Lewin）提出的"心理动力场理论"，其强调心理场是个人生活事件经验的全部以及对未来生活愿望预期的总和，而个人的行为选择与方向不仅是由人的内部需要决定的，还会受外界环境的影响。随后，出现了波特（Lyman Porter）和劳勒（Edward Lawler）的"期望机率理论"以及豪斯（Robert J. House）的"激励力量理论"等新的综合型激励理论。

上述激励理论不仅适用于微观层面的激励分析，还适用于宏观层面的激励分析。对于本书研究内容而言，政府作为激励主体在采取财政科技政策激励方式时，应兼顾并考虑何种激励方式可以最大限度地调动激励对象——企业来提升创新驱动发展效率，并以满足企业创新驱动发展诉求以及效率提升结果来制定相应的财政科技政策，实现财政科技政策较好的激励效果，从而促进企业良性循环发展。因此，上述激励理论对于本书研究财政科技政策激励对企业创新驱动发展效率的影响具有重要的理论参考意义。

四 创新理论

创新是一个复杂的概念。最早提出创新思想的学者可以追溯到马克思（Karl Heinrich Marx），而熊彼特（Joseph Alois Schumpeter）系统地提出了创新理论，并揭示出创新的经济学意义。波特是最早使用创新驱动发展概念的学者，在其之后创新理论逐渐发展并日趋完善。马克思将创新的实质解释为，创新是现实中的人在实践中从事前人未曾从事的、有目的性与创造性的活动。作为新颖的创造性实践活动，创新对知识及智慧的要求较高，在创新过程中需要消耗更多的时间、资本及脑力，创新所形成的有形或无形的产品对社会的贡献度也更大，所以创新通常被认为需要以人的价值实现为目的，没有实现人的价值的创新只能是外化于人的工具。[①] 熊彼特在吸收借鉴马克思创新思想等理论的基础上，在1912年出版的《经济发展理论》一书中首次提出了创新的内涵。他认为创新是经济发展的根本现象，是社会前进最基本的动力。不同于马克思创新具有确定性的观点，熊彼特将创新活动看作不可预测的，从而导致经济表现出周期性的波动。[②] 熊彼特所提出的创新理论主要涵盖五个方面（见图2.1）：一是新产品的形成与引入，二是新型技术的应用以及生产模式的运用，三是新型市场的建立，四是新原料的供给与获取路径，五是新型组织的成立。此外，创新属于经济发展的内部要素，经济发展的实现过程是内部创新对经济社会的改变过程。它主要包括三层含义：其一，创新是一种经济行为，属于经济学范畴，需要创造出新的经济价值；其二，创新是新型生产要素与生产条件的组合，是参与生产系统的重要部

---

① 张森年：《中国马克思主义理论创新之道》，上海人民出版社2007年版，第38页；张国安：《Marx关于人的本质的四重含义及其现实意义》，《甘肃社会科学》2015年第6期。

② J. Backhaus, "Joseph Alois Schumpeter: Entrepreneurship, Style and Vision", *Social Science Electronic Publishing*, Vol. 25, No. 1, 2003.

分;其三,创新是经济发展的重要动力,经济发展是创新实现的积极反映。

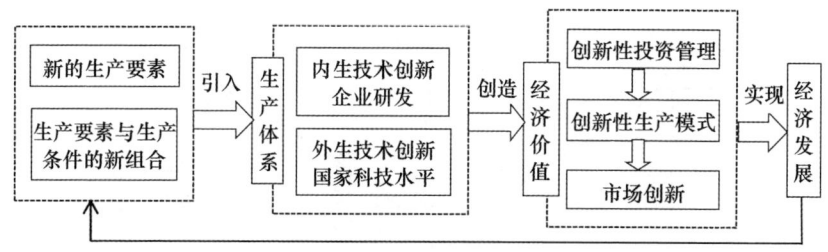

图 2.1 熊彼特的创新理论示意

基于马克思的创新思想以及熊彼特的创新理论,美国战略学家波特提出了"创新驱动"的概念。在他的著作《国家竞争优势》中,波特首次使用了创新驱动的表述。他提出国家经济发展要经历四个阶段:生产要素驱动发展阶段,主要依靠廉价劳动力以及不可再生的自然资源来促进国家经济进步;投资驱动发展阶段,主要依靠资本的持续、大量投入,从发达地区引进先进技术、设备等提高本地区生产力,从而获取后发优势;创新驱动发展阶段,主要依靠知识、人力资本等创新要素,通过推陈出新,增强社会的创新意识与创新氛围;富裕驱动发展阶段,主要依靠金融产业大量的投融资来维系国家经济的发展。前三个阶段对拉动经济增长、促进经济进步、提升国家竞争优势等具有重要的推动作用,而最后一个阶段是国家的经济转折点,在此阶段国家经济容易表现出下滑态势。① 对于判定国家经济是否达到了创新驱动发展阶段,波特强调只有国家经济体发展遵循了"钻石体系模型"(见图2.2),且模型内各关键要素间协作、配合达到最优时,才能达到创新驱动发展的目的。

---

① R. E. Ankli, "Michael Porter's Competitive Advantage and Business History", *Business & Economic History*, No. 21, 1992; M. E. Porter, *Competitive Advantage of Nations*, Free Press, 1998; A. J. Smith et al., "The Competitive Advantage of Nations: Is Porter's Diamond Framework a New Theory that Explains the International Competitiveness of Countries", *Southern African Business Review*, Vol. 14, No. 1, 2010.

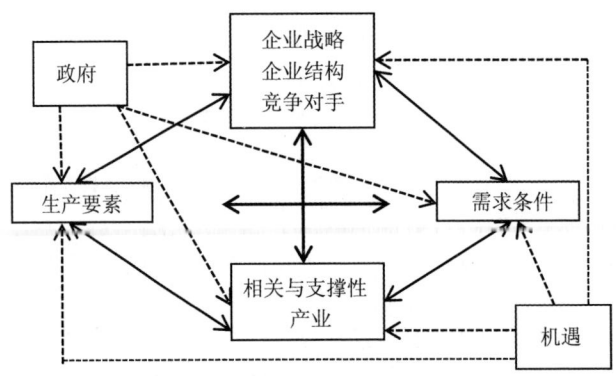

图2.2 波特的"钻石体系模型"

五 效率理论

现代经济学有关经济效率的问题研究始于古典经济学,亚当·斯密早些时候强调了竞争效率以及分工效率的作用。随着效率理论的不断发展,新古典经济学在古典经济学竞争效率思想的基础上,开始不断地对效率进行精确化、形式化地创造与加工,并逐渐形成拥有主流地位的帕累托效率理论。

亚当·斯密在《国富论》中强调,经济学的主要任务是实现"富国裕民",即增加社会及国家的收入水平,给人民提供充足的收入或财富。而增加收入或财富的主要途径,一方面依靠分工来提高社会劳动生产率,另一方面通过增加劳动数量来增加资本回报。尽管《国富论》所研究的对象是国家与民众的财富增长情况,但是亚当·斯密所表达的核心观点是与效率相关的,即强调市场机制是以经济人的获利行为为核心的,市场竞争是最有效率的。可以看出,亚当·斯密对效率的阐述主要包括两个方面:一是劳动生产率的提高是效率的最好体现,二是竞争性的市场机制是最有效率的。① 新古典经济学对效率的研究主要以稀缺资源配置为中心展开,即重点研究稀缺资源的配置效用与收益。新古典经济学对古典经济学强调的竞争均衡可以实现资源最优配置的思想进行了继承与发

---

① 车圣保:《效率理论述评》,《商业研究》2011年第5期。

展,认为社会福利最大化的实现需要依托完全竞争市场,只有这样才能实现最优资源配置效率。但是新古典经济学将资源配置效率与经济效率相等同,放弃了生产过程中的效率思想,并将资源配置效率简称为"效率"。新古典经济学以供给方与需求方组成的市场来代表经济社会,并由此将资源配置效率分成两支:一支是以马歇尔为代表的资源配置效率理论,另外一支是以瓦尔拉斯总体均衡分析为基础的帕累托效率理论。① 资源配置效率理论假定在完全竞争市场中,均衡价格与产量的获得是通过供给函数与需求函数的联解来求得,因为完全竞争市场拥有满足均衡价格与边际成本相等的条件,因此在该市场环境下可以实现最优资源配置效率。帕累托效率理论认为,如果某种资源配置不存在其他生产上的可行性,使得该资源配置中的所有个人至少与未配置前的效用一样好,并且至少有一个人的效用比未配置前更高,那么此种资源配置是实现了社会福利最大化的,是最优配置效率。人们将帕累托对上述配置效率的解释称作"帕累托效率"。②

本书涉及的效率主要是指企业创新驱动发展效率,主要反映企业技术创新资源配置的有效性。企业创新驱动发展效率的提升是以创新资源的最优配置为基础的。要实现最优配置效率,不仅要充分发挥市场资源配置的作用,还要在市场失灵时适度发挥政府调控资源配置的作用。因此,本书以效率理论作为重要的理论基础,探究财政科技政策激励对企业创新驱动发展效率的影响。

第二节 文献综述

一 国外的研究现状

在企业创新驱动发展过程中,政府可以通过财政科技政策发挥重要作用。围绕财政科技政策与企业技术创新,国外学者进行了较为广泛的研究。综合相关问题的国外研究文献,本书主要从以下三个方面进行梳

---

① 于业明、王欣、王建军:《新兴古典经济学述评》,《世界经济文汇》2001年第2期。
② 张子砚、曹阳:《创新及创新效率研究综述》,《现代商贸工业》2014年第11期。

理与总结。

(一) 关于企业创新效率的研究

国外学者从不同视角探究了影响企业创新效率的具体因素。在要素投入方面，Frantzen 等研究发现，人力资本与企业创新效率之间存在显著的正向关系。① Beneito 等证实企业研发资金投入对企业创新效率有促进作用。② 在政府支持方面，Hong 等指出，政府支持可以为企业研发创新营造良好的融资环境，能够促进企业创新投入，从而有利于提升企业创新效率。③ 但是，政府腐败或政治关联会影响政府参与企业创新行为，政府选择性的资助政策也会对企业创新投入产生挤出效应，从而抑制企业创新效率的提升。④ 在企业自身方面，企业管理所有权、控制所有权、企业所有权类型、高管薪酬及企业规模等都对企业创新效率有显著的促进作用。⑤ 在金融市场结构方面，Sasidharan 等指出，完善的金融市场结构可以提高金融资源的配置效率，并通过支持企业引入新产品和新技术推动

---

① D. Frantzen, "R&D, Human Capital and International Technology Spillover: A Cross-country Analysis", *The Scandinavian Journal of Economics*, No. 1, 2000; J. D. Adams, E. P. Chinang, J. L. Jensen, "The Influence of Federal Laboratory R&D on Industrial Research", *Review of Economies and Statistics*, No. 5, 2003.

② P. Beneito, "Choosing Among Alternative Technological Strategies: An Empirical Analysis of Formal Sources of Innovation", *Research Policy*, No. 32, 2003; G. H. Jefferson, B. Huamao, G. Xiaojing, "R&D Performance in Chinese Industry", *Economics of Innovation and New Technology*, Vol. 15, No. 4, 2006.

③ S. Hong et al., "Effect-directed Analysis: Current Status and Future Challenges", *Ocean Science Journal*, Vol. 51, No. 3, 2016; M. Greco, G. Locatelli, S. Lisi, "Open Innovation in the Power & Energy Sector: Bringing Together Government Policies, Companies' Interests, and Academic Essence", *Energy Policy*, No. 4, 2017.

④ S. J. Wallsten, "The Effects of Government-Industry R&D Programs on Private R&D: The Case of the Small Business Innovation Research Program", *Rand Journal of Economics*, Vol. 31, No. 1, 2000; P. Patanakul, J. K. Pinto, "Examining the Roles of Government Policy on Innovation", *Journal of High Technology Management Research*, Vol. 25, No. 2, 2014.

⑤ H. C. Amornkitvikai, "Finance, Ownership, Executive Remuneration, and Technical Efficiency: a Stochastic Frotier Analysis (SFA) of Thai Listed Manufacturing Enterprises", *Australasian Accounting Business & Finance Journal*, Vol. 5, No. 1, 2011; C. Teerawat, H. Charles, "The Efficiency of SMEs in Thai Manufacturing: A Stochastic Frontieranalysis", *Economic Modelling*, Vol. 43, No. 12, 2014; S. E. Katrin, J. A. Francisco, M. Zuray, "A Three-Stage DEA-SFA Efficiency Analysis of Labour-owned and Mercantile Firms", *Journal of Industrial and Management Optimization*, Vol. 7, No. 3, 2017.

企业创新效率增长。① Jones 等研究发现，金融要素市场扭曲对企业创新效率具有明显的负面效应。② Lundvall 等指出，竞争性的市场结构更能激励企业去从事技术研发活动。③ 然而，Steinmetz 研究发现，市场结构与企业创新效率之间的线性关系并不显著。④

创新效率的测度与评价一直是学术界关注的热点问题。国外学者在测度创新效率时采用的最为普遍的方法是数据包络分析法（DEA）和随机前沿分析法（SFA）。数据包络分析法属于非参数法，是计算相对效率的评价方法，适合多投入、多产出的情景。首次提出包络思想的是英国经济学家法雷尔（Michael J. Farrell），Charnes 等将运筹学的理论与模型和相对效率概念相结合，将数据包络分析法演变成评价同类决策单元的一种系统的分析方法。⑤ 最初，学者们在测算同质决策单元的全要素生产率时多利用单阶段 DEA 模型，⑥ Lewis 和 Sexton 则运用网络 DEA 模型来测算子单元的效率值，而该方法的不足在于未将效率改进问题纳入模型。⑦ 由于单阶

---

① S. Sasidharan, J. Lukose, S. Komera, "Financing Constraints and Investments in R&D: Evidence from Indian Manufacturing Firms", *Social Science Electronic Publishing*, No. 55, 2015; P. H. Hsu, X. Tian, Y. Xu, "Financial Development and Innovation: Cross-Country Evidence", *Journal of Financial Economics*, Vol. 112, No. 1, 2014.

② C. I. Jones, J. C. Williams, "Measuring the Social Return to R&D", *Finance & Economics Discussion*, Vol. 113, No. 4, 1997; T. H. Chang, J. K. Peter, "Misallocation and Manufacturing TFP in China and India", *MPRA Paper*, Vol. 124, No. 4, 2007; L. Brandt, T. Tombe, X. Zhu, "Factor Market Distortions Across Time, Space, and Sectors in China", *Review of Economic Dynamics*, Vol. 16, No. 1, 2013.

③ B. A. Lundvall, *National Systems of Innovation: Toward a Theory of Innovation and Interactive learning*, London: Anthem Press, 2010; J. H. Park, "Open Innovation of Small and Medium-sized Enterprises and Innovation Efficiency", *Asian Journal of Technology Innovation*, No. 2, 2018.

④ A. Steinmetz, "Competition, Innovation, and the Effect of R&D knowledge", *Journal of Economics*, Vol. 115, No. 3, 2015.

⑤ M. J. Farrell, "The Measurement of Productive Efficiency", *Journal of the Royal Statistical Society*, Vol. 120, No. 3, 1957; A. Charnes, W. W. Cooper, E. Rhodes, "Measuring the Efficiency of Decision Making Units", *European Journal of Operational Research*, Vol. 2, No. 6, 1978.

⑥ A. Charnes et al., *Data Envelopment Analysis: Theory, Methodology, and Applications*, Boston: Springer, 1994; P. Smith, "Model Misspecification in Data Envelopment Analysis", *Annals of Operations Research*, Vol. 73, No. 1, 1997.

⑦ H. F. Lewis, T. R. Sexton, "Network DEA: Efficiency Analysis of Organizations with Complex Internal Structure", *Computers & Operations Research*, Vol. 31, No. 9, 2004.

段 DEA 模型的局限性较多，Fried 等把两阶段 DEA 模型应用到效率问题的研究中，用于测算效率改进问题，并实现了量化阶段效率的设想。[①] 此后，Wang 等将创新过程分为生产阶段与商业化阶段，利用两阶段关联网络 DEA 模型测算了高技术产业创新效率以及新能源企业创新两阶段效率。[②] 随机前沿分析法属于参数法，是基于传统生产函数的估计方法，它由 Aigner 等提出，Battese 等对 SFA 模型进行了扩充，将非效率函数加入 SFA 模型之中，并采用极大似然法对模型进行估计。[③] 目前，随机前沿分析法在效率估算领域已经得到了广泛应用。Mogens 等利用 SFA 模型测算了丹麦 2370 家公司的创新效率。[④] Teerawat 和 Charles 运用 SFA 模型研究了泰国中小制造业企业的技术创新效率，发现泰国的中小制造业企业属于劳动密集型，平均技术创新效率较低。[⑤]

（二）关于财政科技政策的研究

国外学者对财政科技政策的研究主要集中在财政科技政策的重要性、财政科技政策与经济增长的关系以及财政科技政策的影响效果等方面。财政科技政策投入在形成国家创新能力中起着重要的作用，不仅是政府本身财政科技投入的增加，而且对人力资本的投资、创新激励、产业环境、政府与企业间的关系均有重要影响。[⑥] 在财政科技政策与经济增长方

[①] H. O. Fried et al. , "Accounting for Environmental Effects and Statistical Noise in Data Envelopment Analysis", *Journal of Productivity Analysis*, Vol. 17, No. 2, 2002.

[②] H. M. Wang, H. K. Yu, H. Q. Liu, "Heterogeneous Effect of High-tech Industrial R&D Spending on Economic Growth", *Journal of Business Research*, Vol. 66, No. 10, 2013.

[③] D. Aigner, C. A. K. Lovell, P. Schmidt, "Formulation and Estimation of Stochastic Frontier Production Function Models", *Journal of Econometrics*, Vol. 6, No. 1, 1977; G. E. Battese, T. J. Coelli, "Frontier Production Functions, Technical Efficiency and Panel Data: With Application to Paddy Farmers in India", *Journal of Productivity Analysis*, Vol. 3, No. 1, 1992; G. E. Battese, G. S. Corra, "Estimation of a Production Frontier Model: With Application to the Pastoral Zone of Eastern Australia", *Australian Journal of Agricultural Economics*, Vol. 21, No. 3, 1997.

[④] D. H. Mogens, S. M. Erik, S. Valdemar, "Efficiency, R&D and Ownership-some Empirical Evidence", *International Journal of Production Economics*, Vol. 83, No. 1, 2003.

[⑤] C. Teerawat, H. Charles, "The Efficiency of SMEs in Thai Manufacturing: A Stochastic Frontieranalysis", *Economic Modelling*, Vol. 43, No. 12, 2014.

[⑥] J. L. Furman, M. E. Porter, S. Stern, "The Determinants of National Innovative Capacity", *Research Policy*, Vol. 31, No. 6, 2002; M. Boldrin, D. K. Levine, "Rent-seeking and Innovation", *Journal of Monetary Economics*, Vol. 51, No. 1, 2008.

面，Hayden 指出，资本与劳动是促进经济增长的关键要素，科学技术更是推动经济增长的重要因素。[1] Guloglu 等研究发现，科学技术对经济增长的促进作用要强于劳动与资本要素。[2] 科技创新的准公共品特征，需要政府财政科技资金的投入与支持，Guellec 和 Bruno 在探究财政科技投入与科技创新关系时发现，政府财政科技投入对科技创新的带动作用明显。[3] 在财政科技政策的影响效果方面，政府财政科技资金的投入实质上反映的是一种扩张性的财政货币政策，从经济学角度看会导致两种后果，即挤出效应和互补效应。[4] Guellec 等研究发现，政府财政科技资金投入在一定程度上会挤出或替代私人创新投资，财政科技投入的影响效果并不理想。[5] Mansfield 等研究发现，增加政府财政科技投入与减少财政科技投入会有不同的作用值和作用时效，尽管额外的政府创新投入并没有刺激私人投资，但是减少政策创新投入会导致私人投资减少。[6]

财政科技政策的测算与评价也是国外学者关注的焦点。整体上，财

---

[1] F. G. Hayden, "Technology, Institutions and Economic Growth. By Richard R. Nelson", *R&D Management*, Vol. 38, No. 4, 2010.

[2] B. Guloglu, R. B. Tekin, "A Panel Causality Analysis of the Relationship among Research and Development, Innovation, and Economic Growth in High-Income OECD Countries", *Eurasian Economic Review*, Vol. 2, No. 1, 2012; C. Z. Tsvakirai, L. Frikkie, J. F. Kirsten, "Does Research and Development (R&D) Investment Lead to Economic Growth? Evidence from the South African Peach and Nectarine Industry", *African Journal of Science, Technology, Innovation and Development*, No. 3, 2018.

[3] D. Guellec, P. Bruno, "The Impact of Public R&D Expenditure on Business R&D", *Economics of Innovation and New Technology*, Vol. 12, No. 3, 2003.

[4] T. J. Klette, J. Moen, "From Growth Theory to Technology Policy-Coordination Problems in Theory and Practice", *Discussion Papers*, No. 1, 1998.

[5] D. Guellec, "Applications, Grants and the Value of Patent", *Economics Letters*, Vol. 69, No. 1, 2000; P. J. Klenow, "Ideas Versus Rival Human Capital: Industry Evidence on Growth Models", *Journal of Monetary Economics*, Vol. 42, No. 1, 2004; J. V. Blanes, I. Busom, "Who Participates in R&D Subsidy Programs? The Case of Spanish Manufacturing Firms", *Research Policy*, Vol. 33, No. 10, 2004; L. Lanahan, "Multilevel Public Funding for Small Business Innovation: A Review of US State SBIR Match Programs", *Journal of Technology Transfer*, Vol. 41, No. 2, 2016.

[6] E. Mansfield, L. Switzer, "Effects of Federal Support on Company-Financed R and D: The Case of Energy", *Social Science Electronic Publishing*, Vol. 30, No. 5, 2015; S. J. Kim et al., "The Effect of Service Innovation on R&D Activities and Government Support Systems: The Moderating Role of Government Support Systems in Korea", *Journal of Open Innovation Technology Market & Complexity*, Vol. 2, No. 1, 2016.

政科技政策的评价研究大致经历了三个阶段：第一阶段主要是利用古典模型、财政投资组合模型和项目评价技术等方法；① 第二阶段主要应用行为决策辅助与分层次建模等组织决策方法；② 第三阶段主要采用绩效评价系统研究方法。③ 财政科技政策的绩效评价系统研究应用较为广泛。Brignall 等从财务测度、服务质量等维度提出了财政科技绩效的综合评价框架。④ Robert 等从管理的角度研究财政科技活动的绩效评价问题，应用平衡记分卡方法，从财务、内部经营及创新等方面构建综合评价体系。⑤ 随后，Julnes 等将财政科技政策的绩效评价内容不断丰富和发展，并拓宽了绩效评价的实际应用范围。⑥ 当前，美国、英国等西方国家已建立了一套包括项目评价、单位评价、部门评价和综合评价四个层次的财政支出绩效评价体系。Park 等利用财政科技投入效率的 DEA 评价分析方法，阐明了有效的财政科技投入效率评价应具备的特征。⑦ Mansfield 等利用宏观经

---

① B. Jackson, "Decision Methods for Selecting a Portfolio of R&D Projects", *Research Management*, Vol. 26, No. 5, 1983; R. L. Schmidt, J. R. Freeland, "Recent Progress in Modeling R&D Project-selection Processes", *IEEE Transactions on Engineering Management*, Vol. 39, No. 2, 1992.

② W. E. Souder, T. Mandakovic, "R&D Project Selection Models", *Research Management*, No. 29, 1986.

③ P. Moon, K. Bates, "Core Analysis in Strategic Performance Appraisal", *Management Accounting Research*, Vol. 4, No. 2, 1993; B. Nixon, "Research and Development Performance Measurement: A Case Study", *Management Accounting Research*, Vol. 9, No. 3, 1998.

④ T. J. Brignall et al., "Product Costing in Service Organizations", *Management Accounting Research*, Vol. 2, No. 4, 1991.

⑤ S. K. Robert, P. N. David, "Linking the Balanced Scorecard to Strategy", *California Management Review*, Vol. 39, No. 1, 1996.

⑥ P. D. L. Julnes, M. Holzer, "Promoting the Utilization of Performance Measures in Public Organizations: An Empirical Study of Factors Affecting Adoption and Implementation", *Public Administration Review*, Vol. 61, No. 6, 2001; R. D. Behn, "Why Measure Performance? Different Purposes Require Different Measures", *Public Administration Review*, Vol. 63, No. 5, 2003; E. Berman, X. H. Wang, "Performance Measurement in U. S. Counties: Capacity for Reform", *Public Administration Review*, Vol. 60, No. 5, 2010; C. S. Nicholson, N. A. Theobald, C. J. Nicholson, "Disparate Measures: Public Managers and Performance-Measurement Strategies", *Public Administration Review*, Vol. 66, No. 1, 2010.

⑦ S. Park, "Analyzing the Efficiency of Small and Medium-sized Enterprises of a National Technology Innovation Research and Development Program", *Springerplus*, Vol. 3, No. 1, 2014; K. Shin et al., "Measuring the Efficiency of U. S. Pharmaceutical Companies Based on Open Innovation Types", *Journal of Open Innovation: Technology, Market, and Complexity*, Vol. 4, No. 3, 2018.

济数据实证分析得出,政府财政科技投入会影响私人创新投入。① Lach 经过相关理论与实证数据分析发现,政府财政科技支持虽然能极大地激励中小企业的创新积极性,但对刺激大企业进行创新投入的效果不佳。② Sohn 等利用 SEM 模型从给定基金投入的产出、成果和影响、受助企业的研发环境等方面对韩国财政科技的绩效进行了评价。③

(三) 关于财政科技政策对企业技术创新的影响研究

1. 财政补贴与企业技术创新

从汇总的财政科技政策对企业技术创新的支持途径来看,最常用的两种政策方式是财政补贴和税收优惠。理论界在研究政府财政补贴对企业技术创新的影响时,大致分为"促进论"与"抑制论"两种论断。"促进论"者中,Falk 在研究 21 个经济合作与发展组织 (OECD) 成员国的创新投入时发现,财政补贴对于研发强度较低的企业的商业研发支出有着显著的促进作用,政府财政补贴应当主要投向有研发基础的企业。④ Czarnitzki 等支持"杠杆效应"(正向作用)之说,即政府直接补贴提高了企业从事科技创新活动所获得的私人收益,并直接补偿了企业创新风险损失,调动了企业科技创新的积极性,从而促进企业增加创新投入。⑤ Klette 等研究了财政补贴在减少商业研发市场失灵方面的效应,证实没有

---

① E. Mansfield, "Industrial Innovation in Japan and the United States", *Science*, Vol. 241, No. 4, 1988; D. P. Leyden, A. N. Link, "Why are Governmental R&D and Private R&D Complements?", *Applied Economics*, Vol. 23, No. 10, 1991.

② S. Lach, "Do R&D Subsidies Stimulate or Displace Private R&D? Evidence from Israel", *Journal of Industrial Economics*, Vol. 50, No. 4, 2002.

③ S. Y. Sohn, J. Y. Gyu, H. H. Kyu, "Structural Equation Model for the Evaluation of National Funding on R&D Project of SMEs in Consideration with MBNQA Criteria", *Evaluation & Program Planning*, Vol. 30, No. 1, 2007.

④ M. Falk, "What Drives Business Research and Development (R&D) Intensity Across Organisation for Economic Co-operation and Development (OECD) Countries?", *Applied Economics*, Vol. 38, No. 5, 2006.

⑤ D. Czarnitzki, B. Ebersberger, A. Fier, "The Relationship Between R&D Collaboration, Subsidies and R&D Performance: Empirical Evidence from Finland and Germany", *Journal of Applied Econometrics*, Vol. 22, No. 7, 2007; M. Lee, I. J. Hwang, "Determinants of Corporate R&D Investment: An Empirical Study Comparing Korea's IT Industry with Its Non-IT Industry", *ETRI Journal*, Vol. 25, No. 4, 2003; A. A. Toole, "Does Public Scientific Research Complement Private Investment in Research and Development in the Pharmaceutical Industry?", *Journal of Law & Economics*, Vol. 50, No. 1, 2007.

直接得到政府资助的企业会因为政府资金的外溢效应而在研发活动中受益。因此，政府支持企业技术创新的政策效应是正向的，政府财政补贴企业创新是必要的。① 此外，对于那些主要依靠外部融资的企业来说，政府的直接补贴可以促使企业增加额外的研发支出。② "抑制论"者中，Higgins 利用美国 174 家企业的截面数据，回归分析财政科技投入对企业创新投入的影响。回归结果显示，政府对企业的直接补贴会对企业创新投入产生显著的挤出效应。③ Carmichael 也研究证实，在一定程度上，财政科技投入对企业创新投入存在负向作用（"替代效应"）。④ 产生该结果的原因主要在于，政府财政科技投入整体上会增加创新资源的社会需求量，当创新资源供不应求时，创新要素价格上涨，使得企业创新成本增加。尽管名义上企业创新投入在增加，但实际上创新投入总量在减少。⑤ Lach 指出，政府对企业创新项目实施财政补贴计划会诱导企业只开展补贴计划内的创新项目，从长远来看，不仅挤出了企业研发支出，还会抑制企业技术创新水平的提升。⑥ Jaffe 等认为，政府直接补贴的最大困难在于无法评估企业创新项目补贴的效果，还可能存在监管不到位的情况，无法避免企业技术创新的选择偏离。⑦

---

① T. J. Klette, J. Moen, Z. Griliches, "Do Subsidies to Commercial R&D Reduce Market Failures? Micro-Econometric Evaluation Studies", *Research Policy*, Vol. 29, No. 4, 1999.

② D. Czarnitzki, G. Licht, "Additionality of Public R&D Grants in A Transition Economy", *Economics of Transition*, Vol. 14, No. 1, 2010; K. Hussinger, "R&D and Subsidies at the Firm Level: An Application of Parametric and Semiparametric Two-Step Selection Models", *Journal of Applied Econometrics*, Vol. 23, No. 6, 2010.

③ R. S. Higgins, "Federal Support of Technological Growth in Industry: Some Evidence of Crowding Out", *IEEE Transactions on Engineering Management*, Vol. 28, No. 4, 2013.

④ J. Carmichael, "The Effects of Mission-Oriented Public R&D Spending on Private Industry", *Journal of Finance*, Vol. 36, No. 3, 1981.

⑤ D. Guellec, "Applications, Grants and the Value of Patent", *Economics Letters*, Vol. 69, No. 1, 2000.

⑥ S. Lach, "Do R&D Subsidies Stimulate or Displace Private R&D? Evidence from Israel", *Journal of Industrial Economics*, Vol. 50, No. 4, 2002.

⑦ A. Jaffe, "Building Program Evaluation into the Design of Public Research Support Programs", *Oxford Review of Economic Policy*, Vol. 18, No. 1, 2000; J. V. Blanes, I. Busom, "Who Participates in R&D Subsidy Programs? The Case of Spanish Manufacturing Firms", *Research Policy*, Vol. 33, No. 10, 2004.

2. 税收优惠与企业技术创新

对于政府研发税收优惠与企业技术创新的关系，也主要分为"促进论"与"抑制论"两派。"促进论"者中，Warda 等指出，诸如研发费用加计扣除、所得税优惠以及税前扣除等税收优惠政策，一定程度上降低了企业创新成本，可以激发企业开展技术创新活动的积极性，增加研发支出。[1] Guellec 在研究政府税收优惠与成本利润率之间的关系时发现，税收优惠能有效降低企业创新的边际成本，具有杠杆作用，并且税收对于创新支出的价格弹性为负，即税收优惠带来的税额减少会促进企业创新支出。[2] Koga 研究证实，税收优惠直接降低了企业创新成本，对企业创新投入存在显著的激励效应。[3] "抑制论"者中，Mansfield 指出，政府放弃的税收收入并未有效地被企业用于创新投入。[4] 政府税收优惠对企业创新投入存在挤出效应，可能导致企业资源配置扭曲。[5] Elschner 等分析了政府税收激励政策的有效性。研究发现，政府为鼓励企业科技创新而实施的税收优惠策略并不能降低边际有效税率，过度使用研发税收优惠反而会扭曲税收制度。[6] Shah 探究了墨西哥、巴基斯坦与土耳其等国家的税收优惠政策，实证发现研发税收激励对于大多数企业创新活动效果并不显著，而只对化工行业等少部分行业有显著成效。[7] Bloom 等以 9 个 OECD 国家数据为样本，探究了税收抵扣政策与企业创新投入之间的关系。实证发现，各国对创新投入的税收抵扣强度

---

[1] J. Warda, "Measuring the Value of R&D Tax Treatment in OECD Countries", 2001.

[2] D. Guellec, "The Impact of Public R&D Expenditure on Business R&D", *ULB Institutional Repository*, Vol. 12, No. 3, 2001.

[3] T. Koga, "Firm Size and R&D Tax Incentives", *Technovation*, Vol. 23, No. 7, 2003.

[4] E. Mansfield, "The R&D Tax Credit and Other Technology Policy Issues", *Journal of Product Innovation Management*, Vol. 76, No. 4, 2001.

[5] R. Griffith, D. Sandler, J. V. Reenen, "Tax Incentives for R&D", *Fiscal Studies*, Vol. 16, No. 2, 2010; J. V. Blanes, I. Busom, "Who Participates in R&D Subsidy Programs? The Case of Spanish Manufacturing Firms", *Research Policy*, Vol. 33, No. 10, 2004.

[6] C. Elschner, C. Ernst, C. Spengel, "What the Design of an R&D Tax Incentive Tells about Its Effectiveness: A Simulation of R&D Tax Incentives in the European Union", *Journal of Technology Transfer*, Vol. 36, No. 3, 2011.

[7] A. Shah, "Fiscal Incentives for Investment and Innovation", *Social Science Electronic Publishing*, Vol. 13, No. 5, 1995.

与创新投入强度显著正相关，企业创新成本每降低10%，短期仅能使创新投入增长1.44%，而长期对创新投入的刺激作用也仅在10.1%以下，考虑到实施税收抵扣的其他成本，该税收政策总体来说是缺乏效率的。①

二 国内的研究现状

围绕财政科技政策与企业技术创新，国内学者也进行了较为广泛的研究。综合相关问题的国内研究文献，本书主要从以下三个方面进行梳理与总结。

（一）关于企业创新效率的研究

企业创新效率的提升受多种因素的影响，国内学者主要从企业自身因素、环境因素、市场因素等方面对企业创新效率影响因素进行分析。在企业自身因素方面，刘晓慧等验证了创新型企业存在"内部控制悖论"的现象，即企业内部风险管控能力与创新效率显著负相关。② 企业自主创新能力、高管激励、企业并购前自主研发投入形成的知识储备量、企业生产规模以及企业发明专利申请量等都对企业创新效率产生了显著的正向促进作用，但是企业研发人员强度以及人力资本存量等与企业创新效率不存在显著的相关关系。③ 在环境因素方面，张娜等实证研究发现，区域创新环境中的制度环境、高新技术产业溢出和环境规制强度等对企业创新效率具有显著的提升作用，而FDI溢出、产学研合作溢出对企业创新效率的影响是负面的。④ 赵磊研究证实，尽管环境规制会对企业创新资

---

① N. Bloom, R. Griffith, J. V. Reenen, "Do R&D Tax Credits Work? Evidence From a Panel of Countries 1979 – 1997", *Journal of Public Economics*, Vol. 85, No. 1, 2002.

② 刘晓慧、王爱国、刘西国：《风险管控、高管激励与创新效率——基于我国创业板上市公司的实证分析》，《经济体制改革》2018年第6期。

③ 刘端、朱颖、陈收：《企业技术并购、自主研发投资与创新效率——来自技术密集型行业的实证》，《财经理论与实践》2018年第2期；王黎萤等：《影响知识产权密集型产业创新效率的因素差异分析》，《科学学研究》2018年第4期；郭燕青、李海铭：《科技金融投入对制造业创新效率影响的实证研究——基于中国省级面板数据》，《工业技术经济》2019年第2期。

④ 张娜、李小胜、李少付：《环境规制下区域创新环境对工业企业技术创新效率的影响研究》，《资源开发与市场》2018年第5期。

源产生挤出效应,但是环境规制对企业创新效率并不存在抑制影响,相反却促进了企业创新效率的提升。① 在市场因素方面,李雪松和王冲证实,资本要素与劳动力要素的市场扭曲均会显著抑制企业创新效率的增长。② 此外,学者们还研究了行政人员激励、行业竞争程度、所有制结构、外商直接投资等因素对企业创新效率的影响。③

当前国内学者在测算企业创新效率时普遍应用的方法主要是数据包络分析法(DEA)和随机前沿法(SFA)。一是基于 DEA 评价方法的研究。在国内,周泽昆和陈珽首次提及该方法,随后学者们将数据包络分析法应用到众多领域中去。④ 穆忻普等利用 DEA 方法对不同行业的企业创新效率进行了测量与评价。⑤ 冯志军等根据创新成果生成和创新成果转化两阶段特点构建了两阶段 DEA 模型,测算了中国高新技术企业、制造业混合所有制企业等不同类型企业的两阶段创新效率。⑥ 林添松等采用三阶段 DEA 模型测算了工业企业、高新技术企业、上市公司及医药制造企

---

① 赵磊:《环境规制对我国制造业创新效率的影响研究》,《上海经济》2018 年第 2 期。

② 李雪松、王冲:《要素市场扭曲是否抑制了创新效率的提升?——基于区域差异的视角》,《南京审计大学学报》2019 年第 2 期。

③ 郑琼洁:《政府科技激励与技术创新效率研究——基于动态面板数据的 GMM 检验》,《技术经济与管理研究》2014 年第 9 期;冯宗宪、丁梦:《本土技术转移对省际高新技术产业创新效率影响的实证分析》,《统计与决策》2018 年第 22 期;张满银、张丹:《京津冀地级市区规模以上工业企业创新效率分析》,《经济经纬》2019 年第 1 期;李政、杨思莹:《官员激励和政府创新偏好对工业创新效率的影响》,《北京师范大学学报》(社会科学版)2019 年第 1 期。

④ 周泽昆、陈珽:《估计多产出的平均生产率最大的规模的一种方法》,《华中理工大学学报》1989 年第 3 期。

⑤ 穆忻普、易荣华:《DEA 方法在煤炭企业中的应用》,《煤炭经济研究》1991 年第 2 期;曹阳、项莹、茅宁莹:《基于 DEA-Malmquist 模型的我国医药制造业技术创新效率研究》,《南京中医药大学学报》(社会科学版)2013 年第 1 期;张娜、李小胜、李少付:《环境规制下区域创新环境对工业企业技术创新效率的影响研究》,《资源开发与市场》2018 年第 5 期。

⑥ 冯志军、陈伟:《中国高技术产业研发创新效率研究——基于资源约束型两阶段 DEA 模型的新视角》,《系统工程理论与实践》2014 年第 5 期;廖丽平、姚丽霞、刘绘珍:《基于低碳战略的企业生态化技术创新效率研究——基于两阶段链 DEA 模型和 Tobit 回归分析》,《科技管理研究》2016 年第 6 期;杨佳伟、王美强、李丹:《基于共享投入两阶段 DEA 模型的中国省际高技术产业研发创新效率评价》,《科技管理研究》2017 年第 3 期;王新红、李世婷:《基于创新驱动的产业升级能力影响因素分析》,《技术与创新管理》2017 年第 2 期;陈莹文等:《基于改进两阶段 DEA 的中国高技术产业研发创新效率研究》,《软科学》2018 年第 9 期。

业的创新效率水平。① 张江雪和朱磊通过四阶段DEA模型,将环境因素考虑在内,研究了中国工业企业绿色技术创新效率。② 二是基于SFA评价方法的研究。姜彤彤等利用随机前沿分析法分别测算了中国高新技术产业的技术效率以及民族工业技术效率。③ 邬龙等利用SFA方法从研发效率与转化效率两个方面对信息技术产业以及医药行业进行了创新效率测算。④ 肖文和林高榜利用SFA模型研究了不同工业行业的技术创新效率。⑤ 叶海景采用知识生产函数的SFA模型,实证研究了政府研发资助对企业创新效率的影响。⑥ 牛雄鹰等构建面板SFA模型,分析了国际人才流入与人力资本对创新效率的影响。⑦ 刘婧等基于超越对数形式的SFA函数分别测算了动漫企业技术效率的水平。⑧ 吕洪渠和任燕燕运用空间面板理

---

① 林添松、王燕、吴蒙:《基于三阶段DEA的我国医药制造业技术效率区域比较研究》,《现代管理科学》2014年第5期;刘满凤、李圣宏:《基于三阶段DEA模型的我国高新技术开发区创新效率研究》,《管理评论》2016年第1期;吴闻潭、钱煜昊、曹宝明:《中国粮油加工业上市公司技术效率及影响因素研究——基于三阶段DEA模型》,《江苏社会科学》2017年第6期;贾帅帅、王孟欣:《基于三阶段DEA的工业企业科技创新效率研究》,《科技管理研究》2017年第16期;屈国俊、宋林、郭玉晶:《中国上市公司技术创新效率研究——基于三阶段DEA方法》,《宏观经济研究》2018年第6期;芡千里、徐蕾:《高技术产业、资本类型与企业创新效率——基于三阶段DEA模型的实证研究》,《河南师范大学学报》(哲学社会科学版)2018年第3期。

② 张江雪、朱磊:《基于绿色增长的我国各地区工业企业技术创新效率研究》,《数量经济技术经济研究》2012年第2期。

③ 姜彤彤:《R&D投入对高技术产业技术效率的影响研究——基于省际面板数据和SFA方法的实证分析》,《工业技术经济》2012年第10期;王鑫、经孝芳:《近代工业的技术效率及影响因素——基于上海调查的实证研究》,《软科学》2018年第1期。

④ 邬龙、张永安:《基于SFA的区域战略性新兴产业创新效率分析——以北京医药和信息技术产业为例》,《科学学与科学技术管理》2013年第10期;尹述颖、陈立泰:《基于两阶段SFA模型的中国医药企业技术创新效率研究》,《软科学》2016年第5期。

⑤ 肖文、林高榜:《政府支持、研发管理与技术创新效率——基于中国工业行业的实证分析》,《管理世界》2014年第4期。

⑥ 叶海景:《政府R&D资助对企业创新效率的影响——基于温州规上工业企业面板数据的随机前沿分析》,《中共浙江省委党校学报》2017年第6期。

⑦ 牛雄鹰、李春浩、张芮:《国际人才流入、人力资本对创新效率的影响——基于随机前沿模型的研究》,《人口与经济》2018年第6期。

⑧ 刘婧、占绍文、李治:《知识产权能力、外部知识产权保护与动漫企业创新效率》,《软科学》2017年第9期。

论建立空间面板 SFA 模型,测度了战略性新兴产业的技术创新效率。①

(二) 关于财政科技政策的研究

国内文献对于财政科技政策的研究主要集中在财政科技政策的现实状况、主要问题及政策优化等方面。针对财政科技政策的现实状况,学者们多从财政科技投入总量、科技投入结构、政策投入方式、投入效率及财政科技投入的运作机制等方面进行分析。② 通过梳理财政科技政策的基本概况,可以发现中国财政科技政策在投入与实施中存在系列问题,即"财政科技投入总量严重不足、投入增速较为缓慢,投入结构有待优化、基础研究投入不足,投入方式单一、多元化的投入机制有待建立,财政科技政策的监管缺位、相关机制体制不健全"等。③ 在比较工业化国家不同发展阶段科技投入水平的基础上,结合中国工业化进程发展所处的阶段,对中国的财政科技投入现状进行比较分析。学者们认为,当前需要提高财政资金投入效益,建立可持续的资金增长机制;调整财政科技投入结构,提高基础研究的投入比例,加大"官、产、学、研"结合力度;加强财政科技资金监管,建立完善的法律保障机制等,进而推动财政科技体制改革和创新型国家建设。④

此外,国内学者还采用多种方法评价财政科技政策。张世慧等依据财政科技投入的绩效特点和绩效主要表现形式,围绕财政科技投入项目类别构建了创新环境与能力建设、创新活动资助两大类别的评价指标体

---

① 吕洪渠、任燕燕:《产业集聚、制度环境与中国战略性新兴产业的效率特征》,《山东大学学报》(哲学社会科学版) 2018 年第 2 期。

② 彭鹏、李丽亚:《中国财政科技投入现状分析和对策研究》,《中国科技论坛》2003 年第 6 期;张翔:《中国财政科技投入与 R&D 经费投入的现状及趋势》,《人文杂志》2004 年第 6 期;李博:《中国科技投入现状及问题的分析》,《成都电子机械高等专科学校学报》2009 年第 4 期;邹甘娜、符嘉琪:《财政支出的规模、结构与企业科技创新》,《江汉论坛》2018 年第 6 期。

③ 赖于民:《云南省全社会科技投入现状分析与评价》,《中国软科学》2004 年第 5 期;谭文华:《从华东区的比较看福建省科技投入现状与问题》,《科学学研究》2006 年第 1 期;刘志辉、唐五湘:《北京市科技投入现状分析与评价》,《科学学与科学技术管理》2007 年第 1 期;陈雅雯等:《江苏财政科技投入现状分析与模式设计》,《科学管理研究》2014 年第 5 期;聂亚利:《中国财政科技投入现状与绩效评价指标体系研究》,《当代经济》2017 年第 35 期。

④ 肖鹏、国建业、王雄辉:《中国财政科技投入现状分析与调整策略》,《中央财经大学学报》2004 年第 2 期;董霄:《提升四川企业自主创新能力的财政政策探讨》,《软科学》2014 年第 5 期;赵建房、杨琳:《积极推动财政科技政策革新》,《中国财政》2014 年第 9 期。

系，并对指标体系的实施流程进行了设计。① 马乃云和候倩将平衡计分卡方法引入财政科技投入的绩效评价中，并运用层次分析法设置各个绩效评价指标的权重，建立中国财政科技投入产出的绩效评价体系。② 郭兵等应用数据包络分析法（DEA），建立了财政科技投入效率的评价模型，对财政科技投入产出效率情况进行了实证评价和分析。③ 张青和王桂强采用灰色关联方法构建了系统的财政科技投入评价体系，用来评估地方政府层面的财政科技政策情况。④ 卢跃东等在测算财政科技投入与产出能力时，主要借助主成分分析法进行比较分析，并根据投入产出法构建财政科技投入产出绩效的测度模型，对财政科技投入产出绩效进行实际测度。⑤ 李升泽等以变异系数法和CRITIC法为基础，详细阐述财政科技投入绩效评价软件的设计过程，计算获得指标的权重和样本评价值。⑥

（三）关于财政科技政策对企业技术创新的影响研究

1. 财政补贴与企业技术创新

国内学者在研究财政补贴与企业技术创新关系时，主要集中在财政研发补贴对企业创新投入与创新效率的影响等方面。在创新投入方面，赵付民和邹珊刚研究证实，在中国无论是政府对大中型企业直接补贴还是投资于政府研究机构或高校，对企业创新投入都具有正向的

---

① 张世慧、宋艳、王俊：《四川省财政科技投入绩效评价体系的优化设计》，《软科学》2013年第8期。

② 马乃云、候倩：《基于平衡计分卡方法的财政科技经费绩效评价体系研究》，《中国软科学》2016年第10期。

③ 郭兵、袁菲、谢智敏：《基于DEA方法的上海市财政科技投入绩效评价研究》，《中国管理科学》2012年第1期；苗慧、刘凤朝、王元地：《辽宁省财政科技投入效率评价研究》，《中国科技论坛》2013年第1期；徐海峰、陈存欣：《辽宁省财政科技资金投入效率评价》，《科学管理研究》2017年第5期。

④ 张青、王桂强：《基于灰色关联分析的地方政府财政科技投入绩效评价：以上海市为例》，《研究与发展管理》2007年第4期。

⑤ 卢跃东、沈圆、段忠贤：《中国省级行政区域财政科技投入产出绩效评价研究》，《自然辩证法通讯》2013年第5期。

⑥ 李升泽、贺定修、范明明：《基于客观赋权法的财政科技投入绩效评价软件研究》，《科技管理研究》2013年第11期。

促进作用。① 储德银等采用战略性新兴产业上市公司的微观数据,实证检验财政补贴对该类型产业的创新投入影响,结果证实,财政补贴显著增加了战略性新兴产业的创新投入。② 许治和师萍通过仿真研究发现,政府财政研发资助与企业创新投入之间并非简单的线性关系,而是倒"U"形曲线。③ 宋丽颖和杨潭指出,政府研发补贴会显著激励高技术企业增加创新投入,但并不意味着财政补贴力度越强,企业创新投入越高。随着政府研发补贴力度的增强,补贴对企业创新投入的激励效应会逐渐减弱,并出现挤出效应。④ 在创新效率方面,白俊红和李婧研究证实,政府研发补贴会显著提升企业创新效率。⑤ 肖仁桥等研究发现,政府财政资助与企业创新效率之间存在显著的负相关关系,政府财政资助不利于提升企业创新效率。⑥ 冯宗宪等认为,财政补贴与企业创新效率二者关系存在不确定性。一方面,财政补贴一定程度上可以缓解创新型企业的外源融资约束,提高企业创新积极性以及创新能力,进而促进企业创新效率的提升;另一方面,政府财政补贴无法从根本上解决企业创新产品的市场化风险以及创新资金供给不足的困境,因此抑制了企业创新效率的提升。⑦

2. 税收优惠与企业技术创新

国内学者在研究税收优惠与企业技术创新关系时,也主要集中在税

---

① 赵付民、邹珊刚:《区域创新环境及对区域创新绩效的影响分析》,《统计与决策》2005年第4期。

② 储德银、杨姗、宋根苗:《财政补贴、税收优惠与战略性新兴产业创新投入》,《财贸研究》2016年第5期。

③ 许治、师萍:《政府科技投入对企业R&D支出影响的实证分析》,《研究与发展管理》2005年第3期。

④ 宋丽颖、杨潭:《财政补贴、行业集中度与高技术企业R&D投入的非线性关系实证研究》,《财政研究》2016年第7期。

⑤ 白俊红、李婧:《政府R&D资助与企业技术创新——基于效率视角的实证分析》,《金融研究》2011年第6期。

⑥ 肖仁桥、钱丽、陈忠卫:《中国高技术产业创新效率及其影响因素研究》,《管理科学》2012年第5期;肖仁桥、王宗军、钱丽:《我国不同性质企业技术创新效率及其影响因素研究:基于两阶段价值链的视角》,《管理工程学报》2015年第2期;肖文、林高榜:《政府支持、研发管理与技术创新效率——基于中国工业行业的实证分析》,《管理世界》2014年第4期。

⑦ 冯宗宪、王青、侯晓辉:《政府投入、市场化程度与中国工业企业的技术创新效率》,《数量经济技术经济研究》2011年第4期;李左峰、张铭慎:《政府科技项目投入对企业创新绩效的影响研究——来自我国95家创新型企业的证据》,《中国软科学》2012年第12期。

收优惠对企业创新投入及创新效率的影响等方面。在创新投入方面，朱平芳等研究证实，税收减免对企业增加创新投入具有积极的效果，税收政策的创新激励效果明显。① 吴秀波等指出，当前较多的研发税收优惠是向国有企业倾斜的，其对非国有企业研发过程的优惠与支持并不完善，由此造成税收优惠对企业创新投入的激励效果并不显著。② 王俊强调，相比于政府直接补贴，税收优惠对企业创新投入有着更为显著的激励效果。③ 在创新效率方面，张俊瑞等研究发现，研发费用加计扣除减免税政策能够提升高新技术企业创新效率，而对非高新技术类企业创新效率没有显著影响。④ 陈凤华等证实，通过优惠税率、税额减免等方式，税收优惠可以增强企业创新投入能力，提高企业竞争力、产品附加值和企业利润率，从而推动企业提高创新效率。⑤

三 国内外研究述评

通过对国内外财政科技政策激励与企业创新驱动发展效率相关文献的梳理与分析可以看出，国内外学者主要探讨了企业技术创新效率的影响因素、测量方法，财政科技政策的现实状况、政策优化、评价方法及其对企业技术创新的影响效果等内容。尽管学者们对财政科技政策支持

---

① 朱平芳、徐伟民：《政府的科技激励政策对大中型工业企业 R&D 投入及其专利产出的影响——上海市的实证研究》，《经济研究》2003 年第 6 期；蒋建军、齐建国：《激励企业 R&D 支出的税收政策效应研究》，《中国软科学》2007 年第 8 期。

② 吴秀波：《税收激励对 R&D 投资的影响：实证分析与政策工具选拔》，《研究与发展管理》2003 年第 1 期；李欣洁、袁春林、吴静汐：《税收优惠政策对中国企业自主创新的激励效应研究——基于对深交所创业板 274 家企业 R&D 投入强度的 GMM 分析》，《中国集体经济》2015 第 21 期。

③ 王俊：《R&D 补贴对企业 R&D 投入及创新产出影响的实证研究》，《科学学研究》2010 年第 9 期。

④ 张俊瑞、白雪莲、孟祥展：《启动融资融券助长内幕交易行为了吗？——来自中国上市公司的经验证据》，《金融研究》2016 年第 6 期。

⑤ 陈凤华、汪琦：《研发补贴和税收优惠对高技术产业创新效率的影响研究》，《科技与经济》第 2017 第 3 期；李彦龙：《税收优惠政策与高技术产业创新效率》，《数量经济技术经济研究》2018 年第 1 期；王波、张念明：《创新驱动导向下财政政策促进科技创新的路径探索》，《云南社会科学》2018 年第 1 期。

与企业创新效率之间的关系并没有形成一致结论,①但相关文献的理论与实证结果大都支持"财政科技政策在企业技术创新过程中扮演着重要角色"这一结论,这为我们认识中国社会环境下企业创新驱动发展效率及其影响因素提供了逻辑起点,具有重要的借鉴价值。但是,综观财政科技政策激励与企业创新驱动发展效率的相关国内外研究文献,仍有一些问题有待新的理论和实证予以回应。

首先,现有文献虽然为解决企业创新活动的"黑箱"问题引入了两阶段 DEA 模型来研究企业创新效率,但限于研究方法的不完善性、效率软件的缺失等,更多文献仅测算了企业科技研发阶段或经济转化阶段的效率,而忽略了各子阶段之间的关联性,未将两阶段统一纳入框架来测算企业创新的系统效率,由此可能导致测算结果存在偏差。对此,本书将科技研发与经济转化统一纳入企业创新驱动发展效率的整体测算体系,并利用两阶段关联网络 DEA 模型的 Malmquist 指数,不仅测算了企业创新驱动发展两阶段效率,还重点测算了企业创新驱动发展的系统效率。

其次,现有文献更多的是从实证层面检验财政补贴或税收优惠对企业创新效率的影响,但并未系统考察财政科技政策激励影响企业创新效率的理论机理。对此,本书不仅从理论层面探究了财政科技政策激励对企业创新驱动发展及其效率的作用机理,还将财政科技政策激励方式划分为政府直接补贴、税收直接优惠与税收间接优惠,阐释了不同类型财政科技政策激励对企业创新驱动发展效率的影响及其差异性,以丰富和拓展财政科技政策激励与企业创新驱动发展效率的理论研究内容和研究范围。

最后,虽有学者实证探究了补贴优惠或税收优惠对企业创新效率的具体影响效应,但是缺乏不同类型财政科技政策对企业创新效率实证影响的对比研究,且少有文献涉及财政科技政策对企业创新分阶段效率的影响研究。为了系统考察财政科技政策激励对企业创新驱动发展效率的

---

① 研究结果之所以呈现出较大的差异性,可能原因在于,学者们在样本选取、指标构造、测度依据与方法、数据来源以及计量方法等方面存在差异。

影响，本书在理论分析的基础上，利用中国行业层面与地区层面工业企业面板数据，实证检验了财政科技政策激励对企业创新驱动发展效率的总体影响及其两阶段效率的影响，以及不同类型财政科技政策激励对企业创新驱动发展效率的影响。

第三节 本章小结

本章系统回顾了财政科技政策激励与企业创新驱动发展效率的相关理论，主要包括公共财政理论、政策工具理论、激励理论、创新理论与效率理论。在此基础上，从企业创新效率的影响因素与测量方法、财政科技政策的现实状况、政策优化、评价方法及其对企业技术创新的影响效果等方面，归纳和评述了国内外相关文献，并概要性地提出本书的基本思路与逻辑起点。

第 三 章

财政科技政策激励与企业创新驱动发展效率的理论分析及指标测度

本章将科学界定财政科技政策激励与企业创新驱动发展效率的基本概念，结合企业创新驱动发展的阶段性特点，以财政科技政策激励为切入点，从理论上分析财政科技政策激励对企业创新驱动发展的影响、财政科技政策激励对企业创新驱动发展效率的影响，以及不同类型财政科技政策激励对企业创新驱动发展效率的影响。同时，详细介绍财政科技政策激励与企业创新驱动发展效率的测度指标及测度方法。

第一节 财政科技政策激励与企业创新驱动发展效率的概念界定

一 财政科技政策激励

西方经济学家对财政政策的定义，财政政策是政府借助收入与开支等方式处理各种分配活动或关系以达到调控经济的目的。[①] 中国学者在解释财政政策的内涵时，多将其理解为政府基于财政理论，合理利用各种政策工具、以实现公共需要为目标的经济干预活动。例如，贾康和马晓玲认为，财政政策属于国家经济政策的范畴，是政府为实现国家经济良性运作及经济发展总体目标，通过调整财政收支政策影响社会总需求，

---

① C. Freeman, "The Economics of Industrial Innovation", *Social Science Electronic Publishing*, Vol. 7, No. 2, 1997.

进而影响就业与国民收入的政策措施。① 庄佳林指出，财政政策作为重要的政策手段，在弥补市场失灵、优化公共产品供给、协调经济全面发展以及稳定经济增长等方面起着举足轻重的作用。② 而系统的财政政策是由预算政策、补贴政策、税收政策、国债政策以及投资政策等共同组成。在该系统中，各财政政策间相互配合、相互影响、相互制约，从而保证财政政策系统的正效应得到最好地发挥。科技政策是一个综合概念，是政府为了鼓励公共部门、私人部门的技术创新与科学研究，促进科技创新成果产业化和市场化，以弥补市场失灵而采取的一系列引导、干预和规制的政策总称。③ 科技政策是各种科技政策工具的组合，其形成与运行也离不开各种科技政策工具的相互配合与相互影响。因此，为了更好地对科技政策进行研究，本书对科技政策的分析着眼于科技政策工具。科技政策工具作为组成科技政策体系的关键要素，是由政府掌握的为实现技术创新与科技进步政策目标所运用的一系列措施与手段的总称。

基于对财政政策与科技政策概念的理解，本书将财政科技政策激励概括为，国家财政政策和科技政策在微观层面的具体激励形式，是政府利用政府购买、财政补贴、税收优惠以及各种财政专项经费支出、政府财政投资和财政奖励等手段，为实现科技创新与技术进步目标而提供的一系列激励措施。本书所强调的支持企业创新驱动发展及其效率提升的财政科技政策激励主要是指政府直接补贴、税收直接优惠与税收间接优惠三类。其中，政府直接补贴是对有研发活动的企业给予一定额度的直接资金支持，是企业申请政府科技计划获取的以项目形式支持的直接补贴，主要包括直接资助、各种科技计划等；税收直接优惠是指企业按照国家有关政策依法享受的企业所得税减免额，是一种针对研发成果的奖励，相应的激励制度和惩罚制度健全，且税收减免力度较

---

① 贾康、马晓玲：《积极财政政策的调整与财政改革》，《财贸经济》2004 年第 10 期。
② 庄佳林：《支持中国中小企业发展的财政政策研究》，博士学位论文，财政部财政科学研究所，2011 年，第 2 页。
③ 赵筱媛、苏竣：《基于政策工具的公共科技政策分析框架研究》，《科学学研究》2007 年第 1 期。

大，主要包括优惠税率、税收减免、税收免征等；税收间接优惠主要通过对研发创新型企业征税税基的调整，从而达到激励企业调整生产、开展研发创新活动的政策目标，主要包括研发费用加计扣除、投资抵免等。

二 企业创新驱动发展

为了加快实施国家创新驱动发展战略，中共中央、国务院发布了《国家创新驱动发展战略纲要》（2016年），并指出"创新驱动发展就是使创新成为经济发展的第一动力，包括科技、制度、管理、商业模式、业态和文化等多方面创新的结合，推动经济发展方式转向依靠知识、技术与劳动力素质提升，使经济形态更高级、分工更精细、结构更合理"。在学术研究领域，关于企业创新驱动发展的相关阐述，洪银兴认为，企业创新驱动发展是指企业利用新知识、新技术改造现有物质资本，提高劳动者素质，提升企业管理水平，实现企业不断成长的过程。[①] 这既是对劳动力、物质资本等有形要素的重新组合，又是对技术、知识、企业组织制度等无形要素的充分利用。[②] 程刚和李倩强调，企业创新驱动发展是企业提升科技创新能力，实现经济发展从外生增长方式转变为内生增长方式，并把知识创新成果快速转变成现实的生产力的过程。[③] 谈志琴认为，企业创新驱动发展是通过强化有形资源管理与研发资源利用的同时，基于企业现有研发资源，发挥人的创造性与积极性，实现企业在产品、绩效等方面的创新与提升。[④] 王敏和徐丽华指出，企业创新驱动发展需要良好的外部创新环境为基础，并借助企业内部科技创新与文化创新的技术支持和文化保障，以及企业内部组织研发管理的规范化与标准化，通

[①] 洪银兴：《关于创新驱动和协同创新的若干重要概念》，《经济理论与经济管理》2013年第5期。

[②] 郑春美、余媛：《高新技术企业创新驱动发展动力机制研究——基于制度环境视角》，《科技进步与对策》2015年第24期。

[③] 程刚、李倩：《企业实施创新驱动发展战略的隐性知识转移模式研究》，《情报理论与实践》2014年第3期。

[④] 谈志琴：《企业实施创新驱动发展战略的策略与路径》，《经济视野》2014年第9期。

过研发人员对产品结构与产品品种的创新，实现企业提升市场竞争力与盈利水平的发展目标。[①] 游达明和孙理指出，企业创新驱动发展是依靠科技创新，高度整合创新激励制度、知识资本及人力资本等生产要素，并为企业创造新的创新增长要素，不断创造财富，从而驱动企业经济效益提升。[②]

结合政策层面与学术层面有关企业创新驱动发展概念的解释，本书将企业创新驱动发展的概念界定为，将创新作为企业经济效益持续增长的主要动力，重点依赖科技、信息、资本、知识等创新要素打造企业发展优势，以实现内生的、可持续的企业发展前景。从技术—经济角度，又可以将企业创新驱动发展的含义解释为，企业创新驱动发展是一个先投入创新资源，接着进行技术创新活动形成创新产品成果，然后通过生产活动将创新成果进行扩散，最终驱动企业发展、增加企业经济效益，并由此使企业发展速度加快与质量提升的复杂程序和完整过程。从企业创新驱动发展的概念界定中可以看出，企业创新驱动发展的主要目的是利用创新来驱动企业提升经济效益。企业创新驱动发展过程既体现了"技术性"，又体现了"效益性"。学者们通常将该过程分为"创新成果研发阶段"和"创新成果应用阶段"，或"技术创新投入阶段"和"经济成果转化阶段"，又或者"知识创新阶段"和"技术成果转化阶段"等。尽管企业创新过程的具体称谓不同，但总体思想与内在逻辑是一致的。[③] 本书也将企业创新驱动发展过程看作一个完整的系统，在该系统中存在"科技研发"和"经济转化"两个阶段（见图3.1）。

[①] 王敏、徐丽华：《论中小企业科技创新战略与创新驱动发展》，《中国市场》2015年39期。
[②] 游达明、孙理：《企业创新驱动发展模式选择》，《统计与决策》2017年第7期。
[③] 陈劲、陈钰芬：《企业技术创新绩效评价指标体系研究》，《科学学与科学技术管理》2006年第3期；余泳泽：《中国高技术产业技术创新效率及其影响因素研究——基于价值链视角下的两阶段分析》，《经济科学》2009年第4期；胡树华等：《基于两阶段测度的中小企业创新效率评价研究》，《经济体制改革》2015年第6期；孙国锋、张婵、姚德文：《大中型高技术企业创新效率测度与分解——基于DEA模型的实证分析》，《审计与经济研究》2016年第3期。

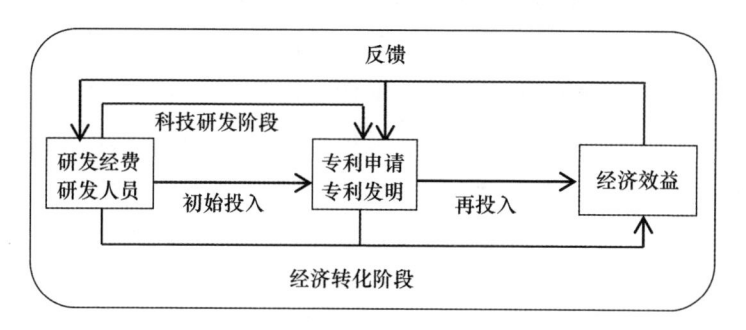

图 3.1　企业创新驱动发展过程

三　企业创新驱动发展效率

本书在清晰界定企业创新驱动发展概念的基础上，进一步将企业创新驱动发展效率定义为，企业在人力资本与物质资本的单位投入，推动科技创新与技术进步对企业发展贡献度的增长幅度，即用于企业创新驱动发展的要素投入与创新驱动发展产出效果之间的比例或弹性大小。企业创新驱动发展效率在一定程度上反映了企业技术创新资源配置的有效性。结合企业创新驱动发展的两阶段过程，可知企业创新驱动发展效率也包括两阶段效率。一是科技研发效率。科技研发效率描述的是从最初研发投入向中间创新产出转化的比例或弹性大小，转化形态主要包括专利等，体现了企业科技资源利用水平、科技研发能力以及企业自主创新能力的提升。二是经济转化效率。经济转化效率主要描述的是中间科技创新成果转化为企业经济产出的比例或弹性大小，转化形态主要包括企业新产品销售收入与主营业务收入等。此时的创新投入可以直接驱动企业经济效益的增加，体现了企业科技成果转化能力、企业创新发展水平以及科技与企业经济融合发展水平的提升。

第二节　财政科技政策激励对企业创新驱动发展及其效率的作用机理

根据前文财政科技政策激励与企业创新驱动发展效率的概念界定可

知,财政科技政策激励涵盖了政府直接补贴、税收直接优惠与税收间接优惠等方式,企业创新驱动发展包含了科技研发阶段与经济转化阶段在内的复杂程序和完整过程。对此,本章分析财政科技政策激励对企业创新驱动发展及其效率的作用机理。具体地讲,是从理论层面分析财政科技政策激励对企业创新驱动发展的影响、财政科技政策激励对企业创新驱动发展效率的影响,以及不同类型财政科技政策激励对企业创新驱动发展效率的影响。

一 财政科技政策激励对企业创新驱动发展的影响

企业是否选择开展科技创新活动主要决定于创新成本的大小。倘若企业从事科技创新行为的成本较高,所获利润较小,势必会挫伤企业的创新积极性。而政府可以通过直接资助、财政补贴或税收优惠等财政科技政策来降低企业科技创新的支出成本,保障企业的合理收益,从而激励企业开展科技创新活动。政府在采用财政科技政策引导企业科技创新时,要尊重市场竞争机制、重视经济效率,以充分发挥市场机制的作用为基础,仅对市场失灵的部分加强宏观调控,从而解决企业创新过程中的外部性问题。[①] 对此,本章主要从财政科技政策降低企业创新成本以及矫正企业创新活动的正外部性两个方面,来剖析财政科技政策激励对企业创新驱动发展的作用机理。

(一) 财政科技政策对企业创新成本的影响

企业开展科技创新活动需要投入大量的人力、物力和财力,但创新投资具有较大的不确定性与信息不完全性,导致其创新投资产出与回报具有很大的风险性。对于小企业来说,由于资金不足、风险承担能力较低,在缺少外部资金支持的情况下,小企业很难开展科技创新活动。对于大企业来说,由于受科技创新成果规模转化效益递减的限制,其创新活动也面临较大的资金需求及较高的创新风险。在对比高额的前期创新成本支出与未来潜在收益后,大企业在创新决策时会尤为谨慎。此时,

---

① 周宇:《企业技术创新财税激励的效应研究》,博士学位论文,西北大学,2017年,第135页。

政府的财政科技政策可以为企业科技创新项目提供部分补贴资金。对于投入成本高且不确定性较强的创新项目，可以通过政府直接补贴或税收优惠等方式弥补企业创新风险损失或降低创新成本，从而激励企业开展科技创新活动，并通过提升企业创新效率来提高财政资金使用率。

通常，经济学界通过"创新"生产函数，探究科技创新投入与有形创新产出之间的关系来说明政府政策效能。通过"创新"生产函数，可以从企业创新投入与企业创新产出两个方面来衡量企业科技创新水平，观察这两个指标的前后变化可以判定政府财政科技政策的有效性到底如何。本书的研究对象为科技创新企业，以企业创新投入为例，将其作为衡量企业从事科技创新行为的指标，运用经济比较分析方法来阐述财政科技政策影响企业科技创新的内在机理（见图3.2）。其中，纵坐标轴表示购买先进技术等其他资本要素的投入，在享受财政科技政策激励以前，假设企业的等成本线为 DC_1，等产量线为 Q_1，DC_1 与 Q_1 的交点 A_1 表示该企业最大化利润的生产要素组合。在获得财政科技政策激励后，企业技术创新的投入成本开始下降，享受政策后企业的等成本线由 DC_1 变为 DC_2，均衡点也从 A_1 移动到 A_2，这时的创新投入从 B_1 上升到 B_2，即企业的创新投入增加。由此可以看出，政府财政科技政策对企业科技创新活动产生了激励效应。

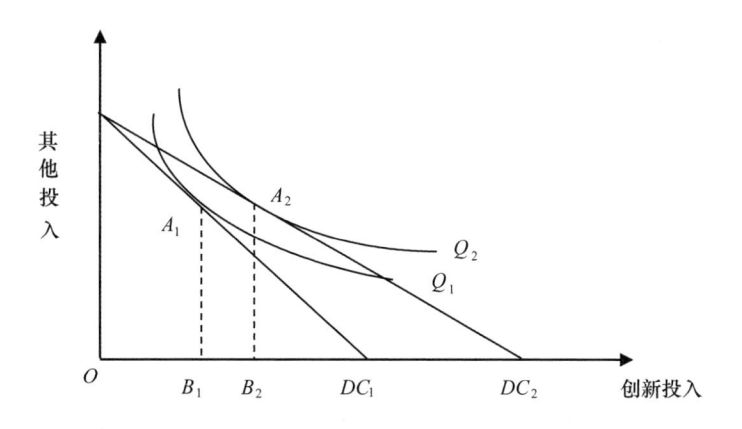

图 3.2　财政科技政策对企业创新成本的影响

(二) 财政科技政策对企业技术溢出的影响

企业从事科技创新活动是满足技术可行性与迎合市场需求的综合活动，企业创新价值的实现是将创新成果推向市场并实现自身经济效益的过程。显然，市场是实现企业科技创新价值的重要载体，而公平竞争的市场环境是企业顺利开展创新活动并适应市场需求的必要条件。与此同时，创新体系的多主体参与决定了仅仅依赖单纯的市场机制很难有效配置创新资源。[①] 在经济学领域，市场机制之所以无法实现最优资源配置，原因在于科技创新活动中的社会整体边际效应与私人边际效应不相等，也即由于创新溢出效应（正外部性）的存在，创新投资的私人报酬率低于社会报酬率，从而影响了市场对创新资源的最优配置。基于庇古（Arthur Cecil Pigou）的外部性理论，针对上述社会需求大于供给且损失效率水平的市场失灵现象，主要是借助政府宏观调控来调整资源分配，以提升社会整体福利水平。通常而言，政府对企业科技创新活动的干预方式主要是采取财政科技政策激励，具体包括财政补贴与税收优惠等，利用财政科技政策来消除创新活动的正外部性，以使企业技术外溢内部化，从而将企业的创新成果生产行为与企业经济效益有效结合。只有这样，企业私人边际成本才会与社会边际成本相等，私人边际收益才会等于社会边际收益，并实现企业在科技创新活动中的帕累托效率。

财政科技政策影响企业技术外溢的内在机理，可以通过图3.3表现出来。其中，Q表示企业科技创新产品的数量，P表示成本。假定企业科技创新投入的边际成本是逐渐增加的，企业边际成本曲线（MC）表现为向上倾斜的趋势。考虑到企业的科技创新投资行为遵循了边际收益递减的规律，所以图3.3中的边际收益曲线是向下倾斜的。而企业创新投资收益与公共部门收益之和构成创新投资总收益，即社会边际收益，所以图中企业边际收益曲线（MR_P）位于社会总的边际收益曲线（MR_S）的下方。当政府不采取财政科技政策时，要实现市场均衡，企业要在点a（P_1，Q_1）上。在该处企业科技创新产品数量仅为Q_1，但是社会福利最大化的

---

① 聂颖：《中国支持科技创新的财政政策研究》，博士学位论文，辽宁大学，2011年，第32页。

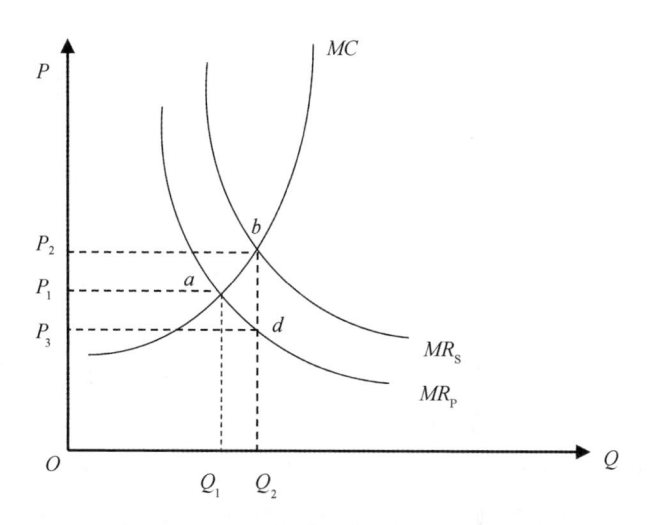

图 3.3　财政科技政策对企业技术外溢的影响

均衡在点 b（P_2，Q_2）上，此时的最优科技创新产品数量为 Q_2。可以发现 Q_1 是小于 Q_2 的，企业所供给的科技创新产品数量未能满足社会总需求。为了优化市场资源配置，实现帕累托效率，政府可以通过直接补贴、税收直接优惠或税收间接优惠等方式，对单位科技创新产品或创新活动的财政科技政策为 P_2P_3，以激励企业增加科技创新投入来提供满足社会总需求的创新产品数量。理论上，政府财政科技政策激励的合理度（即最优数量）应该为图 3.3 中 P_2P_3db 围成的面积，该范围是政府财政科技政策所能触及的企业科技创新活动边界。

从理论分析来看，财政科技政策激励通过降低企业创新成本以及矫正企业创新活动外部性等方式，可以弥补企业创新风险损失，增加企业抵抗溢出效应的能力，并激励企业开展科技研发以及创新成果转化活动，进而促进企业创新驱动发展。

二　财政科技政策激励对企业创新驱动发展效率的影响

企业在获得财政科技政策激励后，同样多的资金如果可以获得比未激励时更多的创新产出，那么财政科技政策激励对企业创新驱动发展效率的提升就是有效的。考虑到企业创新驱动发展效率是包含了科技研发效率与经济转化效率在内的系统效率，因此，为了清晰阐释财政科技政策激励对企业创新驱动发展效率的理论机理，本章剖析了财政科技政策激励对科技研发效率的影响，以及财政科技政策激励对经济转化效率的影响，期望从理论层面得到财政科技政策激励对企业创新驱动发展效率的影响效果。

（一）财政科技政策激励对企业科技研发效率的影响

本书借鉴寇宗来等的方法，运用三阶段累积创新博弈模型分析财政科技政策激励对企业科技研发效率的影响。[①] 在博弈的第一阶段，首先假设企业 A 考虑对内在价值为 V_1 的研发 1 进行科技研发投入。倘若企业 A 选择投资 x_1，那么研发 1 的实现概率为 α_1（α_1 越高，研发 1 越容易实现），这就是科技研发效率。假设国家的知识产权制度是完善的，即企业申请专利是没有成本的。倘若企业 A 实现了研发 1，那么企业 A 能够通过申请获得专利。企业 B 通过研发 1 的知识溢出获得了信息产品，并考虑对内在价值为 V_2 的研发 2 进行科技研发投入。倘若没有研发 1 提供信息产品，是无法实现研发 2 的，这就是创新的累积性含义。在博弈的第二阶段，由于企业 B 投资研发 2 侵犯了研发 1，为了将研究问题简化，假设企业 A 有完全谈判能力且研发 2 只能由企业 B 进行，同时假定企业 B 对研发 2 进行投资，应提前向企业 A 支付许可比率 δ。在博弈的第三阶段，当企业 A 给定许可比率 δ，企业 B 决定是否对研发 2 进行投资，倘若企业 B 选择投资 x_2，那么研发 2 的实现概率为 α_2（α_2 越高，研发 2 越容易实现）。

在累积创新过程中，如果没有先期科技研发活动提供了知识，那么后续科技研发将无法开展。信息知识与技术知识不仅是科技研发活动的产出，又是新一轮科技研发活动的投入，并且任何研发活动都离不开创新行为者自身的投资与付出以及相应的知识累积。假设创新行为者自身

[①] 寇宗来：《专利制度的功能和绩效》，上海人民出版社 2005 年版，第 137 页；林建明：《转型期地方政府扶持对企业研发行为的影响机理研究》，博士学位论文，浙江工商大学，2011 年，第 72 页；陶长琪、齐亚伟：《专利长度、宽度和高度的福利效应及最优设计》，《科学学研究》2011 年第 12 期。

的努力是一定的，研发成果越丰富，企业科技研发活动获得成功的机会就越大。为了简化相关问题，假设研发2的商业化不会影响研发1的利润水平，研发2仅仅是对研发1的应用，并不会完全取代研发1在市场上的地位，那么研发1或研发2的科技研发效率均可以表示为：

$$\alpha_i(x_i) = 1 - e^{-\vartheta_i x_i} \quad (3.1)$$

其中，$i=1,2$，$\vartheta_i > 0$。

企业A增加投资x_1，既提高了研发1的科技研发效率，即$\alpha_i(x_i) > 0$，又增加了研发1为研发2提供的相关知识。在式（3.1）中，倘若$\vartheta_i = 0$，那么$\alpha_i(x_i) = 0$，则研发1为研发2提供的知识累积效应可以表示为：$\vartheta_2 = \vartheta_2(x_i)$。其中，$\vartheta_2(0) = 0$，$\vartheta_2(x_i) > 0$。研发2无法实现的前提假设是$x_1 = 0$，这充分说明了创新累积性的实质，如果没有先期科技研发活动提供了知识，那么后续科技研发将无法开展。由此可知，企业B实现了研发2的市场化后，需要向企业A支付的总许可费用为δV_2，而企业B投资研发2的科技研发效率为α_2，所以企业B向企业A预支付的总许可费用表示为$\delta a_2 V_2$。当然，该费用的支付是以企业B实现了研发2的市场化为前提的。将$\hat{V}_2 = (1-\vartheta)V_2$表示为在扣除许可费用后企业B获得的研发2的实际价值，即研发2的折扣价值，那么，企业B的利润最大可以表示为：

$$\prod\nolimits_2(x_2) = \vartheta_2(x_2)\hat{V}_2 - x_2 \quad (3.2)$$

由式（3.2）的一阶条件可知，如果$\vartheta_2 \hat{V}_2 > 1$：

$$x_2^* = \frac{1}{\vartheta_2}\ln(\vartheta_2 \hat{V}_2) \quad (3.3)$$

如果$\vartheta_2 \hat{V}_2 \leq 1$，$x_2^* = 0$。

倘若$x_2^* > 0$，那么科技研发效率可以表示为：

$$\alpha_2(x_1, \delta) = 1 - \frac{1}{\vartheta_2 \hat{V}_2} \quad (3.4)$$

由前文ϑ_2和$\hat{V}_2$的定义以及式（3.2）和式（3.3）可以知道，企业B的科技研发投入和研发2的科技研发效率均会受x_1和δ的影响。

基于前文自由竞争情景下企业 A 与企业 B 的创新博弈，接下来将政府行为纳入博弈模型中，探究财政科技政策激励如何影响企业科技研发行为。本书假定政府可以采用财政补贴或税收优惠的方式来促进企业 B 选择投资 x_2，以提高企业 B 的科技研发效率 α_2，其基本原理是降低企业 B 的研发成本。当政府通过财政科技政策降低成本的方式来激励企业科技研发时，政府效益函数直接表示为企业研发产出与政府研发投入的对比关系。政府作为理性的效用追求者，只会对开展实质性科技研发活动的企业提供持续、有效的财政补贴或税收优惠；企业为了获得财政科技政策扶持，多会主动投入见效快且实质性的研发项目。

（二）财政科技政策激励对经济转化效率的影响

企业经济转化阶段是在企业科技研发的基础上，将科技成果转化为企业市场化产品以及提升企业经济效益的过程，其内容包括技术产业化、产品市场化等经济活动。显然，企业经济转化阶段对市场有较高的依赖性，但由于企业创新产品具有"公共产品"的特性，其他企业可以通过技术模仿等方式获得企业的科技创新成果，并分享企业的创新市场和创新收益。而市场失灵导致在企业创新成果转化为经济效益的过程中存在严重的外部性问题，政府可以通过财政科技政策倾斜，补贴创新企业一定数量的资金，降低企业创新成果转化成本，使私人投资回报率与社会投资回报率相协调。此外，创新成果的经济转化过程是对创新产品继续开发以及推广的过程，在此期间存在很大的不确定性，尤其是创新产品形成商品批量化生产时需要大量资金。这种不确定风险让企业对创新成果转化产生了退缩心理。政府则可以通过财政资助、税收优惠等财政科技政策来分担或补偿企业经济转化阶段的风险损失，提升企业经济转化阶段的创新积极性与创新效率。

为了分析财政科技政策激励影响经济转化效率的内在机理，本书借鉴生延超等的建模思路，① 假设某一垄断市场内企业的需求函数为 $P = M$

---

① 生延超：《创新投入补贴还是创新产品补贴：技术联盟的政府策略选择》，《中国管理科学》2008 年第 6 期；张明玖：《财政激励、金融支持与工业企业创新成果转化研究》，《西南大学学报》（社会科学版）2017 年第 1 期。

$-NQ$（$M>0$；$N>0$），其中，P 表示价格，M 和 N 均为常数，Q 为产品产量，且 $Q = Q_1 + Q_2$（$Q_1 > 0$，$Q_2 > 0$），Q_1 表示企业创新成果转化所获得的新产量，Q_2 表示企业持有的原有产量，即未从事创新成果转化活动所拥有的原产量。假设用企业创新成果转化所获得的新产量与总产量的比值表示企业创新成果转化比例 k，即 $k = Q_1/Q$，且 $k \in [0,1]$（考虑到企业创新成果转化会受产品市场需求、融资约束等因素影响）。当 $k = 0$ 时，意味着企业没有从事创新成果转化活动；$k = 1$ 时，意味着企业所有产品的生产均来源于创新成果产出。k 值越大，表明企业创新成果转化的新产量占总产量的比重越高，企业创新成果产出越高，创新成果通过应用、生产、营销等手段实现企业市场价值的可能性就越大，企业经济转化效率就越高。假定企业开展创新成果转化活动的固定成本为 C，且 C 大于零；企业生产单位产品所需成本为 D，要降低产品生产成本可以通过应用企业创新成果来完成，假设用 E 表示产品生产成本的降低部分，那么企业生产成本可以表达为 $D - E$，$D > E > 0$；且设定 $E = E_0 - \mu Q_1$（$E_0 > 0$），其反映了随着采用新成果或新技术的产量的变动，企业可降低单位产品生产成本的程度，其中 E_0 为企业减少的单位产品生产成本中除去因采用新成果或新技术的产量变动而影响其单位产品生产成本变化部分的其他成本，μ 表示在运用了新成果或新技术时企业产量变动所导致的其可降低的单位产品的生产成本的系数。当 $Q = 0$ 时，需求函数的最大值为 $P = M$，且企业单位产品的生产成本要小于产品价格，即 $D < P = M$。

假设财政科技政策激励统一划分为政府补贴与税收优惠两种。在政府补贴激励中，主要根据企业创新成果转化阶段投入总量的比例来对创新企业进行直接研发补贴，用 b 表示政府补贴比率，$0 \leq b \leq 1$；在税收优惠激励中，主要根据新产品销售价格的相应比例来对创新企业实施税收优惠，税收优惠比率可表示为 s，且 $0 \leq s \leq 1$。通常情况下，政府会统一设置某一创新成果产品的优惠比率，并针对不同企业的创新产品种类进行比率调整。因此，本书设定 $s = s_0 + \varepsilon Q_1$。其中，$s_0$ 代表政府设定的统一优惠比率，满足 $s_0 \geq 0$；ε 代表政府针对创新产品销量所进行的税率调控系数。

由前文的假设可知，企业可以选择采用原有技术或者创新成果转化技术来生产产品。假定企业总利润函数为 R，用来表示企业采用原有技术与创新成果转化技术生产产品所获得的销售总利润。政府的研发补贴或税收优惠通常是为鼓励企业采用创新成果转化技术生产产品的，假定使用该技术企业销售产品所获利润函数为 R_1；企业采用原有技术生产产品是无法获得财政科技政策扶持的，假定此时企业销售产品所获利润函数为 R_2。那么，企业总利润函数可以表示为：

$$R = R_1 + R_2 \tag{3.5}$$

其中：

$$\begin{aligned} R_1 &= (P - D + E)Q_1 + (b-1)C + sQ_1 \\ &= (\varepsilon - N - \mu)Q_1^2 - NQ_1Q_2 \\ &\quad + (M - D + E_0 + s_0)Q_1 + (b-1)C \end{aligned} \tag{3.6}$$

$$\begin{aligned} R_2 &= PQ_2 - DQ_2 \\ &= -NQ_2^2 - NQ_1Q_2 + (M - D)Q_2 \end{aligned} \tag{3.7}$$

企业总利润函数 R 进一步变为：

$$\begin{aligned} R &= (\varepsilon - N - \mu)Q_1^2 - NQ_2^2 \\ &\quad - 2NQ_1Q_2 + (M - D + E_0 + s_0)Q_1 \\ &\quad + (M - D)Q_2 + (b-1)C \end{aligned} \tag{3.8}$$

对式（3.8）分别求 Q_1 和 Q_2 的偏导数，令 $\partial R/\partial Q_1 = 0$，$\partial R/\partial Q_2 = 0$，以确定企业最大化利润目标下的最优产量 Q_1 与 Q_2，整理后得到：

$$Q_1 = \frac{E_0 + s_0}{2(\mu - \varepsilon)} \tag{3.9}$$

$$Q_2 = \frac{M - D}{2N} - \frac{E_0 + s_0}{2(\mu - \varepsilon)} \tag{3.10}$$

进一步，企业开展创新成果转化活动的比例可表示为：

$$\begin{aligned} k &= k(s_0, \varepsilon) \\ &= \frac{Q_1}{Q} = \frac{Q_1}{Q_1 + Q_2} \\ &= \frac{N(E_0 + s_0)}{(M - D)(\mu - \varepsilon)} \end{aligned} \tag{3.11}$$

通过式（3.11）可知，企业从事创新成果转化活动的比例 $k = k(s_0, \varepsilon)$，这是关于税收优惠统一比率 s_0 及税率调控系数 ε 的函数，分别对两者求偏导数可得：

$$\frac{\partial k}{\partial s_0} = \frac{N}{(M-D)(\mu - \varepsilon)} \quad (3.12)$$

$$\frac{\partial k}{\partial \varepsilon} = \frac{N(E_0 + s_0)}{(M-D)(\mu - \varepsilon)^2} \quad (3.13)$$

由式（3.9）和式（3.10）可知，$\mu - \varepsilon > 0$，从式（3.12）和式（3.13）中得到 $\partial k/\partial s_0 > 0$，$\partial k/\partial \varepsilon > 0$，其显示出企业创新成果转化的比例随着政府税收统一优惠比率及税收优惠比率调控力度的提升而增加，即政府税收优惠力度的提高，将促进企业创新成果转化。

进一步，将式（3.9）和式（3.10）代入式（3.8）中，整理可得企业的最优利润 $R^* = \max R$：

$$R^* = \frac{(M-D)^2}{4N} + \frac{(E_0 + s_0)}{4(\mu - \varepsilon)} + (b-1)C \quad (3.14)$$

对式（3.14）求 s_0 和 b 的偏导数，得到两者对企业最优利润的影响如下：

$$\frac{\partial R}{\partial s_0} = \frac{E_0 + s_0}{2(\mu - \varepsilon)} \quad (3.15)$$

$$\frac{\partial R}{\partial b} = C \quad (3.16)$$

由式（3.15）和式（3.16）可以看出，$\partial R/\partial s_0 > 0$，$\partial R/\partial b > 0$，说明企业利润将随政府税收统一优惠税率和政府补贴比率的增大而增加。由此可得，在企业利润最大化前提下，政府补贴促进了企业创新成果转化。

综上所述，通过剖析财政科技政策激励对科技研发效率以及经济转化效率的影响机理，可以发现：一方面，企业在获得政府财政科技政策激励后，同样多的科技研发投入企业获得了比未得到政策激励时更多的研发收益，或者通过降低企业研发成本，使得企业在获得同样研发收益时所需要的研发投入减少，政府财政科技政策激励对企业科技研发效率的提升效应是有效的；另一方面，财政科技政策激励（政府补贴与税收优惠）促进了企业创新成果转化，创新成果通过应用、生产、营销等手段实现了企业市场价值的提高，进而提升了企业的经济转化效率。企业创新驱动发展效率是由科技研发效率与经济转化效率共同组成的，基于此，本书提出以下假说。

假说一：财政科技政策激励促进了企业创新驱动发展效率的提升。

假说二：财政科技政策激励促进了企业科技研发效率的提升。

假说三：财政科技政策激励促进了企业经济转化效率的提升。

三 不同类型财政科技政策激励对企业创新驱动发展效率的影响

结合前文财政科技政策激励的概念界定，财政科技政策激励可以分为政府直接补贴、税收直接优惠与税收间接优惠三种形式。其中，政府直接补贴是对有研发活动的企业给予一定额度的直接资金支持，是采用直接拨款、贷款贴息等方式对企业创新进行直接资助；税收直接优惠通过优惠税率、税额减免等方式，将企业创新收益内部化，是一种针对研发成果的奖励，相应的激励制度和惩罚制度健全，且税收减免力度较大；税收间接优惠是以研发费用加计扣除、加速折旧、投资抵免、亏损结转等方式，将原本完全由企业单独承担的创新风险，通过退税、税收抵免的形式由政府承担一部分。上述三种财政科技政策激励类型，各有各的侧重点，其对企业创新驱动发展效率的作用机制也可能存在差异，因此有必要区分三种类型财政科技政策激励对企业创新驱动发展效率的影响。

一是政府直接补贴。政府直接补贴对企业创新驱动发展效率的作用机理可以理解为：一方面，政府直接补贴采用直接拨款、贷款贴息等方式为企业创新进行直接资助，可以降低企业创新项目成本，在获得政府直接补贴后部分较难获利的创新项目会变得有利可图，从而促使企业增加创新投入，部分企业还会不断提升研发效率以提高政府财政资金利用率。与此同时，政府直接补贴带来的额外资源，可使企业有更充足的时间和精力根据市场与技术趋势的变化开展相应的创新活动。[①] 另一方面，企业科技创新或研发项目的高风险与高投入特质，会让风险规避型企业在面临融资约束或缺乏外部激励的情况下，选择保守创新甚至放弃创新

---

① 周江华等：《政府创新政策对企业创新绩效的影响机制》，《技术经济》2017年第1期。

活动，而政府直接补贴一定程度上可以补偿企业创新活动中的风险损失，使得享受政府直接补贴激励的部分企业会增加创新投入力度，积极跟进并探索技术发展趋势以扩大市场份额，从而获得竞争优势，增加企业创新收益，进而提升企业创新驱动发展效率。[1]

二是税收直接优惠。税收直接优惠对企业创新驱动发展效率的作用机理可以理解为：一方面，税收直接优惠通过优惠税率、税额减免等方式，将企业创新收益内部化，可以加大企业科技研发投入力度，提高企业创新能力、产品附加值与市场竞争力，[2] 以此助推企业切入创新驱动发展模式，提升企业创新驱动发展效率。与此同时，政府通过对企业涉及创新投入的要素进行税收减免以及对创新产品的销售提供税收优惠，还可以有效降低企业创新成本，直接提高企业科技创新的预期收益，对企业提升创新驱动发展效率产生激励作用。另一方面，作为税收直接优惠的典型形式，高新技术企业减免税是以减至15%的税率征收企业所得税的税收优惠政策，其依据高新技术企业认定条件，可以引导创新企业集聚科研创新人才、组建研发团队，鼓励企业增加创新投入，并依托规范且成熟的研发机构来承接企业先进技术的引进以及创新成果的转化，实现企业创新产出最大化，以提升企业创新驱动发展效率。

三是税收间接优惠。税收间接优惠对企业创新驱动发展效率的作用机理可以理解为：一方面，作为税收间接优惠的典型形式，研究开发费用加计扣除减免税一般以企业创新投入为前提，政府在继续征税的前提下计算企业应纳税所得额时，加计扣除研发费用，以此帮助企业节约当期的经营现金流量，间接增加资本供给量，降低企业科技创新活动的投资成本，解决创新活动的外部性问题，[3] 并引导企业进行实质性创新，从而提升企业创新驱动发展效率。另一方面，除了研究开发费用加计扣除

---

[1] 赵康生、谢识予：《政府研发补贴对企业研发投入的影响——基于中国上市公司的实证研究》，《世界经济文汇》2017年第2期。

[2] 王波、张念明：《创新驱动导向下财政政策促进科技创新的路径探索》，《云南社会科学》2018年第1期。

[3] 任海云、宋伟宸：《企业异质性因素、研发费用加计扣除与R&D投入》，《科学学研究》2017年第8期。

减免税之外，税收间接优惠还以亏损结转、加速折旧、科研准备金税前列支及税收抵免等方式，把原本完全由企业单独承担的创新风险由政府承担一部分，①从而补偿企业科技创新的财务风险支出，缓解企业开展风险性技术项目的创新压力，助推企业创新驱动发展效率的提升。

综上所述，结合政府直接补贴、税收直接优惠与税收间接优惠作用于企业创新驱动发展效率的主要路径，本书提出以下假说。

假说四：政府直接补贴、税收直接优惠及税收间接优惠均促进了企业创新驱动发展效率的提升。

从政府直接补贴与税收优惠的激励效果来看，政府直接补贴与税收优惠在资金支持形式、激励方式、审批程序及优惠对象等方面存在明显差异，导致其对企业创新驱动发展效率的激励效果不同。政府直接补贴通常是采用贷款贴息、科研补贴、项目资助等方式直接为从事科技创新活动的企业提供资金支持，而税收优惠政策主要是通过税收减免、税前扣除及税收抵免等方式补贴企业资金收益。相比于政府直接补贴，税收优惠对企业创新项目资助的直观性较低。同时，税收优惠属于事后激励，且其优惠对象多是某一类型业务或某一行业，能享受到税收优惠仅能证明企业所从事的业务或所处行业属于国家支持领域，但对具体行业中的企业特质是无法辨别的；而政府直接补贴属于事前激励方式，多是在企业开展创新项目前，政府对企业所申报的创新项目通过专家团队进行甄选、评估、审核与立项后，选择创新能力强的项目或企业直接拨付财政资金款项。相对而言，政府直接补贴对审批程序与优惠对象的精准性和区分性更强。②此外，内源融资依赖较强的企业在进行科技创新活动时，通常会面临创新投资不足的难题，而该类型企业的创新质量普遍不高，企业创新成果的产品市场化占有率较低，企业从事科技创新项目所享受的税收优惠额与企业研发活动的匹配度不高，一定程度上也削弱了税收

---

① 范硕、何彬：《创新激励政策是否能提升高新区的创新效率》，《中国科技论坛》2018年第7期。

② 梁彤缨、冯莉、陈修德：《税式支出、财政补贴对研发投入的影响研究》，《软科学》2012年第5期；郭景先：《财税政策、外部融资与创新绩效》，博士学位论文，天津财经大学，2016年，第84页。

优惠的激励效果。而直观性较强的政府直接补贴可以为企业创新项目与创新能力担任"质量认证官",向资本市场释放投资信号,为创新企业赢得风险投资或长期贷款的机会,以解决企业外源融资难题。因此,与间接性的、事后激励的税收优惠相比,直接性的、事前激励的政府直接补贴对企业创新驱动发展效率的激励效应相对较强。

从税收直接优惠与税收间接优惠的激励效果来看,税收直接优惠与税收间接优惠在优惠力度、法律权威以及会计计量稳健性等方面存在一定差异,导致其对企业创新驱动发展效率的激励效果不同。与税收间接优惠典型形式的研究开发费用加计扣除减免税相比,高新技术企业减免税作为税收直接优惠形式是以企业享受减至15%的税率征收企业所得税的税收优惠政策,其优惠力度大于按加计比率扣除的研究开发活动费用所得税。并且,《中华人民共和国企业所得税法》对高新技术企业减免中的骗税、偷税、漏税等行为制定了明确的惩罚措施,从法律上限制企业"伪研发"或"搭便车"等行径,而研究开发费用加计扣除减免税仅以政策或管理办法的形式存在,其法律权威性较弱。[①] 因缺乏立法支持,其对企业创新驱动发展效率的激励效果会大大折扣。此外,在会计计量上应记录研究开发费用的实际发生情况。当前会计制度还没有与研究开发费用归集相对应的会计科目,不能通过会计科目来如实反映企业研究开发费用的减免情况,导致企业会计稳健性问题难以解决,企业财务报告的真实性也有待考证。而且,会计信息的低质量会导致企业创新投入的非效率性。相比于会计计量稳健性较高的直接补贴与高新技术企业减免税,研发费用加计扣除减免的创新激励效果较弱。[②]

综上所述,基于政府直接补贴、税收直接优惠与税收间接优惠的比较分析,本书提出以下假设。

---

① 冯海红、曲婉、李铭禄:《税收优惠政策有利于企业加大研发投入吗?》,《科学学研究》2015年第5期;张玉、陈凯华、乔为国:《中国大中型企业研发效率测度与财政激励政策影响》,《数量经济技术经济研究》2017年第5期。

② 张琛、刘银国:《会计稳健性与自由现金流的代理成本:基于公司投资行为的考察》,《管理工程学报》2015年第1期;唐书林、肖振红、苑婧婷:《上市公司自主创新的国家激励扭曲之困——是政府补贴还是税收递延?》,《科学学研究》2016年第5期。

假说五：三种类型财政科技政策激励对企业创新驱动发展效率的影响存在差异。

第三节 财政科技政策激励与企业创新驱动发展效率的指标测度

一 财政科技政策激励的测度指标与方法

（一）指标体系构建

本书综合利用两种方式来确定财政科技政策激励的衡量指标：一种是借助现有研究文献，通过深入分析相似研究主题，从中选取适合本书研究内容的经典指标；另一种是对财政科技政策的相关研究进行文本挖掘，提炼并整理政策要点与重点，结合本书研究主旨确定测度指标。基于此，兼顾前文财政科技政策激励的概念界定，本书主要选取中国《工业企业科技活动统计年鉴》中分行业、分地区政府相关政策的落实情况内容，具体包括"使用来自政府部门的研发资金"①"高新技术企业减免税"②"研究开发费用加计扣除减免税"③，来反映财政科技政策激励情况。同时，借鉴陈修德等的做法，以密度指标反映不同类型财政科技政策激励的水平，即用使用来自政府部门的研发资金除以从业人数来表示政府直接补贴，用高新技术企业减免税除以从业人数来表示税收直接优惠，用研究开发费用加计扣除减免税除以从业人数来表示税收间接优惠。④ 此外，本

---

① 指政府为支持企业进行科技研发活动而对有科技活动的企业给予一定额度的直接资金支持。

② 依据《高新技术企业认定管理办法》（国科发火〔2016〕32号）及《国家重点支持的高新技术领域》认定的高新技术企业，可以依照2008年1月1日起实施的《中华人民共和国企业所得税法》及《中华人民共和国企业所得税法实施条例》（国务院令第512号）等有关规定，申请享受减至15%的税率征收企业所得税税收优惠政策。

③ 在企业会计年度末对企业实施的税收优惠政策，是合格研发支出从应税收入中按加计比率扣除的研究开发活动费用所得税，其税收减免额会受到企业所得税税率影响。

④ 陈修德、梁彤缨：《中国高新技术产业研发效率及其影响因素——基于面板数据SFPF模型的实证研究》，《科学学研究》2010年第8期；熊维勤：《税收和补贴政策对R&D效率和规模的影响——理论与实证研究》，《科学学研究》2011年第5期；王利：《中国大中型工业企业创新驱动增长的测度与分析》，《数量经济技术经济研究》2015年第11期；姜南：《自主研发、政府资助政策与产业创新方向——专利密集型产业异质性分析》，《科技进步与对策》2017年第3期。

书将政府直接补贴、税收直接优惠与税收间接优惠统一纳入财政科技政策激励的评价指标体系，并利用线性加权求和法和熵值法计算财政科技政策激励的综合指数，以此来衡量财政科技政策激励的总体水平。

考虑到行业间的科技创新要求、研发难度及外部融资约束等情况各不相同，不同行业的财政科技政策诉求也存在差异。同样，地区间的科技人才储备、技术创新水平、研发基础设施、外部创新环境等科技创新条件不同，不同地区对财政科技政策的需求内容与依赖程度也存在差异。因此，为了全面了解财政科技政策激励的效果，本书分别从行业层面和地区层面衡量财政科技政策激励水平。其中，行业层面的政府直接补贴（$INC1$）、税收直接优惠（$INC2$）以及税收间接优惠（$INC3$）分别用使用来自政府部门的研发资金、高新技术企业减免税、研究开发费用加计扣除减免税除以行业从业人员数来衡量；地区层面的政府直接补贴（$inc1$）、税收直接优惠（$inc2$）以及税收间接优惠（$inc3$）分别用使用来自政府部门的研发资金、高新技术企业减免税、研究开发费用加计扣除减免税除以地区企业从业人员数来衡量。行业层面与地区层面财政科技政策激励的测度指标及指标说明详见表3.1。

表3.1　财政科技政策激励的测度指标体系

	测度指标	指标说明
行业层面财政科技政策激励（INC）	政府直接补贴（$INC1$）	使用来自政府部门的研发资金/行业从业人员数
	税收直接优惠（$INC2$）	高新技术企业减免税/行业从业人员数
	税收间接优惠（$INC3$）	研究开发费用加计扣除减免税/行业从业人员数
地区层面财政科技政策激励（inc）	政府直接补贴（$inc1$）	使用来自政府部门的研发资金/地区企业从业人员数
	税收直接优惠（$inc2$）	高新技术企业减免税/地区企业从业人员数
	税收间接优惠（$inc3$）	研究开发费用加计扣除减免税/地区企业从业人员数

（二）测度方法选择

基于上述指标体系，本书计算了财政科技政策激励的综合指数。为了尽量消除不同量纲对研究结果的影响，需要借助最大—最小值方法对财政科技政策激励的各测度指标进行无纲量化处理。具体的数据标准化处理公式如下：

$$C_{ij} = \frac{cs_{ij} - \min(cs_j)}{\max(cs_j) - \min(cs_j)} \quad (3.17)$$

式（3.17）中，标准化数据 $C_{ij} \in [0,1]$。其值越大，说明对财政科技政策激励综合指数的贡献越大。其中，cs_{ij} 为第 i 个行业（省份）的第 j 个指标的原始值，$i=1,2,3,\cdots,m$，$m=35（30）$①，$j=1,2,3,\cdots,n$，$n=3$。$\max(cs_j)$ 表示财政科技政策激励的各测度指标数据在35个行业（30个省份）样本中的最大值，$\min(cs_j)$ 表示财政科技政策激励的各测度指标数据在35个行业（30个省份）样本中的最小值。在对数据进行标准化处理之后，利用线性加权求和法计算财政科技政策激励的综合指数，计算公式为：

$$CS_i = \sum_{j=1}^{n} w_{ij} C_{ij} \quad (3.18)$$

其中，$\sum_{j}^{n} w_{ij} = 1$，w_{ij} 为财政科技政策激励的各测度指标权重。本书主要利用熵值赋权法来确定各测度指标的权重，以避免主观认定的非科学性。具体的熵值赋权法的计算步骤如下。

首先，对标准化数据进行比重变换，公式为：

$$Q_{ij} = C_{ij} / \sum_{i=1}^{m} C_{ij} \quad (3.19)$$

其次，计算各指标的熵值，公式为：

$$F_j = -(\ln m)^{-1} \sum_{i=1}^{m} Q_{ij} \ln Q_{ij} \quad (3.20)$$

其中，$0 \leq F_{ij} \leq 1$。

最后，计算各熵值的信息效应价值 d_j 和各指标的权重 w_j，公式为：

---

① 剔除数据缺失严重的行业（其他采矿业、工艺品及其他制造业、废弃资源和废旧材料回收加工业）以及考虑统计口径的一致性，本书行业层面数据包括了35个行业；香港、澳门、台湾以及西藏由于统计数据缺失，未被纳入研究样本，本书地区层面数据包括了30个省份。

$$w_j = d_j / \sum_{j=1}^{n} d_j \quad (3.21)$$

其中，$d_j = 1 - F_j$。

财政科技政策的颁布与实施是一个不断完善的发展过程，财政科技政策激励的各指标对财政科技政策激励综合指数的贡献度（权重大小）会随着国家财政科技政策的变动而变动。因此，要利用上述方法逐年确定各指标的权重大小。计算结果见表3.2。利用公式（3.17）标准化处理各年各行业（省份）财政科技政策激励评价指标的原始数值，并参考表3.2 中的指标权重，利用公式（3.18）计算获得各年各行业（省份）财政科技政策激励的综合指数（CS）。[①]

表 3.2　　　财政科技政策激励评价指标的权重

	行业层面			地区层面		
	$INC1$	$INC2$	$INC3$	$inc1$	$inc2$	$inc3$
2009 年	0.2950	0.3674	0.3377	0.4357	0.4436	0.1206
2010 年	0.3059	0.3726	0.3214	0.4841	0.3913	0.1247
2011 年	0.3243	0.4045	0.2712	0.3563	0.3307	0.3131
2012 年	0.3172	0.3530	0.3298	0.4525	0.4286	0.1189
2013 年	0.3280	0.3517	0.3204	0.4347	0.4379	0.1274
2014 年	0.3253	0.3625	0.3122	0.3596	0.3463	0.2941
2015 年	0.3116	0.3677	0.3208	0.3203	0.3316	0.3481
2016 年	0.3257	0.3650	0.3093	0.3371	0.3233	0.3396

资料来源：笔者计算整理。

[①] 本书衡量财政科技政策激励所用数据来源于中国《工业企业科技活动统计年鉴》。由于从 2009 年《工业企业科技活动统计年鉴》中才开始有"政府相关政策的落实情况"这项统计项目，并且本书成文时，其中涉及的大部分数据还未更新到 2017 年，为了保证数据的连续性与研究的规范性，本书将样本期间设定为 2009—2016 年。

二 企业创新驱动发展效率的测度指标与方法

(一) 指标体系构建

学术界对企业创新驱动发展效率的评价指标体系还未形成统一的权威标准,学者们在测算创新效率时主要依据效率评价对象的实际特点以及测算目标来构建评价指标体系。本书在测算企业创新驱动发展效率时,主要基于前文企业创新驱动发展效率的内涵界定以及中国企业创新驱动发展的阶段性特点,兼顾评价指标体系与模型选用原理的一致性与匹配度、评价体系构建的代表性与科学性,并考虑数据来源的规范性与可靠性、数据获取的全面性与便利性等因素,从而构建了包含科技研发阶段和经济转化阶段在内的企业创新驱动发展效率的综合评价指标体系(见表3.3)。

表3.3　企业创新驱动发展效率的评价指标体系

第一阶段(科技研发阶段)		第二阶段(经济转化阶段)	
投入指标	产出指标	投入指标	产出指标
研发经费内部支出 研发人员全时当量	专利申请数 有效发明专利数	专利申请数 有效发明专利数 研发人员全时当量 新产品开发经费支出 其他科技经费支出	新产品销售收入 主营业务收入

第一阶段为科技研发阶段,是企业研发人员将新构想在技术组合环节通过创新活动生产出中间创新成果的过程。在该阶段,企业创新投入主要包括研发人员投入与研发经费投入,创新产出主要包括专利申请数与有效发明专利数。首先,企业创新主要依靠人去发现新知识、新需求,并通过创意、设计等给企业产品带来附加值,研究者、技术及同类员工和辅助支持人员等研发人员是企业创新投入的重要人力资源,因此采用

第三章 财政科技政策激励与企业创新驱动发展效率的理论分析及指标测度

研发人员全时当量衡量研发人员投入。① 其次,考虑到研发经费内部支出是企业研究与开发部门当年用于企业研发创新活动的实际支出,② 同时,考虑到当前学术界关于资本存量的测度(主要表现在折旧率的选取上)存在一定分歧,为了不影响测算结果的精确性,本书选择企业研发经费内部支出来衡量研发经费投入。③ 再次,专利是企业创新中间产出的代表性成果,是企业研发创新能力的最好证明。本书采用专利申请数来衡量创新产出,主要原因在于:其一,相比于专利授权数在反映当期企业创新水平上可能存在缺陷,专利申请获得批准的时限较短,且受专利机构工作人员的人为偏好以及工作效率的影响较小。④ 其二,在《中国科技统计年鉴》中有关企业专利数据的统计仅有专利申请数这一指标,兼顾指标数据的可量化性以及数据的可得性,本书选用专利申请数作为创新产出指标之一。最后,发明专利因为技术含量相对最高,成为国际上公认的反映技术拥有量的核心指标,它能在一定程度上反映专业技术产出的数量水平与专利的质量水平,因此,企业创新产出用有效发明专利数来衡量。⑤

第二阶段为经济转化阶段,是企业研发人员将中间创新成果通过生产转化与产品销售等方式实现创新产品的市场化价值以及企业经济效益的过程。该阶段的企业创新投入主要包括研发人员投入、研发经费投入以及科技研发阶段中的创新产出(专利申请数以及有效发明专利数);该阶段的企业创新产出主要包括新产品销售收入与主营业务收入。⑥ 第二阶

---

① C. I. Jones, J. C. Williams, "Measuring the Social Return to R&D", *Finance & Economics Discussion*, Vol. 113, No. 4, 1997.

② 董艳梅、朱英明:《中国高技术产业创新效率评价——基于两阶段动态网络 DEA 模型》,《科技进步与对策》2015 年 24 期。

③ 姜振茂、汪伟:《折旧率不同对资本存量估算的影响》,《统计与信息论坛》2017 年第 1 期。

④ 白俊红、李婧:《政府 R&D 资助与企业技术创新——基于效率视角的实证分析》,《金融研究》2011 年第 6 期;王黎萤、王佳敏、虞微佳:《区域专利密集型产业创新效率评价及提升路径研究——以浙江省为例》,《科研管理》2017 年第 3 期。

⑤ 许治、范洁凭:《中国校企联合申请有效专利分布特征研究》,《科学学与科学技术管理》2012 年第 1 期。

⑥ 这里的主营业务收入不含新产品收入。

段的研发人员投入依然用研发人员全时当量来衡量；研发经费投入分别用新产品开发经费支出与其他科技经费支出来衡量。① 首先，相比于第一阶段研发经费内部支出应用项目的多样化（用于基础研究、应用研究和试验发展三类项目的管理与服务费用支出），在第二阶段，企业需要将科技研发阶段的技术进行改造和吸收，并有针对性地将科技活动经费投入新产品研究、设计、开发与试验等方面，从而将技术创新转化为经济效益。② 因此，在第二阶段，企业创新投入变量选用新产品开发经费支出来衡量。其次，企业除了自主研发新产品，还会通过消化吸收、技术引进及改造、购买国内技术等方式进行创新投入，所以本书还选用其他科技经费支出来衡量第二阶段企业的创新投入。最后，企业创新驱动发展的最终目的是提高企业经济效益，除了新产品销售收入可以直接表征企业创新驱动发展的经济效益状况，③ 企业自身生产经营活动也会从创新驱动的带动与溢出过程中受益。因此，采用企业新产品销售收入与主营业务收入来衡量第二阶段企业的创新产出。

（二）测度方法选择

1. 数据包络分析法

现阶段国内外学者们对效率的测度主要采用数据包络分析法（DEA）或随机前沿分析法（SFA）。与随机前沿分析法相比，数据包络分析法更注重相对效率，是可以评价同单位或同部门多投入、多产出经济系统的相对效率或相对有效性的一种方法。④ DEA 方法的计算更加具有直观性，结果也相对准确，而 SFA 方法无法处理多产出情况。因此在两种方法中，较多学者选择 DEA 方法来测度创新效率。1979 年，Charnes 等创建并给

---

① 包括技术引进、消化吸收、购买国内技术、技术改造等费用支出。
② 吴士健、张洁、权英：《基于两阶段串联 DEA 模型的工业企业技术创新效率及影响因素》，《科技管理研究》2018 年第 4 期。
③ 段云龙、王荣党：《我国省区大中型工业企业技术创新效率差异的实证分析》，《经济问题探索》2010 年第 8 期。
④ 吴卫红等：《我国省域创新驱动发展效率评价及提升路径实证研究》，《科技管理研究》2017 年第 5 期。

出了 DEA 的第一个模型，即 CCR 模型（以三位作者的姓氏首字母命名）。① Banker 等提出了估计规模效率的 DEA 模型。在以后的文献中，学者将此模型称为 BCC 模型。②

继 CCR 模型与 BCC 模型之后，出现了众多基于这两种基本模型的非网络 DEA 模型。非网络 DEA 模型（传统的 DEA 模型）将企业创新活动看作一个"黑箱"，未考虑中间产品的再投入和创新初始投入在两阶段之间的分配结构，从而无法分析企业创新生产过程中各子阶段对系统效率的影响，也不能确定效率损失的根源。③ 事实上，企业创新过程中的人员投入和资金投入不仅会影响中间创新产出，还会对企业经济效益产生影响，企业创新投入在两阶段过程中按一定比例实现共享。网络 DEA 的出现很好地甄别了非有效单元，实现了既关注系统效率又兼顾系统内各阶段效率的目的，一定程度上解决了"黑箱"问题。④ 网络 DEA 的概念最初是由 Fare 和 Grosskopf 提出的，他们所构建的基于网络生产过程的 DEA 模型，是将复杂的生产过程分解为以中间产品相连的多个子过程，尽管其极大地丰富了决策单元效率的评价，但依旧忽视了各子阶段的关联性。⑤ Kao 和 Hwang 在充分考虑各子阶段关联性的基础上，假设规模报酬不变，提出一个可以将系统效率表示为两个子阶段效率乘积的两阶段关联网络 DEA 模型。⑥

根据两阶段关联网络 DEA 的建模思路，假设有 k 个决策单元（本书

---

① A. Charnes, W. W. Cooper, E. Rhodes, "Measuring the Efficiency of Decision Making Units", *European Journal of Operational Research*, Vol. 2, No. 6, 1978.

② R. D. Banker, A. Charnes, W. W. Cooper, "Some Models for Estimating Technical and Scale Inefficiencies in Data Envelopment Analysis", *Management Science*, Vol. 30, No. 9, 1984.

③ 陈凯华、官建成：《共享投入型关联两阶段生产系统的网络 DEA 效率测度与分解》，《系统工程理论与实践》2011 年第 7 期；叶锐、杨建飞、常云昆：《中国省际高技术产业效率测度与分解——基于共享投入关联 DEA 模型》，《数量经济技术经济研究》2012 年第 7 期。

④ 彭煜、陈思颖、盛文文：《Malmquist 指数法对西部地区技术创新效率的评价——基于两阶段关联 DEA 方法》，《运筹与管理》2013 年第 3 期。

⑤ R. Fare, S. Grosskopf, "Network DEA", *Socio-Economic Planning Sciences*, Vol. 34, No. 1, 2000；熊正德、阳芳娟、万军：《基于两阶段 DEA 模型的上市公司债权融资效率研究——以战略性新兴产业新能源汽车为例》，《财经理论与实践》2014 年第 5 期。

⑥ C. Kao, S. N. Hwang, "Multi-Period Efficiency and Malmquist Productivity Index in Two-stage Production Systems", *European Journal of Operational Research*, Vol. 232, No. 3, 2014.

指行业或地区),每个决策单元投入类型为 l 种,产出类型为 m 种,中间产出类型为 q 种。第一阶段用 S_1 表示,第 i 个行业(地区)在第一阶段的投入设为 X_i,$X_i = (x_{i1}, x_{i2}, \cdots, x_{il})$;第二阶段用 S_2 表示,第 i 个行业(地区)在第二阶段的投入设为 Z_i,$Z_i = (z_{i1}, z_{i2}, \cdots, z_{iq})$,$Y_i$ 为第二阶段的产出,$Y_i = (y_{i1}, y_{i2}, \cdots, y_{im})$。假设在 S_1 的各项产出与在 S_2 的各项投入的权重相同,p 为在 S_1 的各项投入的权重,q 为在 S_1 的各项产出的权重(假设也是在 S_2 的各项投入的权重),u 为在 S_2 的各项产出的权重,$p = (p_1, p_2, \cdots, p_l)$,$q = (q_1, q_2, \cdots, q_q)$,$u = (u_1, u_2, \cdots, u_m)$。构建两阶段关联网络 DEA 模型:

$$E = \max \frac{u^T Y_{i_0}}{p^T X_{i_0}}, 1 \leq i_0 \leq k$$

$$\text{s.t.} \begin{cases} \frac{q^T Z_i}{p^T X_i} \leq 1, i = 1, 2, \cdots, k \\ \frac{u^T Y_i}{q^T Z_i} \leq 1, i = 1, 2, \cdots, k \\ \frac{u^T Y_i}{p^T X_i} \leq 1, i = 1, 2, \cdots, k \\ p \geq 0, p \neq 0 \\ q \geq 0, q \neq 0 \\ u \geq 0, u \neq 0 \end{cases} \quad (3.22)$$

CCR 变换:$t = \frac{1}{p^T X_{i_o}}$,$\omega = tp$,$v = tq$,$\mu = tu$。

模型 3.22 CCR 变换为等价的线性规划模型:

$$E = \max \mu^T Z_{i_o}$$

$$\text{s.t.} \begin{cases} \omega^T X_i - v^T Z_i \geq 0 \\ v^T Z_i - \mu^T Y_i \geq 0 \\ \omega^T X_{i_o} = 1 \\ \omega \geq 0, v \geq 0, u \geq 0, i = 1, 2, \cdots, k \end{cases} \quad (3.23)$$

其对偶规划记为：

$$E = \min\theta$$

$$\text{s. t.} \begin{cases} \sum_{i=1}^{k} X_i\lambda_i \leq \theta X_{i_o} \\ \sum_{i=1}^{k} X_i\lambda_i - \sum_{i=1}^{k} \eta_i Z_i \geq (1-\theta)Z_{i_o} \\ \sum_{i=1}^{k} Y_i\eta_i \geq Y_{i_o} \\ \lambda_i \geq 0, \eta_i \geq 0, i = 1, 2, \cdots, k \end{cases} \quad (3.24)$$

若 ω^*, ν^*, u^* 为模型最优解，则计算决策单元系统效率及分阶段效率公式：

$$E_0 = \frac{\mu^* Y_{i_o}}{\omega^* X_{i_o}} \quad (3.25)$$

$$E_1 = \frac{\nu^* Z_{i_o}}{\omega^* X_{i_o}} \quad (3.26)$$

$$E_2 = \frac{\mu^* Y_{i_o}}{\nu^* Z_{i_o}} \quad (3.27)$$

其中，决策单元的系统效率值用 E_0 表示，两个子阶段效率值分别用 E_1 和 E_2 表示。判断决策单元是有效的且仅当它的每个子阶段都是有效的条件是系统效率值等于1，即 $E_0 = 1$。

2. Malmquist 生产率指数法

Malmquist 在 1953 年分析消费行为时，首次提出了 Malmquist 指数，用以反映不同时期消费约束在无差异曲线上的移动。Caves 等受 Malmquist 的启发，在生产流通领域开始尝试使用 Malmquist 指数，利用距离函数之比构造了生产率指数，并将该指数命名为 Malmquist 生产率指数。[1] 运用 Malmquist 指数，最重要的是计算出对应的距离函数，然而 Caves 等并未列示距离函数测算的详细方法，因此，在很长一段时间里，Malmquist 指

---

[1] D. W. Caves, L. R. Christensen, W. E. Diewert, "The Economic Theory of Index Numbers and the Measurement of Input, Output, and Productivity", *Econometrica*, Vol. 50, No. 6, 1982.

数仅仅是一种理论指数。在这之后，Fare 等基于 DEA 模型的非参数线性规划算法，将数据包络分析方法与 Malmquist 指数相结合，使得 Malmquist 指数脱离理论指数的禁锢，变成具有实践应用价值的生产率测度指数，并逐渐扩大了 Malmquist 指数的应用范围。①

假定 t 期某行业（地区）i 的 N 种要素投入 $x_i^t \in R_+^N$ 经由生产技术 T_i^t 转化成 M 种产出 $y_i^t \in R_+^N$。将 t 时期技术条件下该经济体的产出距离函数定义为：$D_0^t(x_i^\Gamma, y^\Gamma) = \inf\{\theta_i^t(x_i^\Gamma, y_i^\Gamma)/[x_i^\Gamma, y_i^\Gamma/\theta_i^t(x_i^\Gamma, y_i^\Gamma)] \in T_i^t\}$。产出距离函数主要刻画技术前沿面与现实技术面的距离，多应用于衡量技术前沿面与现实技术面之间的拟合程度。② 由此可以将 Malmquist 生产率指数表示为：

$$M_0^t(x_i^t, y_i^t; x_i^{t+1}, y_i^{t+1}) = D_0^t(x_i^{t+1}, y_i^{t+1})/D_0^t(x_i^t, y_i^t) \qquad (3.28)$$

$$M_0^{t+1}(x_i^t, y_i^t; x_i^{t+1}, y_i^{t+1}) = D_0^{t+1}(x_i^{t+1}, y_i^{t+1})/D_0^{t+1}(x_i^t, y_i^t) \qquad (3.29)$$

在式（3.28）和式（3.29）中，$M_0^t(x_i^t, y_i^t; x_i^{t+1}, y_i^{t+1})$ 和 $M_0^{t+1}(x_i^t, y_i^t; x_i^{t+1}, y_i^{t+1})$ 分别测度在 t 时期和 $t+1$ 时期的技术条件下，从 t 时期到 $t+1$ 时期的效率变化情况。Fared 等用二者的几何平均值来计算 Malmquist 指数，以避免选择技术参考系的随意性。③ Malmquist 生产率变化指数可以表示为：

$$M_0(x^t, y^t; x^{t+1}, y^{t+1}) = \left[\frac{D_0^t(x^{t+1}, y^{t+1})}{D_0^t(x^t, y^t)} \times \frac{D_0^{t+1}(x^{t+1}, y^{t+1})}{D_0^{t+1}(x^t, y^t)}\right]^{1/2} \qquad (3.30)$$

倘若 M_0 值小于 1，意味着生产效率表现出下降态势；M_0 值大于 1，意味着生产效率表现出上升态势；M_0 值等于 1，意味着生产效率没有明显的变动态势。$D_0^t(x^{t+1}, y^{t+1})$ 表示行业（地区）在 t 时期的技术水平下，$t+1$ 时期的距离函数；$D_0^t(x^t, y^t)$ 表示行业（地区）在 t 时期的技术水平下，t 时期的距离函数；$D_0^{t+1}(x^{t+1}, y^{t+1})$ 表示行业（地区）在 $t+1$ 时期的技术水

---

① R. Fare, S. Grosskopf, C. A. K. Lovell, *The Measurement of Efficiency of Production*, Springer Netherlands, 1985.

② 陈一博：《技术创新中心变迁与技术后发国的追赶路径——基于 DEA-Malmquist 指数法的检验》，《科学学与科学技术管理》2012 年第 7 期。

③ R. Fare, S. Grosskopf, C. A. K. Lovell, *The Measurement of Efficiency of Production*, Springer Netherlands, 1985.

平下，$t+1$ 时期的距离函数；$D_0^{t+1}(x^t,y^t)$ 表示行业（地区）在 $t+1$ 时期的技术水平下，t 时期的距离函数。求解 Malmquist 指数的距离函数的传统 DEA 模型如下：

$$[D_0^t(x^t,y^t)] = \min\theta$$

$$s.t. \begin{cases} \sum_{i=1}^{k} X_i^t \eta_i \leq \theta X_{i_o}^t \\ \sum_{i=1}^{k} Y_i^t \eta_i \geq Y_{i_o}^t \\ \eta_i \geq 0, i = 1,2,\cdots,k \end{cases} \quad (3.31)$$

$$[D_0^t(x^{t+1},y^{t+1})] = \min\theta$$

$$s.t. \begin{cases} \sum_{i=1}^{k} X_i^t \eta_i \leq \theta X_{i_o}^{t+1} \\ \sum_{i=1}^{k} Y_i^t \eta_i \geq Y_{i_o}^{t+1} \\ \eta_i \geq 0, i = 1,2,\cdots,k \end{cases} \quad (3.32)$$

$$[D_0^{t+1}(x^{t+1},y^{t+1})] = \min\theta$$

$$s.t. \begin{cases} \sum_{i=1}^{k} X_i^{t+1} \eta_i \leq \theta X_{i_o}^{t+1} \\ \sum_{i=1}^{k} Y_i^{t+1} \eta_i \geq Y_{i_o}^{t+1} \\ \eta_i \geq 0, i = 1,2,\cdots,k \end{cases} \quad (3.33)$$

$$[D_0^{t+1}(x^t,y^t)] = \min\theta$$

$$s.t. \begin{cases} \sum_{i=1}^{k} X_i^{t+1} \eta_i \leq \theta X_{i_o}^t \\ \sum_{i=1}^{k} Y_i^{t+1} \eta_i \geq Y_{i_o}^t \\ \eta_i \geq 0, i = 1,2,\cdots,k \end{cases} \quad (3.34)$$

3. 两阶段关联网络 DEA 模型的 Malmquist 指数

从模型计算结果的合理性与有效性等方面对比发现，两阶段关联网络 DEA 模型比传统 DEA 模型有很大改进。相关文献在研究企业创新效率时，限于研究方法的不完善、缺失效率软件等问题，更多的仅仅是单独测算了两阶段效率，并未测算系统效率。本书认为企业创新驱动发展效率是一个系统，系统中的科技研发阶段与经济转化阶段是紧密相连的。受益于 MaxDEA 软件的科学性与便利性，本书应用 MaxDEA 软件同时设置两阶段关联网络 DEA 与 Malmquist，组合为两阶段关联网络 Malmquist 模型，并利用两阶段关联网络 DEA 模型的 Malmquist 指数，不仅测算企业在科技研发阶段与经济转化阶段的分阶段效率，重点还满足测算企业创新驱动发展系统效率的需求，期望所得到的指数值更能反映客观事实且比传统 DEA 模型更精确。基于两阶段关联网络 DEA 模型计算的 Malmquist 指数的距离函数如下：

$$[D_0^t(x^t, y^t)] = \min\theta$$

$$\text{s.t.} \begin{cases} \sum_{i=1}^{k} X_i^t \lambda_i \leq \theta X_{i_o}^t \\ \sum_{i=1}^{k} Z_i^t \lambda_i - \sum_{i=1}^{k} \eta_i Z_i^t \geq (1-\theta) Z_{i_o}^t \\ \sum_{i=1}^{k} Y_i^t \eta_i \geq Y_{i_o}^t \\ \lambda_i \geq 0, \eta_i \geq 0, i = 1, 2, \cdots, k \end{cases} \quad (3.35)$$

$$[D_0^t(x^{t+1}, y^{t+1})] = \min\theta$$

$$\text{s.t.} \begin{cases} \sum_{i=1}^{k} X_i^t \lambda_i \leq \theta X_{i_o}^{t+1} \\ \sum_{i=1}^{k} Z_i^t \lambda_i - \sum_{i=1}^{k} \eta_i Z_i^t \geq (1-\theta) Z_{i_o}^{t+1} \\ \sum_{i=1}^{k} Y_i^t \eta_i \geq Y_{i_o}^{t+1} \\ \lambda_i \geq 0, \eta_i \geq 0, i = 1, 2, \cdots, k \end{cases} \quad (3.36)$$

$$[D_0^{t+1}(x^{t+1},y^{t+1})] = \min\theta$$

$$\text{s.t.} \begin{cases} \sum_{i=1}^{k} X_i^{t+1}\lambda_i \leq \theta X_{i_o}^{t+1} \\ \sum_{i=1}^{k} Z_i^{t+1}\lambda_i - \sum_{i=1}^{k} \eta_i Z_i^{t+1} \geq (1-\theta)Z_{i_o}^{t+1} \\ \sum_{i=1}^{k} Y_i^{t+1}\eta_i \geq Y_{i_o}^{t+1} \\ \lambda_i \geq 0, \eta_i \geq 0, i = 1,2,\cdots,k \end{cases} \quad (3.37)$$

$$[D_0^{t+1}(x^t,y^t)] = \min\theta$$

$$\text{s.t.} \begin{cases} \sum_{i=1}^{k} X_i^{t+1}\lambda_i \leq \theta X_{i_o}^t \\ \sum_{i=1}^{k} Z_i^{t+1}\lambda_i - \sum_{i=1}^{k} \eta_i Z_i^{t+1} \geq (1-\theta)Z_{i_o}^t \\ \sum_{i=1}^{k} Y_i^{t+1}\eta_i \geq Y_{i_o}^t \\ \lambda_i \geq 0, \eta_i \geq 0, i = 1,2,\cdots,k \end{cases} \quad (3.38)$$

通过计算得到的 Malmquist 指数同样满足：若 M_0 值小于 1，表明效率呈下降趋势；若 M_0 值大于 1，表明效率呈上升趋势；若 M_0 值等于 1，表明效率没有变化。

第四节 本章小结

本章对财政科技政策激励与企业创新驱动发展效率进行了理论分析与指标测度。首先，科学界定了财政科技政策激励与企业创新驱动发展效率的基本概念；其次，剖析了财政科技政策激励对企业创新驱动发展及其效率的影响，以及不同类型财政科技政策激励对企业创新驱动发展效率的影响；最后，分别构建了财政科技政策激励与企业创新驱动发展效率的测度指标体系，详细介绍了财政科技政策激励与企业创新驱动发展效率的测量依据及测量方法，以期为后文的实证分析提供基本的理论参照。

第四章

财政科技政策激励与企业创新驱动发展效率概况及问题分析

企业创新活动的不确定性、外部性以及创新产品的公共性，使得政府财政科技政策激励对企业创新驱动发展的作用显得十分重要。本章主要任务是梳理并归纳财政科技政策的演进阶段与基本特征，根据前文财政科技政策激励的测度指标，系统分析财政科技政策激励的总体概况、行业异质性与地区异质性；基于企业创新驱动发展效率的测度依据与测度方法，从行业层面与地区层面整理并分析中国工业企业创新驱动发展效率的基本概况；在熟悉中国财政科技政策战略选择以及企业创新驱动发展效率现状的基础上，阐述企业创新驱动发展效率提升所面临的主要问题。

第一节 财政科技政策的演进阶段与基本特征

为了熟悉财政科技政策改革的创新方向，本章以财政科技政策目标、技术创新主体、创新实现方式等关键要素的重大变化为划分依据，以国家层面财政科技体制的战略方向调整和相关重要政策文件的颁布为主要时间节点，梳理改革开放以来中国财政科技政策的发展轨迹，并将财政科技政策演进分为全面恢复阶段（1978—1985 年）、探索尝试阶段（1985—1995 年）、创新变革阶段（1995—2005 年）以及和谐发展阶段（2005—2016 年）。

一　财政科技政策的演进阶段

（一）全面恢复阶段：1978—1985 年

1978 年 3 月在北京召开的全国科学大会标志着中国财政科技政策进入全面恢复阶段。邓小平在会上提出了"四个现代化的关键是科学技术的现代化""科学技术是生产力"等重要论断，并审议通过了《1978—1985 年全国科学技术发展规划纲要》（以下简称《八年科技规划纲要》），从思想观念与政策规范上强化了对科学技术的认识。中国国家科学技术委员会和计划委员会在"经济建设必须依靠科学技术，科学技术必须面向经济建设"的指导方针下，① 调整了《八年科技规划纲要》中的相关内容，选择机械及电子设备、能源开发及节能技术、新兴技术、地质和原材料等具有重要社会价值与经济意义的科学技术课题共计 114 个，共涉及八个方面，其中重点攻关项目总计 38 个。为了保证科技规划的顺利执行，该科学技术课题以《第六个五年计划科学技术攻关项目计划》的形式予以实施。该攻关项目计划作为首个被列入中国国民经济和社会发展规划的国家级科技计划，标志着中国综合性科技计划的真正成立。②

从财政科技投入来看，该阶段由于核算与成本预算等概念还未应用于科研计划中去，此时的财政科技投入主要依赖中央财政拨款。首先，财政部门根据部门下达各科研机构的科技经费，各部门财务再按照科研机构的人数下达科技经费，并以国家科研事业费或者专项科研经费等方式来划拨科技经费。从微观层面来看，该阶段的财政科技经费使用具有明显的计划性，经费拨款的财务核算单位主要是法人研究机构，在财政科技计划的立项以及科技经费的执行中没能充分应用核算与成本预算的概念。这一时期的国家科技经费管理虽然摒弃了"统收统支"式的管理模式，但以"划分收支，分级包干"为特点的单位预算包干管理办法也存在一定弊端。一方面，包干式的管理模式未能充分尊重科技活动的自

---

① 1982 年全国科学技术奖励大会明确提出"经济建设必须依靠科学技术，科学技术必须面向经济建设"的指导方针。

② 邓练兵：《中国创新政策变迁的历史逻辑——兼论以市场失灵为政策依据理论的不适用性》，博士学位论文，华中科技大学，2013 年，第 22 页。

身特点与客观规律，一定程度上限制了科技活动的良好发展；另一方面，将一般事业单位的管理方式应用到科研单位，强调科研人员与科研单位吃"大锅饭"的分配方式，容易导致科研人员缺乏市场化的研发活力与动力，仍没有改变经费由政府高度集中管理的本质。

从科技政策实施来看，为了发挥科学技术的生产力优势，在全国科学大会举办后，中国政府先后颁布了《中华人民共和国发明奖励条例》（国发〔1978〕279号）、《关于我国科学技术发展方针的汇报提纲》（中发〔1981〕14号）等促进科学技术发展的一系列条例或文件。该类文件大都以法律法规或规划的形式出现，颁布的初心与重点是调整并完善中国科学技术体系。该阶段中国财政科技政策的不断颁布与落实，优化了中国的科研发展环境，研发资金与科技人员投入也逐渐增加，这为后期中国科技事业更高层次地腾飞奠定了坚实的基础。此外，国家还相继推出了多项科技发展计划，以恢复中华人民共和国成立后的科技体系及工业技术创新活动。但是相关科技计划仅强调了科研机构的创新主体地位，还是主要由政府按计划调动、拨付科研经费以及对创新资源进行配置。整体来看，中国科技管理模式属于垂直管理，各部门、各科研机构间的横向联系较少，从而导致该阶段科技政策的影响效果大打折扣。鉴于此，1985年中共中央颁布了《关于科学技术体制改革的决定》（中发〔1985〕6号），吹响了中国财政科技体制改革的号角。该决定成为下一个时期财政科技政策制定的主要指导性文件。

（二）探索尝试阶段：1985—1995年

该阶段政府开始调整自身与市场间的职能定位和职责分配，逐渐重视市场对科技发展以及经济的刺激作用。这一时期的财政科技政策以中共中央发布的《关于科学技术体制改革的决定》（中发〔1985〕6号）为标志，从运行机制、项目计划管理与组织结构等方面，明确了未来中国财政科技体系调整与改革的重点内容和战略方向。该决定的颁布一定程度上解决了科技成果脱离实际以及科技政策激励不足等难题，也意味着中国科学技术发展更加注重自身科技发展规律并向社会主义市场经济转变。此外，党和国家还从三个层面战略部署了科技发展事项，强调科技工作要坚守国民经济主战场、高度重视高新技术产业发展、强化基础研究。[①] 随后，为了落实党和国家发展科学技术的指导思想和基本方针，我国又相继实施了一系列国家科技发展计划。这些计划大都以市场为导向，支持并鼓励各大科研力量将科技成果应用到市场中去。从20世纪90年代开始，中国政府更加注重产学研的融合发展，先后制定了《中国21世纪议程》（1994年）、启动了"211工程"（1995年）等，科学技术在经济发展中的推进作用也越来越大。在该阶段，财政科技政策对科技发展所需资本的投入与研发人员的扶持较多，逐渐重视并拓宽科研资金的供给渠道，并构建了相对宏观的财政科技管理体系。

从财政科技投入来看，该阶段主要改革研究机构的财政拨款制度，减拨机构事业费，实行经费分类管理和包干制，试行科学基金制。《关于科学技术体制改革的决定》（中发〔1985〕6号）强调，"中央和地方财政的科学技术拨款，在今后一定时期内，应以高于财政经常性收入增长的速度逐步增加"，并明确提出，"改革对研究机构的拨款制度，按照不同类型科学技术活动的特点，实行经费的分类管理"。1986年1月，国务院印发《关于科学技术拨款管理的暂行规定》（国发〔1986〕12号）。1986年2月，国家自然科学基金委员会成立，随后国家自然科学基金相关管理办法陆续出台。为了实现科技进步与经济发展的整体目标，国务院于1988年5月颁布了《关于深化科技体制改革若干问题的决定》（国发〔1988〕29号），明确指出要建立竞争性的科研经费管理体系，将贴息贷款、基金筹建、研发投资等拨款方式，同科技承包、技术合同、项目招标等方式相结合，以全面提高财政科技投资效益。在财政科技拨款的过程中，针对出现和遇到的新情况与新财务问题，财政部和国家科学技术委员会先后颁发了一系列具体的财务管理制度，如《国家自然科学基金资助项目财务管理办法》（财文字〔1992〕807号）、《关于加强科学事业单位收入财务管理的暂行办法》（国科发财字〔1993〕475号）、《八六三计划经费管理暂行办法》（财文字〔1993〕822号）等，这对于加强科学项目经费的财务管理、规范会计核算起到了积极作用。

---

① 赵路：《财政支持科技事业发展的回顾》，《中国财政》2008年第20期。

从科技政策实施来看，为了解决科技创新与生产脱节的问题，国务院于1987年1月颁布了《关于进一步推进科技体制改革的若干规定》（国发〔1987〕6号），并针对科研机构发展与科技人员管理提出了两个"进一步"思想。① 与此同时，我国还加强了对科技活动的立法维护工作以及经济指向性文件的颁布，出台了《中华人民共和国技术合同法》（1987年主席令第53号）以及《国务院关于推进科研设计单位进入大中型工业企业的规定》（国发〔1987〕8号）等法律与规定。上述系列文件与法律法规的实施和推进，极大地改善了中国科技进步与经济发展的基本概况。1991年3月，国务院发布了《关于批准国家高新技术产业开发区和有关政策规定的通知》（国发〔1991〕12号），旨在更好地促进企业科技成果转化。随后，为了肯定并强调科学技术在社会全面发展与经济建设中的关键作用，中国于1993年7月通过了第一部科学技术基本法《中华人民共和国科学技术进步法》（1993年主席令第4号）。为了解决传统科研机构庞大、部门重叠、科技项目重复建设、科技工作低效率以及科技力量不集中等问题，国家科学技术委员会联合国家经济体制改革委员会于1994年2月颁布了《适应社会主义市场经济发展，深化科技体制改革实施要点》（国科发政字〔1994〕29号）。为了进一步深化科技体制改革，中共中央、国务院于1995年5月发布了《关于加速科学技术进步的决定》（中发〔1995〕8号）。该决定是创新变革阶段财政科技政策制定的重要指导性文件。

（三）创新变革阶段：1995—2005年

该阶段国家在制定财政科技政策时越来越重视政策组合，同时兼顾财政科技政策的短期效应与长期影响，以实现科技创新引领经济发展的目标。这一时期的财政科技政策以《关于加速科学技术进步的决定》（中发〔1995〕8号）和《关于"九五"期间深化科学技术体制改革的决定》（国发〔1996〕39号）为标志，从政策层面强调了以企业为创新主体的重大方针。为了响应企业作为创新主体的重要定位以及落实"科教兴国"发展战略，国家相关部门陆续出台了十几项重大专项计划。在这期间，

---

① 进一步放活科研机构和进一步改革科技人员管理制度。

国家为了调动企业科技创新的积极性，在加大科技研发与技术引进力度的同时，还实施了企业技术创新计划，首次将民营科技企业的发展问题上升到政策领域。与此同时，一大批支持企业科技创新的金融政策、财税政策等不断涌现。①

从财政科技投入来看，为了加大财政科技投入力度，国务院于 1995 年 5 月颁布了《关于加速科学技术进步的决定》（中发〔1995〕8 号），强调中央政府与地方政府每年财政科技投入的增长速度要高于财政收入的增长速度，并且部分较发达地区的财政科技投入增长速度还要更高。此外，还明确规定重大科技工程与重点科研基地的建设要从基础建设中安排专项资金。1996 年 4 月，财政部联合国家税务总局发布了《关于促进企业技术进步有关财务税收问题的通知》（财工字〔1996〕41 号），其中明确提出"各级财政部门要根据财政状况适当增加科技三项费用、技改拨款和技改贴息，支持企业技术进步。在资金使用上，要改进管理办法，加大改革力度，引入竞争机制，提高使用效益"。1996 年 5 月通过的《中华人民共和国促进科技成果转化法》（1996 年主席令第 68 号）明确规定，"国家依照有关税收法律、行政法规规定对科技成果转化活动实行税收优惠"。2003 年 11 月，为了鼓励各类企业增加科技投入及开展公平竞争，财政部联合国家税务总局下达了《关于扩大企业技术开发费用加计扣除政策适用范围的通知》（财税〔2003〕244 号）。

从科技政策实施来看，为了落实"科教兴国"战略并建设完善的科技创新体系，国家开始重点实施人才管理战略，并下达了《关于"九五"期间深化科学技术体制改革的决定》（国发〔1996〕39 号）。随后，中共中央、国务院还提出了《关于加强技术创新，发展高科技，实现产业化的决定》（中发〔1999〕14 号）。上述政策强调从机制入手，既重视科技创新环境的完善，又注重研发资金与研发人员等创新要素的投入，从而实现科技推动经济发展的目的。此外，为了加强创新成果的市场转化，国家还注重专项发展并全方位实施了国家高新技术产业开发区项目，颁

---

① 范柏乃、段忠贤、江蕾：《中国自主创新政策：演进、效应与优化》，《中国科技论坛》2013 年第 9 期。

布了《关于进一步支持国家高新技术产业开发区发展的决定》（国科发火字〔2002〕32号）、《关于国家高新技术产业开发区管理体制改革与创新的若干意见》（国科发政字〔2002〕61号）等相关文件，① 从而使得中国高新技术产业开发区表现出稳定、良好的发展趋势。中国加入世界贸易组织之后，面临较为激烈的国际化竞争。为了在国际化竞争中赢得一席之地，中国政府立足国情，于 2001 年 5 月颁布了《国民经济和社会发展第十个五年计划科技教育发展重点专项规划（科技发展规划）》，指出要坚决贯彻并以实际行动落实"科教兴国"战略，继续深化科技体制改革，并逐步建立起符合科技自身发展规律和适应社会主义市场经济的国家创新体系，不断提升中国自主创新能力与国际化科技水平等。为了解决以往财政科技政策以中短期为主、目的性不明确等问题，国务院印发了《国家中长期科学和技术发展规划纲要（2006—2020 年）》（国发〔2005〕44 号）。该纲要是和谐发展阶段财政科技政策制定的重要指导性文件。

（四）和谐发展阶段：2005—2016 年

该阶段中国始终坚持市场化导向、以科技创新服务经济的指导方针，初步形成了多元化的财政科技政策体系。这一时期的财政科技政策以《国家中长期科学和技术发展规划纲要（2006—2020 年）》（国发〔2005〕44 号）和《实施〈国家中长期科学和技术发展规划纲要（2006—2020 年）〉若干配套政策》（国发〔2006〕6 号）为标志，中国的财政科技政策进入了一个新的里程碑。为了配合规划纲要的顺利实施，配套政策提出了一系列激励企业创新的财政科技措施，并明确强调建设创新型国家，就要保证科技投入力度达到创新型国家水平，不断增加并优化财政科技投入总量与结构，积极发挥财政资金的创新引导作用，提升企业自主创新的积极性。为了贯彻落实规划纲要的相关内容，国家财政部联合多个部门研究制定了九十九条配套政策实施细则。不同于以往的创新政策，

---

① 相关文件还包括《国家高新技术产业开发区管理暂行办法》（国科发明字〔1996〕61号）、《国家高新技术产业开发区高新技术产品出口基地认定暂行办法》（国科发火字〔1999〕523号）、《关于加速国家高新技术产业开发区发展的若干意见》（国科发火字〔1999〕302号）。

该配套政策的实施细则解决了以往财政科技政策衔接不够、政策不配套等问题,形成了较系统的财政科技政策体系。①

从财政科技投入来看,为了确保规划纲要及其配套政策的全面贯彻落实,财政部联合国家税务总局于 2006 年 9 月下达了《关于企业技术创新有关企业所得税优惠政策的通知》(财税〔2006〕88 号),强调要维持财政科技投入的稳定增长,规范企业所得税优惠政策的使用。为鼓励企业开展研发创新活动,规范并贯彻落实高新技术企业所得税优惠、过渡性优惠政策以及企业研发费用加计扣除等政府税收优惠政策,基于《中华人民共和国企业所得税法》(2007 年主席令第 63 号)及《中华人民共和国企业所得税法实施条例》(国务院令第 512 号)以及相关税收规定,国家税务总局相继下发了《关于实施高新技术企业所得税优惠有关问题的通知》(国税函〔2009〕203 号)、《关于进一步明确企业所得税过渡期优惠政策执行口径问题的通知》(国税函〔2010〕157 号)等文件,财政部联合国家税务总局发布了《关于完善研究开发费用税前加计扣除政策问题的通知》(财税〔2015〕119 号)。② 此外,为了充分发挥并利用外商投资对本土企业科技创新的服务能力,在贯彻落实《国务院关于促进外资增长若干措施的通知》(国发〔2017〕39 号)的基础上,财政部联合多个部门颁布了《关于将技术先进型服务企业所得税政策推广至全国实施的通知》(财税〔2017〕79 号),以充分发挥外资对中国高附加值服务业、高技术服务业等的技术溢出效应,提高中国企业科技服务能力与科技创新能力,提升中国服务业的综合实力与国际竞争力。

从科技政策实施来看,2007 年 12 月,修订后的《中华人民共和国科学技术进步法》(2007 年主席令第 82 号),从法律层面确定了新时期中国发展科学技术的重要战略、指导方针与基本目标,也为建设创新型国家

---

① 鹿娜、梁丽萍:《科技政策演变与科技成果产出的关联研究(1978—2016)》,《武汉理工大学学报》(社会科学版)2016 年第 6 期。

② 该通知自 2016 年 1 月 1 日起执行,《国家税务总局关于印发〈企业研究开发费用税前扣除管理办法(试行)〉的通知》(国税发〔2008〕116 号)和《财政部 国家税务总局关于研究开发费用税前加计扣除有关政策问题的通知》(财税〔2013〕70 号)同时废止。

提供了根本的法律依据与法律保障。为了抢占新一轮经济和科技发展制高点，进一步深化科技体制改革，解决制约科技创新的突出问题，国务院先后颁布了《关于进一步促进中小企业发展的若干意见》（国发〔2009〕36号）、《关于加快培育和发展战略性新兴产业的决定》（国发〔2010〕32号）等，强调要坚持科学发展观的基本理念，培育和发展战略性新兴产业，并促进中小企业的健康发展。2012年9月，中共中央、国务院印发了《关于深化科技体制改革加快国家创新体系建设的意见》（中发〔2012〕6号）。该文件的突出要点是，强化并确立了企业作为技术创新主体的地位，强调企业科技创新的重点是与经济发展相互配合。该文件首次规定要充分发挥企业在国家研究计划及科技项目中的参与作用，对于部分产业发展目标明确的国家级科技项目，要放手给有技术创新优势的企业，让其负责实施，率先考虑在创新环境优良、技术过硬的支柱企业建设国家级科技研发平台。2016年5月，全国科技创新大会召开，明确了中国科技事业的发展目标是"到2020年时使中国进入创新型国家行列，到2030年时使中国进入创新型国家前列，到中华人民共和国成立100年时使中国成为世界科技强国"。

二 财政科技政策演变的基本特征

不同时期中国财政科技体制改革的战略方向与主要特点不同，财政科技政策的发展演变也呈现出不同的阶段性发展特征。比较分析改革开放以来中国财政科技政策演变的四个阶段发现，财政科技政策演变在政策出台、政策种类、政策内容以及政策取向等方面呈现出以下几个特点（见图4.1）。

（一）政策出台的伴生性

不同阶段财政科技政策演变都与中国渐近式的改革进程相适应，每一次国家重大政策的出台或重大改革措施的实施都会推动财政科技投入以及科技政策的变动。财政科技政策变动与国家重大战略的提出保持了较高的一致性。具体来看，其一，全面恢复阶段是伴随着中国社会主义现代化建设总方针、总政策（改革开放）推进的，改革开放要求充分发挥科学技术在改善人民生活尤其是物质生活中的作用，促进人民的生活

	第一阶段 →	第二阶段 →	第三阶段 →	第四阶段
政策出台的伴生性	改革开放战略	科技发展战略	科技兴国战略	建设创新型国家战略
政策种类的多元化	法律法规规划	政策管理办法 法律法规 科技攻关计划	短期与长期科技发展规划 法律法规	法律法规 政策类 规划类
政策内容的全面性	基础科学 技术科学	技术创新热点领域	重要领域 重点领域	创新全过程
政策取向的市场化	政府主导	开始重视市场化调节	更加注重市场规律	实现了市场化调节

图 4.1 改革开放以来财政科技政策演进阶段的比较

从温饱转向基本小康。其二，探索创新阶段是伴随着如何在世界范围内的竞争中争取到科学技术发展的战略主动地位（科技发展战略）推进的，科技发展战略强调"加强支持对国民经济发展有深远影响的应用研究和基础研究"。① 其三，创新变革阶段是伴随着科技和教育是兴国的手段和基础的方针（科教兴国战略）推进的，科教兴国战略的实施，"既要充分发挥科技和教育在兴国中的作用，又要努力培植科技和教育这两个兴国的基础，更要着重加强和扶持科技与教育"。② 其四，和谐发展阶段是伴随着实施科技规划纲要、增强自主创新能力（建设创新型国家战略）推进的，建设创新型国家战略的实施，要求在财税、知识产权保护、人才队伍建设等方面，形成激励自主创新的政策体系。

（二）政策种类的多元化

前期以推动企业技术创新的实体型科技政策为主，后期则强调推动科技成果产业化和激励自主创新活动的财政、税收、金融等方面的服务型财政科技政策。具体来看，一是在全面恢复阶段，主要以中央财政拨款来推进科研计划立项与执行，政策种类以规划类和法律法规类为主，

---

① 1986 年中国在第七个五年计划时期确定的科技发展战略内容。
② 1995 年全国科技大会上确立的科教兴国战略内容。

且财政科技政策多向科研机构倾斜。二是在探索创新阶段，在鼓励发挥中央和地方财政共同作用的同时，从财政拨款制度、科技攻关计划、相关政策管理办法等方面，推出了一系列的财政科技政策，且开始促进"产、学、研"三者的融合。三是在创新变革阶段，财政科技政策的制定以及贯彻落实更加强调政策间的相互配合，并同时考虑财政科技政策的短期效应与长期影响，包含法律法规、各类发展决定以及短期和长期科技发展规划等。四是在和谐发展阶段，形成了法律法规类、政策类与规划类财政科技政策的有机组合，形成了财政科技政策的多元化发展体系。

（三）政策内容的全面性

财政科技政策是合理配置科技资源、组织调控科技创新行为、支持科技事业发展的重要政策工具，当前已基本形成较完备的财政科技政策体系，其政策涵盖内容也越来越全面。具体来看，一是在全面恢复阶段，《1978—1985年全国科学技术发展规划纲要》中就涵盖了基础科学、技术科学两大门类以及自然资源、工业、农业等27个领域共计108个重点研究项目。二是在探索创新阶段，通过"星火计划"和"863计划"等各种科技攻关计划，跟踪各个时期的技术创新热点领域，涉及面十分广泛。在每一个政策领域，政府均实行相配套的一系列财政科技政策措施以确保政策目标的实现。三是在创新变革阶段，《关于加速科学技术进步的决定》对电子信息、生物、新材料、新能源、航天、海洋等重要领域，人口、资源、环境、医药卫生等社会发展的重点领域以及全国科研机构、高等学校的科教信息网络建设等方面，从财税、信贷和采购等政策上给予重点扶持。四是在和谐发展阶段，《国家中长期科学和技术发展规划纲要（2006—2020年）》的配套政策涵盖了基础研究、研发、实现市场应用等创新全过程内容，并从财政补贴、税收、直接融资、间接融资、专利、政府采购、科技人才等多方面，形成了一个完整的财政科技政策体系。

（四）政策取向的市场化

随着改革开放的推进，财政科技政策已成为社会主义现代化建设的重要政策工具，"科学技术服务于经济发展"的科学理念不断受到重视，各级政府也开始厘清与市场间的权责关系，更加注重市场需求，逐渐淡化财政科技政策制定中的行政色彩，并从管理者逐渐转型为服务者。具体来看，一是在全面恢复阶段，政府主要强调财政科技政策的全面恢复与重建工作，所制定的系列政策大都以政府为主导，政策形式多以法律法规等文件为主。二是在探索创新阶段，政府主要强调科技对经济发展的促进作用，并开始重新审视市场在科技创新中的角色定位，所制定的系列政策更看重短期效应。三是在创新变革阶段，政府主要强调创新驱动对经济发展的贡献，更加重视市场化的调节作用且尊重市场规律，所制定的系列政策会同时考虑短期效应与长期影响，并开始关注政策间的相互配合。四是在和谐发展阶段，中国科技创新与经济发展相互促进、高度融合，财政科技政策的制定充分发挥了市场化的调节作用，也满足了市场对多元创新主体的需求，在重视政策短期指引的同时还兼顾规划的长期引导。

第二节　财政科技政策激励的总体概况及异质性分析

从中国财政科技政策的演进阶段与基本特征可以看出，政府对企业创新活动的财政科技政策激励正在日渐完善，先后颁布并实施了多项法规和专项资助计划，并利用政府直接补贴、税收直接优惠与税收间接优惠等多种类型财政科技政策来激励企业创新驱动发展。本部分将重点分析财政科技政策激励的总体概况，并探究财政科技政策激励的行业异质性与地区异质性，以期系统了解财政科技政策激励的现实状况。

一　财政科技政策激励的总体概况

其一，为了了解财政科技政策投入的总量与结构，本书通过整理中国《工业企业科技活动统计年鉴》中政府相关政策落实情况，获得2009—2016年使用来自政府部门的研发资金、高新技术企业减免税以及研究开发费用加计扣除减免税的具体数据（见表4.1）。① 整体来看，中国财政科技政策投入规模在样本期间内呈现出显著的快速增长趋势。具体而言，财政科技政策投入规模从2009年的623.55亿元上升到2016年的1886.92亿元，年均增长率为17.14%；与上一期财政科技政策投入规模相比，其在2011年上升幅度特别大，环比增长48.32%。从财政科技政策投入结构来看，使用来自政府部门的研发资金、高新技术企业减免税、研究开发费用加计扣除减免税三种不同方式的财政科技政策都呈现出不同程度的增长。其中，使用来自政府部门的研发资金从2009年的212.59亿元上升到2016年的615.08亿元，年均增长率为16.39%；高新技术企业减免税从2009年的260.52亿元上升到2016年的782.82亿元，年均增长率为17.02%；研究开发费用加计扣除减免税从2009年的150.44亿元上升到2016年的489.02亿元，年均增长率为18.34%。相对而言，研究开发费用加计扣除减免税的增长幅度最大，与2009年相比，2016年增长了3.25倍。可能原因在于，使用来自政府部门的研发资金以及高新技术企业减免税的基期数额要大于研究开发费用加计扣除减免税，后者有较强的后发优势。此外，研究开发费用加计扣除减免税作为应税抵扣的税收优惠形式，是以企业创新投入为前提的，避免了企业的"搭便车"行为，逐渐受到国家青睐。

表4.1　　　　2009—2016年财政科技政策投入总量及结构

（单位：亿元，%）

	财政科技政策投入总量	使用来自政府部门的研发资金	高新技术企业减免税	研究开发费用加计扣除减免税
2009年	623.55	212.59	260.52	150.44
2010年	786.24	261.74	346.31	178.19
2011年	1166.14	374.18	539.56	252.40

---

① 由于本书成文时，《工业企业科技活动统计年鉴（2017）》尚未发布，2016年的政府相关政策落实情况原始数据通过移动平均法获得。

续表

	财政科技政策投入总量	使用来自政府部门的研发资金	高新技术企业减免税	研究开发费用加计扣除减免税
2012 年	1282.83	456.83	527.52	298.48
2013 年	1378.19	458.98	585.51	333.70
2014 年	1482.27	489.45	613.06	379.76
2015 年	1688.95	537.34	702.34	449.27
2016 年	1886.92	615.08	782.82	489.02
占比				
2009 年	100	34.09	41.78	24.13
2010 年	100	33.29	44.05	22.66
2011 年	100	32.09	46.27	21.64
2012 年	100	35.61	41.12	23.27
2013 年	100	33.30	42.48	24.21
2014 年	100	33.02	41.36	25.62
2015 年	100	31.82	41.58	26.60
2016 年	100	32.60	41.49	25.92

从表4.1中三种类型财政科技政策投入所占比重来看，在样本期间内使用来自政府部门的研发资金占财政科技政策投入的比重保持在35%左右，高新技术企业减免税占财政科技政策投入的比重持续稳定在40%左右，而研究开发费用加计扣除减免税占比在25%上下波动。其中，三种类型财政科技政策投入的比重幅度变化较明显的年份是2011—2012年。在该时间段内，高新技术企业减免税有明显的下降趋势，使用来自政府部门的研发资金与研究开发费用加计扣除减免税则有明显的上升趋势，这可能与企业所得税过渡期优惠政策执行口径的调整有关。2010年，国家税务总局颁布了《关于进一步明确企业所得税过渡期优惠政策执行口径问题的通知》，重点对高新技术企业享受企业所得税减免优惠重新做了

修订。受政策修订的影响，政策颁布实施后，高新技术企业减免税出现了小幅度变动。从三种类型财政科技政策投入比重的变动情况来看，使用来自政府部门的研发资金所占比重整体呈下降趋势，研究开发费用加计扣除减免税所占比重则有逐渐上升的态势，高新技术企业减免税所占比重较为稳定且比重较大。综上所述，政府财政科技政策激励更倾向于高新技术企业减免税。可能原因在于，高新技术企业作为知识密集、技术密集的经济实体，是提高自主创新能力的重要载体，其发展是未来一段时间内的战略重心。[①] 与此同时，高新技术企业减免税涉及从技术引进、设备更新到科技成果转化的全过程，能够推动企业科技研发进程，促进企业创新成果转化，而政府部门资金的直接资助主要作用于企业创新投入阶段，"伪研发"的道德风险较大。因此，国家政策向高新技术企业减免税的倾斜较为明显。

其二，在了解政府相关政策落实情况的基础上，为了进一步探究政府直接补贴、税收直接优惠与税收间接优惠三种类型财政科技政策激励的具体情况，本书整理了2010—2017年《中国工业统计年鉴》中全部从业人员平均人数（万人），将上述使用来自政府部门的研发资金、高新技术企业减免税与研究开发费用加计扣除减免税分别除以从业人员数，得到政府直接补贴、税收直接优惠与税收间接优惠。三种类型财政科技政策激励的具体情况见表4.2。从表4.2的数据可以看出，除了税收直接优惠在2012年出现小幅度的下降外，在其他年份中，三种类型财政科技政策激励均呈现出逐年上升的趋势，上升幅度较大的年份依旧为2011年，可能原因与前文一致，在此不再赘述。从三种类型财政科技政策激励水平的比较来看，税收直接优惠的激励水平显著高于政府直接补贴，税收间接优惠的激励水平相对较低，且三种类型财政科技政策间的激励水平差距并没有明显的缩小趋势。这说明在未来一段时间内，政府直接补贴、税收直接优惠与税收间接优惠的激励水平发生重大变化的可能性较小。这可能与政策自身属性有关。财政科技政策在改革开放后经历了四个阶

[①] 韩兵、苏屹、李彤：《基于两阶段DEA的高技术企业技术创新绩效研究》，《科研管理》2018年第3期。

段的演变,当前处于和谐发展阶段的财政科技政策主要呈现出相对稳定性与一致性的特点。因此,在较长一段时间内,财政科技政策的激励水平并不会出现较大的波动。

表 4.2　　2009—2016 年不同类型财政科技政策激励的具体情况

(单位:元/人)

	政府直接补贴	税收直接优惠	税收间接优惠
2009 年	240.73	295.00	170.35
2010 年	274.23	362.83	186.69
2011 年	408.17	588.57	275.33
2012 年	481.92	556.49	314.87
2013 年	468.76	597.98	340.80
2014 年	490.57	614.46	380.63
2015 年	549.71	718.51	459.61
2016 年	649.12	826.14	516.09

二　财政科技政策激励的行业异质性

前文分析了财政科技政策激励的总体概况,为了揭示不同行业间财政科技政策激励的差异性,在剔除数据缺失严重的行业(其他采矿业、工艺品及其他制造业、废弃资源和废旧材料回收加工业)以及考虑统计口径的一致性情况下,本书在行业层面选择 35 个行业的数据。在此基础上,将 2009—2016 年全行业样本划分为资源与劳动密集型、资本与技术密集型两类。把生产要素投入需求较多的自然资源或者主要依靠大量劳动力才能进行生产的行业,界定为资源与劳动密集型行业;把生产过程中对资本或技术(智力)等要素依赖程度较高的行业,界定为资本与技术密集型行业。依据这个分类标准,资源与劳动密集型行业主要包括煤炭开采和洗选业、黑色金属矿采选业、食品制造业、烟草制品业、家具制造业等 21 个行业;资本与技术密集型行业主要包括医药制造业、黑色金属冶炼及压延加工业、专用设备制造业、交通运输设备制造业等 14 个行业(见表 4.3)。

表4.3 行业分类标准

行业类型	行业名称
资源与劳动密集型 （21个）	1）煤炭开采和洗选业；2）石油和天然气开采业；3）黑色金属矿采选业；4）有色金属矿采选业；5）非金属矿采选业；6）农副食品加工业；7）食品制造业；8）饮料制造业；9）烟草制品业；10）纺织业；11）纺织服装、鞋、帽制造业；12）皮革、毛皮、羽毛（绒）及其制品业；13）木材加工及木、竹、藤、棕、草制品业；14）家具制造业；15）造纸及纸制品业；16）印刷业和记录媒介的复制；17）非金属矿物制品业；18）金属制品业；19）电力、热力的生产和供应业；20）燃气生产和供应业；21）水的生产和供应业
资本与技术密集型 （14个）	1）文教体育用品制造业；2）石油加工、炼焦及核燃料加工业；3）化学原料及化学制品制造业；4）医药制造业；5）化学纤维制造业；6）橡胶和塑料制品业；7）黑色金属冶炼及压延加工业；8）有色金属冶炼及压延加工业；9）通用设备制造业；10）专用设备制造业；11）交通运输设备制造业；12）电气机械及器材制造业；13）通信设备、计算机及其他电子设备制造业；14）仪器仪表及文化、办公用机械制造业

在确定行业分类标准与行业类型的基础上，通过整理中国《工业企业科技活动统计年鉴》与《中国工业统计年鉴》，获得2009—2016年分行业层面政府直接补贴（使用来自政府部门的研发资金/行业从业人员数）、税收直接优惠（高新技术企业减免税/行业从业人员数）与税收间接优惠（研究开发费用加计扣除减免税/行业从业人员数）数据，描述性统计分析财政科技政策激励在行业间的具体表现。分行业层面财政科技政策激励的概况见表4.4。为了更直观地考察样本期间财政科技政策激励水平的变动趋势，基于表4.4绘制了分行业层面财政科技政策激励的趋势图（见图4.2与图4.3）。

表 4.4　　　2009—2016 年分行业财政科技政策激励状况　　（单位：元/人）

	资源与劳动密集型行业			资本与技术密集型行业		
	政府直接补贴	税收直接优惠	税收间接优惠	政府直接补贴	税收直接优惠	税收间接优惠
2009 年	79.97	63.68	54.72	368.16	480.07	324.93
2010 年	111.54	88.14	58.03	392.93	608.55	304.90
2011 年	133.38	147.37	88.59	573.93	881.63	408.51
2012 年	193.54	207.73	113.44	682.29	908.17	463.13
2013 年	165.07	195.10	111.44	677.91	1011.80	524.70
2014 年	159.79	197.23	112.32	696.54	975.34	560.88
2015 年	188.83	222.16	110.96	747.67	1134.93	695.56
2016 年	221.57	255.13	141.97	881.34	1308.44	745.08

在资源与劳动密集型行业中，通过表 4.4 和图 4.2 可以看出，一方面，三种类型财政科技政策激励均呈现出较为稳定的增长态势，表明国家对企业创新驱动发展越来越重视，政府对企业科技创新活动的政策支持力度也不断提高；另一方面，在样本期间内，可以将财政科技政策激励以 2011 年为界划分为两个阶段，2009—2011 年与 2011—2016 年。在 2011 年之前，财政科技政策激励中的政府直接补贴力度最大，其次是税收直接优惠，税收间接优惠力度最小；在 2011 年之后，财政科技政策激励中的税收直接优惠力度不断加大，并略高于政府直接补贴，税收间接优惠力度依旧最小并保持较稳定的增长。政府在财政科技政策上的变动原因可能在于，2008 年国际金融危机爆发后，为了最大限度地调动资源与劳动密集型行业的创新积极性，政府更倾向于事前激励，通过政府直接补贴给予特定企业或研发项目一定数额的资金以直接增加企业创新资金投入。而随着企业创新主动性与创新意识的不断提高，政府后期的财政科技政策更倾向于事后激励，因此，税收直接优惠力度逐渐加大。

在资本与技术密集型行业中，通过表 4.4 和图 4.3 可以看出，一方面，三种类型财政科技政策激励在样本期间内也呈现出稳定的增长趋势，这说明，国家对资本与技术密集型行业的创新活动非常重视；另一方面，在样本期间内，整体上财政科技政策激励中的税收直接优惠力度大于政

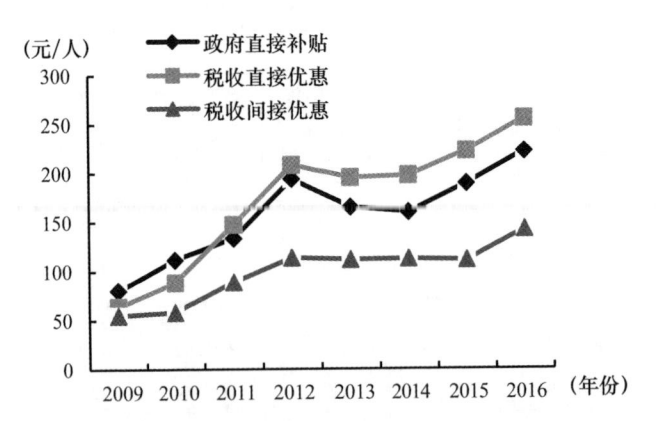

图 4.2　资源与劳动密集型行业财政科技政策激励趋势

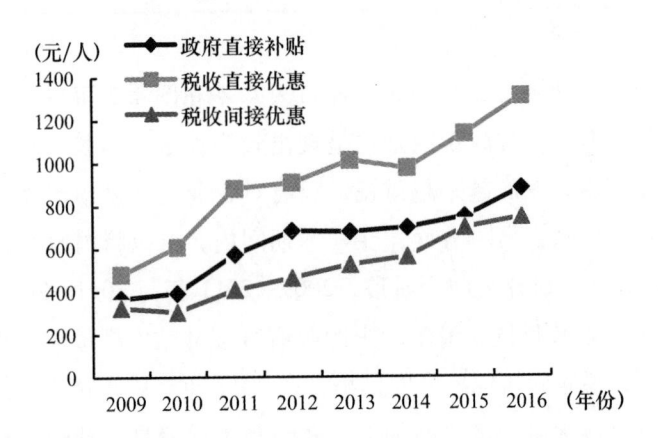

图 4.3　资本与技术密集型行业财政科技政策激励趋势

府直接补贴，政府直接补贴力度大于税收间接优惠。出现上述情况的可能原因在于，相比于资源与劳动密集型行业，资本与技术密集型行业的市场竞争较多依赖工艺革新与创新产品供给，其对科技研发的积极性较高，政府更倾向于事后激励。并且，鉴于高新技术企业在国家创新驱动发展战略中的重要地位，政府税收直接优惠力度较大。之所以税收间接优惠力度不大，主要原因在于研发费用加计扣除适用于财务核算健全且能准确归集研发费用的企业，企业享受加计扣除的限制性条件较多，满足研发费用加计扣除要求的企业较少，税收间接优惠的政策普适性效应相对较弱。

在分析财政科技政策激励的行业异质性的基础上，为了直观对比同一政策激励方式在不同行业中的差异性，本书进一步将资源与劳动密集型行业、资本与技术密集型行业同时纳入财政科技政策激励方式的对比分析中，进行财政科技政策激励的行业间比较。为了方便构图，将资源与劳动密集型行业用 R 表示，资本与技术密集型行业用 C 表示，政府直接补贴、税收直接优惠以及税收间接优惠分别用 $INC1$、$INC2$、$INC3$ 表示（见图4.4）。

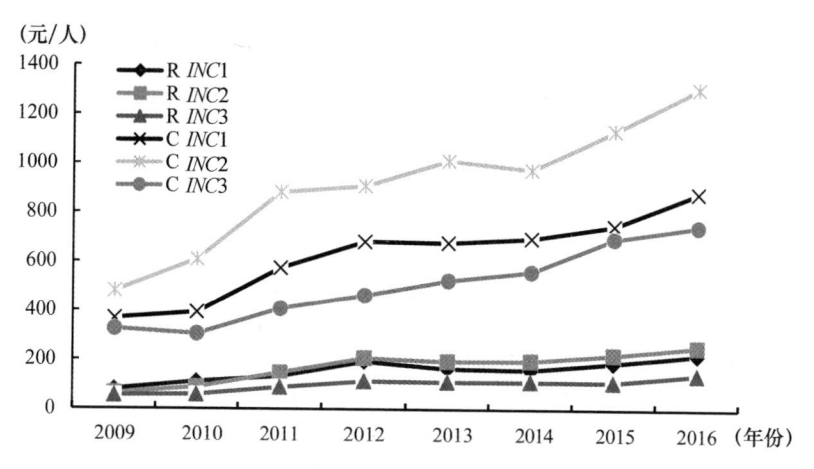

图4.4　2009—2016年行业层面财政科技政策激励的变动趋势

由图4.4可知：其一，从整体增长趋势来看，在资源与劳动密集型行业、资本与技术密集型行业中，三种类型财政科技政策激励均呈不断增长的态势，且在资本与技术密集型行业中增长趋势较为明显，而在资源与劳动密集型行业中增长趋势相对平稳。其二，对比行业层面财政科技政策激励水平发现：一方面，三种类型财政科技政策在资本与技术密集型行业中的激励水平存在较大差异，税收直接优惠与政府直接补贴间的差距有逐渐扩大的趋势。而三种类型财政科技政策在资源与劳动密集型行业中的激励水平差异不大，整体上变动趋势较为稳定。另一方面，在资本与技术密集型行业中，政府直接补贴、税收直接优惠与税收间接优惠力度均明显大于资源与劳动密集型行业。从财政科技政策激励的差异中可以看出，政府财政科技政策激励更倾向于资本与技术密集型行业。可能原因在于，相比于资源与劳动密集型行业，资本与技术密集型行业对技术研发周期长、研发费用高的研发项目需求较大，其创新意愿更强且创新条件较好，企业高强度的研发资金投入更需要政府的财政科技政策激励。

三　财政科技政策激励的地区异质性

为了揭示不同地区财政科技政策激励的差异，本书将2009—2016年全国样本划分为东部地区与中西部地区两类。其中，东部地区主要包括北京、河北、辽宁、上海、山东、广东等11个省份，中西部地区主要包括山西、吉林、安徽、河南、重庆、广西等19个省份（见表4.5）。

表4.5　　　　　　　　　　地区分类标准

	所含省份
东部地区 （11个）	1）北京市；2）天津市；3）河北省；4）辽宁省；5）上海市；6）江苏省；7）浙江省；8）福建省；9）山东省；10）；广东省；11）海南省
中西部地区 （19个）	1）山西省；2）内蒙古自治区；3）吉林省；4）黑龙江省；5）安徽省；6）江西省；7）河南省；8）湖北省；9）湖南省；10）广西壮族自治区；11）重庆市；12）四川省；13）贵州省；14）云南省；15）陕西省；16）甘肃省；17）青海省；18）宁夏回族自治区；19）新疆维吾尔自治区

在确定地区分类标准与地区类型的基础上，根据财政科技政策激励的测量指标，通过整理中国《工业企业科技活动统计年鉴》与《中国工业统计年鉴》，获得2009—2016年分地区层面政府直接补贴（使用来自政府部门的研发资金/地区企业从业人员数）、税收直接优惠（高新技术企业减免税/地区企业从业人员数）与税收间接优惠（研究开发费用加计扣除减免税/地区企业从业人员数）数据，描述性统计分析财政科技政策激励的地区异质性。分地区层面财政科技政策激励的概况见

表4.6。为了更直观地考察样本期间财政科技政策激励水平的变动趋势，本书基于表4.6绘制了分地区财政科技政策激励的趋势图（见图4.5与图4.6）。

表4.6　　2009—2016年分地区财政科技政策激励状况　（单位：元/人）

	东部地区			中西部地区		
	政府直接补贴	税收直接优惠	税收间接优惠	政府直接补贴	税收直接优惠	税收间接优惠
2009年	280.46	368.90	190.15	345.05	148.50	182.84
2010年	315.08	491.92	217.53	436.72	184.06	193.44
2011年	519.68	846.93	392.58	525.28	278.52	191.44
2012年	613.48	879.29	431.45	650.75	306.21	303.96
2013年	689.60	963.17	452.24	667.39	305.23	336.39
2014年	744.41	939.58	500.16	724.01	326.56	381.91
2015年	972.46	1155.61	587.07	674.81	320.18	283.66
2016年	1145.69	1349.91	710.43	801.76	366.18	373.78

在东部地区，通过表4.6和图4.5可以看出，一方面，三种类型财政科技政策激励在样本期间内均呈较为稳定的增长态势，表明国家对企业创新驱动发展越来越重视，政府对企业科技创新活动的政策激励水平也不断提高；另一方面，在样本期间内，财政科技政策的激励水平整体上一直保持着税收直接优惠力度大于政府直接补贴，政府直接补贴力度大于税收间接优惠。政府财政科技政策激励出现这样的情况，可能原因在于：一方面，东部地区拥有较完善的市场竞争机制以及较好的人才与技术储备基础，承接国家未来产业和科技发展要求的战略性新兴产业较多；另一方面，东部地区对先进应用型技术的需求较大，企业创新驱动发展的主观能动性较强。因此，东部地区政府直接补贴力度要小于税收直接优惠。

在中西部地区，通过表4.6和图4.6可以看出，一方面，整体上三种

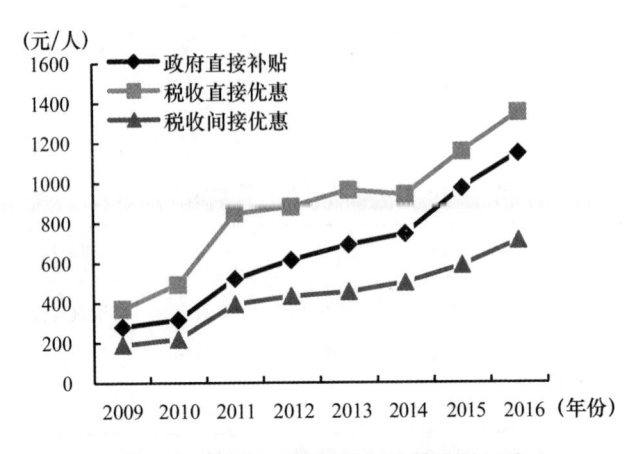

图 4.5　东部地区财政科技政策激励趋势

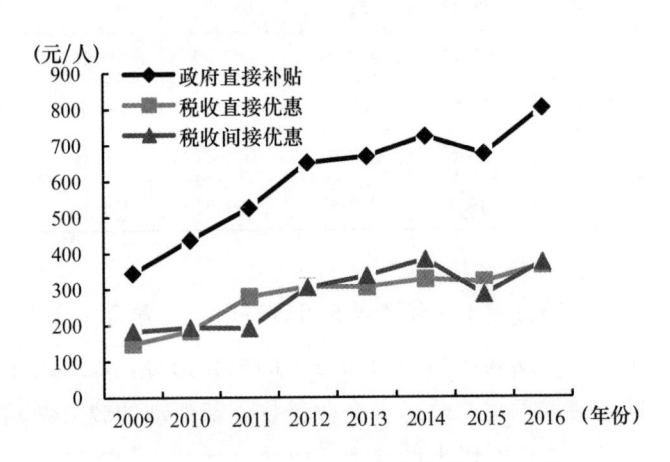

图 4.6　中西部地区财政科技政策激励趋势

类型财政科技政策激励是稳定增长的，税收直接优惠的增长波动幅度最小，仅在 2010—2011 年有急剧增长的趋势；政府直接补贴的增长趋势明显且波动幅度相对较小；税收间接优惠的波动幅度最大。可能原因在于，财政部与国家税务总局对研究开发费用加计扣除政策的调整较为频繁，先后颁布了《关于印发企业研究开发费用税前扣除管理办法（试行）的通知》（国税发〔2008〕116 号）、《关于研究开发费用税前加计扣除有关政策问题的通知》（财税〔2013〕70 号）以及《关于完善研究开发费用税前加计扣除政策问题的通知》（财税〔2015〕119号）等相关政策，中西部地区对国家政策的适应能力相对较弱，政策的阶段性调整更容易造成中西部地区税收间接优惠的阶段性波动。另一方面，在三种类型财政科技政策激励中，政府直接补贴力度相对最大，税收直接优惠与税收间接优惠在样本期间内则呈现出明显的交替性增长，二者的激励水平较为一致且呈明显的收敛态势。之所以中西部地区的政府直接补贴力度较大，可能原因在于，中西部地区因区域、交通或资源等条件的制约，企业创新发展受到限制，政府直接补贴可以通过财政拨款支持企业进行科学技术研究，鼓励企业从事研发创新活动，一定程度上还可以向外界释放投资价值信号，缓解中西部地区创新市场中因信息不对称带来的逆向选择问题。

在描述性统计分析财政科技政策激励的地区异质性的基础上，为了更直观地对比同一政策激励方式在不同地区中的差异性，本书进一步将东部与中西部地区同时纳入财政科技政策激励方式的对比分析中，进行财政科技政策激励水平的地区间比较。为了方便构图，将东部地区用 e 表示，中西部地区用 w 表示，政府直接补贴、税收直接优惠以及税收间接优惠分别用 $inc1$、$inc2$、$inc3$ 表示（见图4.7）。

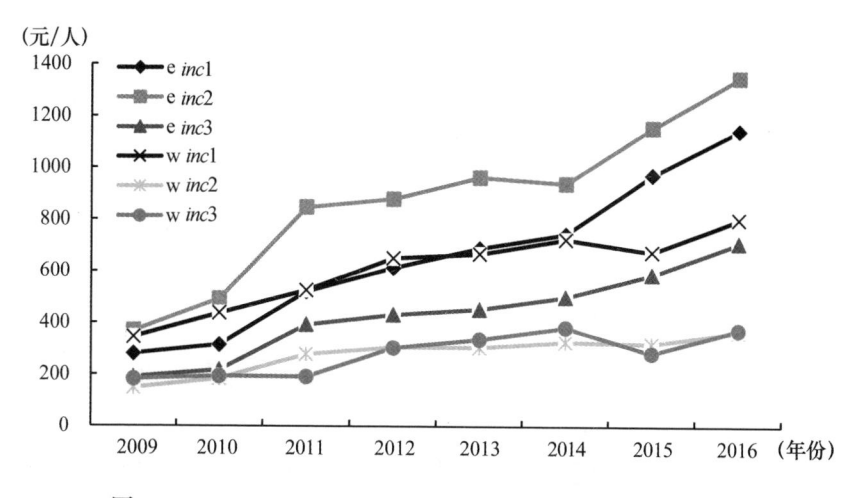

图 4.7　2009—2016 年地区层面财政科技政策激励的变动趋势

从图4.7可知：首先，从增长趋势来看，样本期间内，在东部与中西部地区，三种类型财政科技政策激励均呈波动式增长，且政府直接补贴、税收直接优惠与税收间接优惠在东部与中西部地区间的增长差距并不大。其次，从地区层面政府直接补贴的激励水平来看，政府直接补贴的变动趋势大致分为三个时间段：一是在2009—2011年中西部地区的政府直接补贴力度大于东部地区，二是在2011—2013年东部与中西部地区的政府直接补贴力度较为一致，三是在2013—2016年东部地区的政府直接补贴力度大于中西部地区。出现这种情况的可能原因在于，随着2013年全国科技工作会议的召开，实施创新驱动发展战略被提上日程，东部地区凭借优越的科研基础与创新条件，在创新驱动发展战略上具有"领头羊""示范军"的作用，加之东部地区企业规模较大且研发项目较多，会面临技术成果转化规模效益递减或创新失败的问题，政府直接补贴可以适度填补研发资金持续性投入的空缺，并降低企业因创新失败造成的潜在损失。因此，在该时期东部地区的政府直接补贴力度有不断加大的趋势。再次，从地区层面税收直接优惠的激励水平来看，一方面，东部地区与中西部地区的税收直接优惠力度均是不断增大的，相对于中西部地区税收直接优惠的平稳式变动，东部地区税收直接优惠则呈现出快速提升的态势，两者之间的差距逐渐扩大；另一方面，东部地区的税收直接优惠力度明显大于中西部地区，可能与政策本身特质以及各地区企业创新驱动发展现状等因素有关。最后，从地区层面税收间接优惠的激励水平来看，一方面，东部地区的税收间接优惠力度明显大于中西部地区；另一方面，税收间接优惠在东部地区呈稳定且持续性增长趋势，而在中西部地区税收间接优惠的波动性变化趋势较大，具体成因前文有相关解释，在此不再赘述。

第三节 企业创新驱动发展效率的基本概况分析

企业是技术创新活动的重要载体，是中国实现创新型国家的中坚力量，其创新驱动发展效率很大程度上能够反映企业技术水平及未来发展趋势。因此，总结、分析中国企业创新驱动发展效率的基本概况是十分必要的。本部分基于前文企业创新驱动发展效率的测度方法，得到行业层面与地区层面中国工业企业创新驱动发展效率（系统效率）的实际值，从行业层面与地区层面厘清企业创新驱动发展效率的基本概况，并进一步探究中国工业企业创新驱动发展效率的行业异质性与地区异质性，以期发现企业转型升级与效率提升中可能存在的问题。

一 基于行业层面的分析

（一）全行业层面

企业的研究人员实力、研发资金供给和新产品市场化能力等都是直接决定企业创新驱动发展效率的关键因素，而企业所在行业的技术成熟水平与科技发展阶段会影响企业进行创新驱动发展的技术机会和技术实力，行业需求与组织特征则会影响企业新产品的市场容量与创新产出水平。[①] 因此，有必要从行业层面探究企业创新驱动发展效率状况。本书以2009—2016年为研究时段，将前文35个行业作为全行业研究样本，并依据第三章企业创新驱动发展效率的测度指标，采用两阶段关联网络DEA模型的Malmquist指数，测算得到全行业层面企业创新驱动发展效率（见图4.8）。考虑到两阶段关联网络DEA模型的Malmquist指数是根据相对效率计算出来的，因而对全行业层面企业创新驱动发展效率的分析是一个动态过程。

从图4.8来看，2009—2016年全行业层面企业创新驱动发展效率仅在2011—2012年小于1，其他年份均大于1，说明样本期间内中国工业企业创新驱动发展效率整体上呈上升趋势，但也呈现出明显的阶段性特征。具体来看，2009—2011年，企业创新驱动发展效率均大于1且变动幅度较小，说明这一时期中国工业企业创新驱动发展效率表现出较为稳定的上升态势；2012—2016年，企业创新驱动发展效率均大于1且上升幅度较大，说明该阶段中国工业企业创新驱动发展效率保持较高的增长态势。主要原因可能在于，2012年党的十八大明确强调了"要坚持走中国特色

---

① 连燕华、于浩、郑奕荣：《中国企业科技投入与产出分析》，《科学学与科学技术管理》2003年第4期。

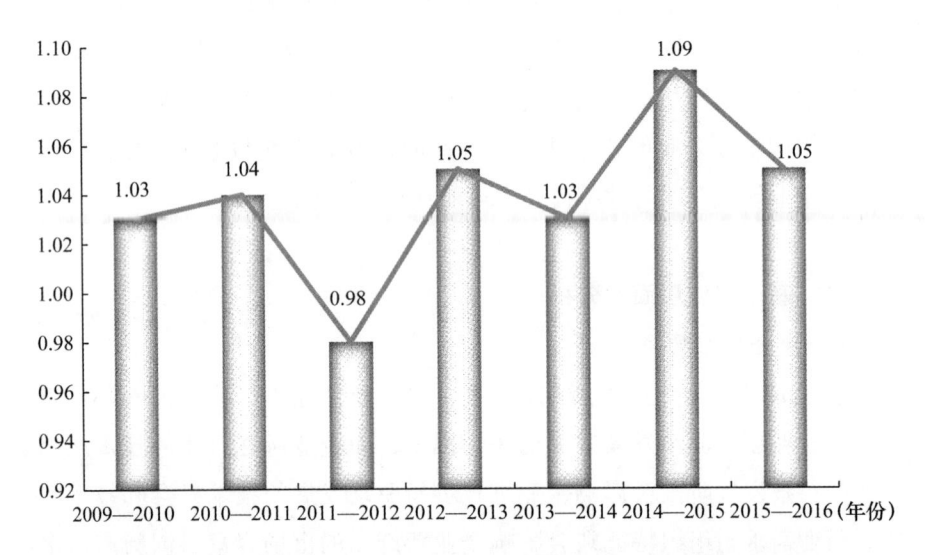

图 4.8　2009—2016 年全行业层面企业创新驱动发展效率的变动趋势

自主创新道路、实施创新驱动发展战略",加之《关于深化科技体制改革加快国家创新体系建设的意见》等的出台,强化了企业科技创新的主体地位,通过政策层面的强化与激励助推了企业创新驱动发展效率的提升。

（二）分行业层面

为了揭示不同行业层面企业创新驱动发展效率的差异,本部分依据前文行业分类标准,将全行业分为资源与劳动密集型、资本与技术密集型两类。通过利用两阶段关联网络 DEA 模型的 Malmquist 指数,测算得到分行业企业创新驱动发展效率,并绘制了 2009—2016 年分行业层面企业创新驱动发展效率变动趋势图（见图 4.9）,以分析企业创新驱动发展效率的行业异质性。

从时间序列来看,在图 4.9 中,无论是资源与劳动密集型行业还是资本与技术密集型行业,总体来看,企业创新驱动发展效率在较长时间内都保持大于 1 的水平（2011—2012 年资源与劳动密集型行业除外）。这说明在大部分年份,分行业层面企业创新驱动发展效率都有随时间上升的趋势,即企业创新驱动发展效率存在正向时变性。这可能是由于：一方面,中国正处于经济转型期,市场需求与产业结构升级要求各主要行业不断增加技术研发与创新投入强度,并提高创新成果的经济效益,以此推动了行业层面企业创新驱动发展效率的提升;另一方面,行业内部受政府直接补贴与税收优惠等政策的支持,企业自身的创新驱动发展积极性较高,对提升科技创新投入与经济效益产出的诉求较强,企业创新驱动发展效率提升较快。

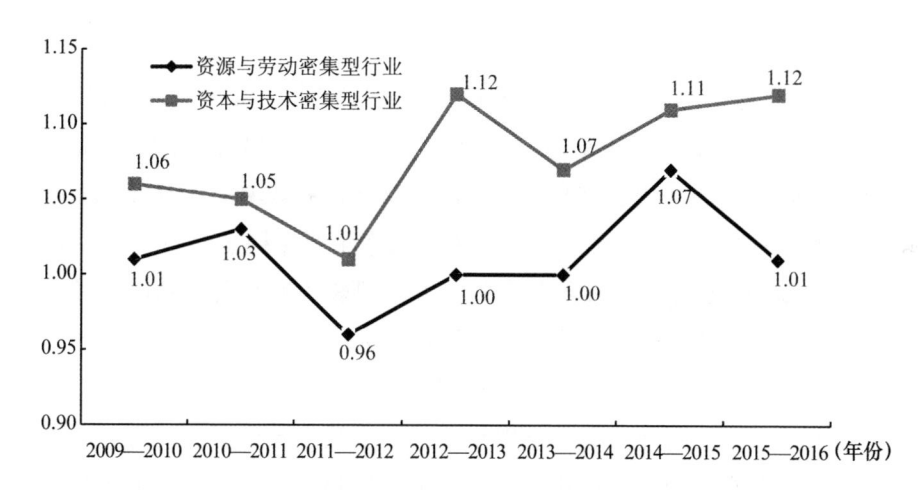

图 4.9　2009—2016 年分行业层面企业创新驱动发展效率的变动趋势

对于资源与劳动密集型行业,除了 2012 年相对 2011 年企业创新驱动发展效率有所下降外,其他年份的企业创新驱动发展效率均呈显著上升态势,但也表现出明显的阶段性特征。具体而言,2009—2011 年,企业创新驱动发展效率均大于 1,表明这一时期企业创新驱动发展效率呈上升趋势,且增长幅度较为平稳。2011—2012 年,企业创新驱动发展效率为 0.96,小于 1,说明这一时期企业创新驱动发展效率呈下降趋势。该现象的形成可能受全球经济环境以及国内经济发展周期影响。尽管 2011 年中国经济发展的外部环境有所改善,但 2008 年国际金融危机所导致的外部需求不足仍需要较长时间恢复。与此同时,国内消费市场的拓展空间难度也增大,这就导致行业层面大部分企业对研发周期长、效益增长慢的创新活动投入减少,企业创新驱动发展效率出现显著下降。而随着经济的不断恢复,企业越来越依赖创新驱动来带动企业经济效益增长,企业中间创新成果与市场实际需求相匹配的发展势头越来越好，企业创新驱动发展效率也出现回升。2012—2014 年，企业创新驱动发展效率由小于 1 逐渐提升到等于 1，表明这一时期企业创新驱动发展效率的上升态势较为明显，但上升幅度逐渐缩小；2014—2016 年，企业创新驱动发展效率显著大于 1，表明该时期企业创新驱动发展效率整体呈上升态势。

对于资本与技术密集型行业，2009—2016 年企业创新驱动发展效率均大于 1，表明样本期间在资本与技术密集型行业中，企业创新驱动发展效率呈不断上升的态势，但也表现出明显的阶段性特征。具体来看，2009—2012 年，企业创新驱动发展效率均大于 1，但数值由 1.06 降到 1.05，再降为 1.01，说明该时期企业创新驱动发展效率的上升幅度逐渐缩小；2013—2016 年，企业创新驱动发展效率主要保持在 1.10 左右，说明这一时期企业创新驱动发展效率的上升态势较为明显且增长幅度较为平稳。此外，对比资源与劳动密集型行业、资本与技术密集型行业，尽管二者的企业创新驱动发展效率总体上均大于 1，但从效率水平来看，在资本与技术密集型行业中，企业创新驱动发展效率水平更高。可能原因在于，资本与技术密集型行业的市场竞争多依赖科技进步、工艺革新与创新产品市场化等，其拥有较高的研发创新能力与研发主动性，在同等创新投入情况下，资本与技术密集型行业的创新产出诉求更强，进而推动了企业创新驱动发展效率的提升。

二　基于地区层面的分析

（一）全国层面

由于各地区的地理区位、经济基础以及创新环境等不尽相同，地区工业企业技术创新能力也存在差异，而企业创新能力又会直接反映出企业创新驱动发展效率，因此，有必要从地区层面探究企业创新驱动发展效率状况。本书以 2009—2016 年为研究时段，将前文中国 30 个省份作为全国研究样本，并依据第三章企业创新驱动发展效率的测度指标，采用两阶段关联网络 DEA 模型的 Malmquist 指数，测算得到全国层面企业创新驱动发展效率（见图 4.10）。同样地，对全国层面企业创新驱动发展效率的分析也是一个动态分析过程。

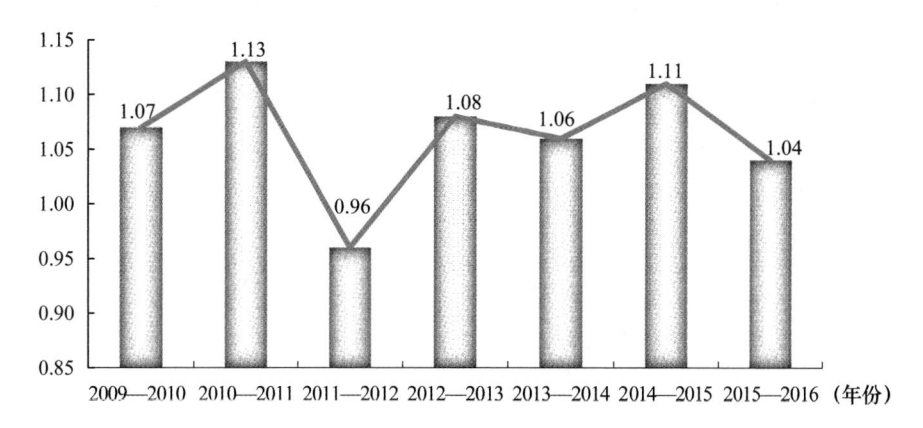

图 4.10　2009—2016 年全国层面企业创新驱动发展效率的变动趋势

从图 4.10 来看，2009—2016 年，全国层面中国工业企业创新驱动发展效率仅在 2011—2012 年小于 1，其他年份均大于 1，说明样本期间内企业创新驱动发展效率整体上呈上升趋势，但也表现出明显的阶段性特征。具体来看，2009—2011 年，企业创新驱动发展效率均大于 1 且变动范围较小，说明这一时期中国工业企业创新驱动发展效率表现出较为稳定的上升态势；2013—2016 年，企业创新驱动发展效率均显著大于 1 且保持较高的增长态势，说明该阶段中国工业企业创新驱动发展效率的上升幅度较大。全国层面企业创新驱动发展效率的变动结果与全行业层面高度一致，一定程度上证实了本研究的可靠性。[①]

（二）分地区层面

为了进一步揭示不同地区企业创新驱动发展效率的差异，本部分依据前文标准，将地区数据分为东部与中西部地区两类。利用两阶段关联网络 DEA 模型的 Malmquist 指数，测算得到 2009—2016 年地区层面企业创新驱动发展效率，并绘制出分地区层面企业创新驱动发展效率的变动趋势图（见图 4.11），以分析企业创新驱动发展效率的地区异质性。从时间序列来看，不管是东部地区还是中西部地区，企业创新驱动发展效率

---

① 虽然全国层面与全行业层面的数据统计方式不同，但二者的统计学意义一致。

整体上都保持大于 1 的水平（2011—2012 年除外），说明在大部分年份内，地区层面企业创新驱动发展效率都有随时间上升的趋势，即企业创新驱动发展效率存在正向时变性。虽然短期内假定技术不变，但是随着企业研发活动内部结构日渐完善，企业创新驱动发展效率随时间上升也非常合理。① 而且，这也与东部地区便于引进科技人才与技术研发、中西部地区国家政策倾斜以及自身创新意识提升等因素密切相关。此外，东部与中西部地区的创新环境逐渐改善，创新意愿持续增强，也会促进企业创新驱动发展效率不断提升。

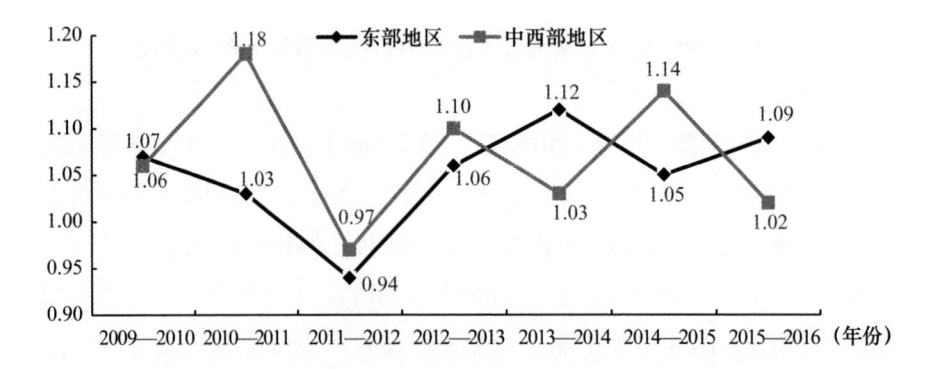

图 4.11　2009—2016 年地区层面企业创新驱动发展效率的变动趋势

从图 4.11 来看，在东部地区，企业创新驱动发展效率整体上大于 1，但其阶段性特征较为明显。具体来看，2009—2011 年，企业创新驱动发展效率均大于 1，但由 1.06 逐渐变为 1.03，说明该阶段东部地区企业创新驱动发展效率呈上升趋势且增长幅度逐渐缩小；2011—2012 年，企业创新驱动发展效率为 0.94，说明该阶段企业创新驱动发展效率呈下降趋势，该变动态势除了与国内经济大环境有关外，还可能与东部地区产业向中部地区梯度转移有关；2012—2016 年，企业创新驱动发展效率均大于 1，可以证实该阶段企业创新驱动发展效率呈不断上升趋势，这与 2012—2016 年财政科技政策和谐发展阶段相适应。并且，东部地区凭借

---

① 张玉、陈凯华、乔为国：《中国大中型企业研发效率测度与财政激励政策影响》，《数量经济技术经济研究》2017 年第 5 期。

较好的科技发展基础、较完善的市场经济体制及较高的产学研合作水平，叠加效应的发挥可能促使东部地区企业创新驱动发展效率在这一时期呈上升态势。

从图 4.11 来看，在中西部地区，除 2011—2012 年外，企业创新驱动发展效率总体上大于 1，表明样本期内中西部地区企业创新驱动发展效率呈不断上升的态势，但也表现出明显的阶段性特征。具体来看，2009—2011 年，企业创新驱动发展效率均大于 1，数值从 1.07 上升为 1.18，说明这一时期企业创新驱动发展效率的增长幅度不断提升；与东部地区一致，中西部地区在 2011—2012 年企业创新驱动发展效率也小于 1 (0.97)，可以证实该时期企业创新驱动发展效率下降趋势明显；2012—2016 年，企业创新驱动发展效率均大于 1，说明该阶段企业创新驱动发展效率整体呈上升态势。此外，对比东部与中西部地区，尽管在较长时间内二者的企业创新驱动发展效率均大于 1，但中西部地区企业创新驱动发展效率明显大于东部地区。可能原因在于，本书测度的是企业创新驱动发展系统效率，而系统效率体现的是在科技创新投入下中间创新成果产出效率以及企业最终成果转为经济效益的效率。以此衡量的企业创新驱动发展效率是一种投入产出的测度，因此，比各地区企业经济实力的衡量更为复杂，即不是经济实力较强的省份就一定会有较高的企业创新驱动发展效率。

第四节　企业创新驱动发展效率提升面临的主要问题

尽管财政科技政策激励不断加强，但受市场经济体制转型变化、财政科技政策管理局限性以及企业技术创新倾向性等因素的影响，中国企业创新驱动发展效率的提升仍然面临财政科技政策激励作用不充分、企业创新驱动发展内在动力不足、行业不协调与地区不协调现象突出等问题。

一　财政科技政策的激励作用不充分

一是财政科技政策的投入总量有待提高。尽管财政科技投入规模不断扩大,但财政科技投入总量仍有较大的增长空间。表4.7给出了2009—2016年中国财政科技拨款及其占当年公共财政支出比重的变动情况。可以看出,2009—2016年,中国财政科技拨款总额由0.33万亿元增加到0.78万亿元,相比于2009年名义增长率高达136.4%,无论从规模还是增速上都表现出惊人的变化。但财政科技投入的高速增长并不意味着政府对科技创新活动的支持与经济规模相适应。从财政科技拨款占公共财政支出比重来看,2009年占比为4.29%,2010年财政科技拨款占财政支出比重高达4.67%,并经历了2011—2013年的缓慢上升期,随后表现出明显的下降趋势,在2015年出现了样本期间内的最低值,占比仅为3.98%。整体来看,财政科技拨款占公共财政支出的比重主要呈下降态势,占比由2009年的4.29%下降到2016年的4.13%,且至今仍未达到2010年前后的水平。这说明,中国对创新活动的财政科技政策投入仍有很大的增长空间。

表4.7　2009—2016年中国财政科技拨款及其占公共财政支出比重

（单位：万亿元,%）

	2009年	2010年	2011年	2012年	2013年	2014年	2015年	2016年
公共财政总支出	7.63	8.99	10.92	12.60	14.02	15.18	17.59	18.78
财政科技拨款	0.33	0.42	0.48	0.56	0.62	0.65	0.70	0.78
财政科技拨款占财政支出比重	4.29	4.67	4.39	4.45	4.41	4.25	3.98	4.13

资料来源:《中国科技统计年鉴》。

二是财政科技政策投入的研究结构有待优化。表4.8给出了中国研发经费在三类研究中的投入总量与结构。2009—2016年,基础研究投入总量从2009年的270.29亿元增长到2016年的822.89亿元,年均增长率为17.24%;应用研究投入总量从2009年的730.79亿元增长到2016年的1610.49亿元,年均增长率为11.95%;试验发展投入总量从2009年的4801.03亿元增长到2016年的13243.36亿元,年均增长率为15.59%。尽管中国财政科技投入在基础研究、应用研究与试验发展中的总量不断提升,增长速度也不断提高,但是从财政科技投入的结构来看,财政科技政策对基础研究与应用研究的投入规模较小,国家财政科技政策对基础研究与应用研究的投入不足。

表4.8 2009—2016年中国研发经费投入总量与结构

(单位:亿元,%)

	基础研究	占比	应用研究	占比	试验发展	占比
2009年	270.29	4.66	730.79	12.59	4801.03	82.75
2010年	324.49	4.59	893.79	12.66	5844.30	82.75
2011年	411.81	4.74	1028.39	11.84	7246.81	83.42
2012年	498.81	4.85	1161.97	11.28	8637.63	83.87
2013年	554.95	4.68	1269.12	10.72	10022.53	84.60
2014年	613.54	4.71	1398.53	10.75	11003.56	84.54
2015年	716.12	5.05	1528.64	10.79	11925.13	84.16
2016年	822.89	5.25	1610.49	10.27	13243.36	84.48

资料来源:《中国科技统计年鉴》,经笔者计算整理所得。

从三类投入所占比重的变动趋势来看,整体上基础研究投入所占比重有逐年提高的趋势,并且占比基本稳定在5%左右;应用研究投入所占比重基本稳定在11%左右,但整体上表现出明显的下降趋势,从2009年的12.59%下降到2016年的10.27%,即尽管应用研究投入总量在逐年增加,但其重要性并未得到重视;试验发展投入所占比重则保持稳定的增长态势,占比从2009年的82.75%提高到2016年的84.48%,并且基本稳定在84%左右。基础研究反映了知识的原始创新能力,是研发创新的知识源泉;[①] 应用研究是为了获得新知识而进行的创造性研究,可以为解决实际问题提供科学依据。基础研究与应用研究对研发创新及科技进步的重要性可见一斑。从发达国家的创新经验来看,它们对基础研究的投入比例多处于15%—20%,而当前中国财政科技投入的研究结构则呈现出"重试验、轻基础"的特点,研发经费对基础研究与应用研究的投入不足,削弱了科技进步的后劲,不利于解决自主创新的根本性问题。中

---

① 董霄:《提升四川企业自主创新能力的财政政策探讨》,《软科学》2014年第5期。

国财政科技经费在基础研究与应用研究上的投入可以反映一个事实,即政府在干预创新资源市场失灵方面的力度不足,存在一定程度的缺位现象。由于基础研究和应用研究具有较高的技术外溢效应,私人资本普遍缺乏投入激励,因此政府应该提高对基础研究和应用研究的投入。

三是财政科技政策投入的主体结构有待优化。表4.9给出了2009—2016年研究与开发费用在三类使用主体中的投入总量与结构分布情况。尽管在2009—2016年,中国财政科技投入对规模以上工业企业、研究与开发机构、高等学校的投入规模不断扩大,但是从财政科技投入的主体结构上看,国家财政科技政策对高等学校的投入较少,研发经费投入不足。2009—2016年,高等学校的研发经费投入呈显著下降趋势,研发经费从2009年的10.01%下降到2016年的7.51%,较2009年下降了2.5个百分点;研究与开发机构的研发经费投入变动趋势与高等学校基本一致,整体上也表现出逐年递减的态势,从2009年的21.31%下降到2016年的15.83%,较2009年下降了约5.5个百分点,但研究与开发机构的经费投入相对多于高等学校;不同于研发机构及高校,国家财政科技投入对规模以上工业企业的投入总量最大,并在2009—2016年呈现出显著的增长趋势,占比基本稳定在76%左右。

表4.9　　　　2009—2016年中国研发经费在三类使用主体中的投入总量与结构　　　（单位:亿元,%）

	规模以上工业企业	占比	研究与开发机构	占比	高等学校	占比
2009年	3210.23	68.68	995.95	21.31	468.17	10.01
2010年	4015.40	69.24	1186.40	20.46	597.30	10.30
2011年	5993.81	75.02	1306.71	16.36	688.85	8.62
2012年	7200.65	75.56	1548.93	16.25	780.56	8.19
2013年	8318.40	75.92	1781.40	16.26	856.71	7.82
2014年	9254.26	76.61	1926.18	15.95	898.15	7.44
2015年	10013.93	76.16	2136.49	16.25	998.59	7.59
2016年	10944.66	76.66	2260.18	15.83	1072.24	7.51

资料来源:《中国科技统计年鉴》,经笔者计算整理所得。

倘若研发机构与高校能够大规模进行知识生产并与企业高效协作，那么很难认定上述现象是否合理。然而，从表4.10中可以看出，在规模以上工业企业研发支出中，试验发展研究基本稳定在97%的水平，而基础研究与应用研究占比较小。这说明，规模以上工业企业所获得的财政科技政策投入可能更多地用于试验发展中，中国企业更倾向于将研发经费投入知识转化上，而不是从事知识生产。高等学校与研发机构是知识生产的集中地，财政科技政策对高等学校与研发机构投入不足，一定程度上会直接导致企业层面的原始创新能力较弱，较难发挥财政科技政策对实现企业创新驱动发展目标的激励作用。

表4.10　　　　规模以上工业企业研发支出比重　　　（单位：%）

	2009年	2010年	2011年	2012年	2013年	2014年	2015年	2016年
基础研究	0.07	0.06	0.09	0.05	0.05	0.05	0.06	0.17
应用研究	1.45	2.03	2.42	2.63	2.36	2.73	2.53	2.54
试验发展	98.48	97.91	97.49	97.32	97.59	97.22	97.41	97.29

资料来源：《中国科技统计年鉴》，经笔者计算整理所得。

二　企业创新驱动发展内在动力不足

一是企业创新意愿不足。企业研发强度是衡量企业创新意愿的重要指标。2009—2016年，中国规模以上工业企业研发强度（企业研发经费内部支出与企业主营业务之比）为0.57—0.94（见表4.11），该指标一直处于较低水平。而美国、日本、德国等发达国家的企业研发强度普遍在2%左右，其中日本企业研发强度达到了3.57%。《关于深化科技体制改革加快国家创新体系建设的意见》中提出，到2015年中国工业企业平均研发经费投入占主营业务收入比例的强度要提高到1.5%。然而，从2016年中国分行业规模以上工业企业研发费用投入强度的数据来看，2016年，仅有计算机、通信和其他电子设备制造业等五个行业超过了1.5%，其余绝大部分行业在1%以下，总体投入强度距离目标还有较大差距；从2016年分地区规模以上工业企业研发费用投入强度的数据来看，仅有北京、上海、天津、江苏、广东五个省份超过2.5%，其余大部分省份的研发投入强度在1.5%以下，与创新型国家（2.5%）相比仍存在一定差距。[①] 在剔除政府财政科技政策激励因素后，单看企业自身的创新意愿可以发现，企业研发创新投入强度依旧较低。因此，未来财政科技政策在加大对企业创新驱动发展支持的同时，还必须考虑如何激励企业进行更高强度的研发投入。

表4.11　　　　规模以上工业企业研发创新投入强度　（单位：万亿元，%）

	2009年	2010年	2011年	2012年	2013年	2014年	2015年	2016年
研发经费内部支出	0.32	0.40	0.60	0.72	0.83	0.93	1.00	1.09
主营业务收入	54.25	69.77	84.18	92.93	103.87	110.70	110.99	115.90
企业研发强度	0.59	0.57	0.71	0.77	0.80	0.84	0.90	0.94

资料来源：《中国统计年鉴》《中国科技统计年鉴》。

二是开展创新活动的规模以上工业企业总量仍然偏小，企业创新积极性有待提高。从表4.12来看，有研发创新活动的规模以上工业企业虽然逐年增加，所占研发创新活动企业的比重也有不断提升的趋势，但总量仍然偏小，2016年有研发创新活动的企业占比只有23%。这说明，从事研发创新活动的规模以上工业企业仍有较大的增长空间，企业创新积极性还有待提升。从企业新产品销售收入与主营业务收入情况来看，企业新产品销售收入与主营业务收入在2009—2016年均呈逐年增加的态势，且2016年新产品销售收入相比于2009年增长了约165.3%，主营业务收入增长约113.6%。从2009—2016年规模以上工业企业新产品销售收入占主营业务收入的比重（企业创新活动绩效）来看，2009—2012年，企业创新活动绩效一直呈逐年下降的态势，从2013年开始才不断提升，并在2016年达到最高水平15.07%。但整体来看，样本期间企业创新活动绩效的平均水平维持在12.8%左右，企业研发创新活动绩效较低。可能

---

① 资料来源：笔者整理自《中国统计年鉴》《中国科技统计年鉴》。

原因在于，企业新产品销售收入对企业创新活动绩效的贡献度较低，从而影响了企业整体绩效水平，而企业低水平的创新绩效又直接影响了企业开展创新活动的积极性。

表 4.12　　　　　规模以上工业企业研发创新活动情况

（单位：个，%，万亿元）

	2009 年	2011 年	2012 年	2013 年	2014 年	2015 年	2016 年
研发创新活动数	36387	37467	47204	54832	63676	73570	86891
有研发创新活动企业所占比重	8.50	11.50	13.70	14.80	16.90	19.20	23.00
新产品销售收入	6.58	10.06	11.05	12.85	14.29	15.09	17.46
主营业务收入	54.25	84.18	92.93	103.87	110.70	110.99	115.90
企业创新活动绩效	12.14	11.95	11.89	12.37	12.91	13.59	15.07

注：由于《中国科技统计年鉴》中 2010 年的数据口径为大中型工业企业，因此未列示 2010 年相关数据。

资料来源：《中国科技统计年鉴》。

三是企业在基础研究与应用研究方面的创新积极性不高，企业研发创新能力有待提升。现阶段，相比于创新型国家，中国企业将更多的资金运用到试验发展上，而在基础研究与应用研究上的支出比例偏低，基础研究和应用研究亟须加强。2016 年，中国企业研发费用为 12143.96 亿元，其中试验发展费用为 11749.31 亿元，占企业研发费用总投入的 96.75%，而基础研究与应用研究费用总计为 394.65 亿元，仅占企业研发费用总投入的 3.25%。2016 年，规模以上工业企业研发费用为 10944.66 亿元，其中试验发展为 10648.11 亿元，占研发费用总投入的 97.29%，而基础研究和应用研究总计为 296.54 亿元，仅占研发费用总投入的 2.71%（见表 4.13）。

表4.13　　　　中国企业研发经费在三类研究上的投入
总量与结构　　　　　　（单位：亿元，%）

	总企业			规模以上工业企业		
	基础研究	应用研究	试验发展	基础研究	应用研究	试验发展
2009年	4.42	84.82	4159.37	2.28	46.65	3161.3
2010年	4.33	126.21	5054.93	2.23	81.51	3931.66
2011年	7.27	190.97	6381.09	5.13	145.25	5843.42
2012年	7.09	238.86	7596.29	3.88	189.07	7007.69
2013年	8.61	249.20	8818.04	4.37	196.00	8118.03
2014年	10.00	315.16	9735.48	4.54	252.29	8997.43
2015年	11.40	329.31	10540.65	5.64	253.48	9754.81
2016年	26.08	368.57	11749.31	18.81	277.73	10648.11
占比						
2009年	0.10	2.00	97.90	0.07	1.45	98.48
2010年	0.08	2.43	97.48	0.06	2.03	97.91
2011年	0.11	2.90	96.99	0.09	2.42	97.49
2012年	0.09	3.05	96.86	0.05	2.63	97.32
2013年	0.09	2.75	97.16	0.05	2.36	97.59
2014年	0.10	3.13	96.77	0.05	2.73	97.22
2015年	0.10	3.03	96.87	0.06	2.53	97.41
2016年	0.21	3.04	96.75	0.17	2.54	97.29

资源来源：《中国科技统计年鉴》。

从这一数字的历史比较来看，尽管基础研究与应用研究有逐步提升的趋势，但提升比重依旧偏低且提升幅度并不大。这说明，中国企业对原始创新的重视程度离发达国家还有一定距离，中国目前还没确立创新型国家（基础研究与应用研究占比20%以上）的主体地位。企业宁愿为引进国外先进技术进行模仿创新与集成创新等外延式创新活动支付大量的人力与财力成本，也不愿为原始的科技研发与自主创新承担风险。企业在基础研究与应用研究中的经费投入可以反映一个事实，即中国政府在激励企业进行基础研究和应用研究方面所采取的税收与补贴政策效果不佳。虽然政府应该成为基础研究和应用研究的投入主体，但并不妨碍政府引导企业加大研发创新投入。原因在于，作为知识生产的基础研究和应用研究，通常与知识转化的试验发展存在脱节现象，这一脱节现象单纯依靠政府加大对高校和科研机构的投入并不能完全解决，因为高校和科研机构不是追求利润最大化的利益主体，其所选择的研究方向或项目很难完全顺应市场的需要。

三 行业不协调与地区不协调现象突出

协调发展是企业持续、健康发展的内在要求，增强协调性才能保障企业创新驱动发展行稳致远。然而，现阶段财政科技政策激励与企业创新驱动发展效率的行业不协调和地区不协调现象仍然突出。一方面，财政科技政策激励的行业异质性与地区异质性较强，行业不协调与地区不协调问题较明显；另一方面，企业创新驱动发展效率的行业异质性与地区异质性较强，行业不协调与地区不协调问题较明显。

一是财政科技政策激励的行业不协调与地区不协调现象突出。由图4.4 可以看出，财政科技政策激励存在明显的行业异质性。由于资源与劳动密集型行业、资本与技术密集型行业原本对生产要素投入的诉求就存在差异，而政府实施财政科技政策的根本初衷就是鼓励不同行业开展科技创新活动，因此财政科技政策激励在整体上存在行业差异是必然的。倘若行业间财政科技政策激励差异过大且行业间异质性没有缩小的趋势，那便不利于充分发挥财政科技政策的激励效应，更不利于企业创新驱动发展效率的整体提升。整体来看，资本与技术密集型行业的政府直接补贴、税收直接优惠以及税收间接优惠要明显高于资源与劳动密集型行业。并且，三种类型财政科技政策激励在资本与技术密集型行业中的增长趋势更明显，在资源与劳动密集型行业中无较大提升，二者间的差异存在进一步加大的风险。财政科技政策激励的地区异质性除了体现在政策激励水平差距较大外，还表现在财政科技政策激励的侧重方式差异较大。东部地区整体上是以税收直接优惠为主，政府直接补贴与税收间接优惠为辅，且三种类型财政科技政策的激励水平差距并不大，说明东部地区的财政科技政策激励兼顾了各种政策作用的发挥。中西部地区的财政科技政策激励则单纯以政府直接补贴为主，税收直接优惠与税收间接优惠力度均较小，税收优惠的积极作用并未被政府重视。尽管地区间以及行业间的企业科技创新能力、技术创新环境等存在较大差异，但一味地依赖某一政策而不重视发挥不同类型财政科技政策的协同效应，不注重地区间以及行业间的协调发展与共同进步，不仅难以充分发挥财政科技政策的激励效应，也不利于激发企业创新驱动发展的积极性，更难以保证企业创新驱动发展效率的提升。

二是企业创新驱动发展效率的行业不协调与地区不协调现象突出。图4.9反映出企业创新驱动发展效率存在显著的行业异质性。实际上行业异质性的存在是难免的，且在一定程度上是合理的，毕竟行业需求与组织特征会影响企业新产品的市场容量与创新产出水平，企业所在行业的技术成熟水平与科技发展阶段也会影响企业进行创新驱动发展的技术机会和技术实力，所以不同行业的企业创新驱动发展效率必然会存在差距。从图4.9来看，行业间企业创新驱动发展效率的差距并没有呈逐渐缩小的趋势，这就反映出资本与技术密集型行业、资源与劳动密集型行业在企业创新驱动发展效率水平上具有较大的不平衡性。具体表现为，企业创新驱动发展效率水平在资本与技术密集型行业中不仅要高于资源与劳动密集型行业，并且在资本与劳动密集型行业中有逐步提升的态势；而在资源与劳动密集型行业中，企业创新驱动发展效率在样本期末的上升趋势并不明显。因此，未来可能会出现行业间差距扩大的风险。同样地，图4.11中地区层面企业创新驱动发展效率的变动趋势，反映出东部与中西部地区企业创新驱动发展效率的差距也有逐渐扩大的趋势，样本期末东部地区企业创新驱动发展效率的上升态势明显，而中西部地区企业创新驱动发展效率的上升趋势较为平稳，且东部地区的企业创新驱动发展效率水平要高于中西部地区，说明企业创新驱动发展效率存在地区不协调的问题。企业创新驱动发展效率在行业间的不平衡性与地区间的不协调性问题，会妨碍整体企业创新驱动发展效率水平的持续提升。因此，未来提升企业创新驱动发展效率水平，还要针对行业异质性与地区异质性实施差异化的企业发展策略。

第五节　本章小结

首先,本章以国家层面财政科技体制改革战略方向调整和相关重要政策文件颁布为主要时间节点,梳理了财政科技政策的演进过程并归纳了政策演变的基本特征。其次,基于前文财政科技政策激励的测量指标,系统分析了财政科技政策激励的总体概况、行业异质性与地区异质性。再次,依据前文企业创新驱动发展效率的指标测度体系,利用两阶段关联网络 DEA 模型的 Malmquist 指数,得到企业创新驱动发展效率的测算结果,并分析了 2009—2016 年中国行业层面与地区层面工业企业创新驱动发展效率的基本情况。最后,从财政科技政策激励作用不充分、企业创新驱动发展内在动力不足、行业不协调与地区不协调现象突出等方面,阐述了当前我国在企业创新驱动发展效率提升中面临的主要问题。

第五章

财政科技政策激励对企业创新驱动发展效率的总体影响检验

从第四章财政科技政策激励与企业创新驱动发展效率的概况分析可知，样本期间内，企业创新驱动发展效率水平呈显著增长趋势。财政科技政策作为企业创新系统高效运转的重要保证，其激励水平也在不断提高。那么，财政科技政策激励是否有助于提升创新驱动发展效率呢？为此，本章结合财政科技政策激励影响企业创新驱动发展效率的相关研究，在控制企业规模、行业竞争性等其他影响因素的基础上，利用2009—2016年中国行业层面与地区层面工业企业面板数据，实证检验财政科技政策激励对企业创新驱动发展效率（系统效率）的影响，以及该影响可能存在的行业异质性与地区异质性，进而基于面板门槛模型，探究财政科技政策激励与企业创新驱动发展效率之间是否存在非线性门槛关系。

第一节 研究设计

一 模型设定与估计方法

（一）模型设定

为了检验财政科技政策激励对企业创新驱动发展效率的影响，本书综合利用2009—2016年中国行业层面和地区层面工业企业面板数据，并

借鉴 Aghion 等的研究思路,① 设定如下面板计量模型:

$$EFF_{it} = \alpha_0 + \alpha_1 INC_{it} + \lambda X_{it} + \mu_i + \varepsilon_{it} \tag{5.1}$$

$$eff_{jt} = \beta_0 + \beta_1 inc_{jt} + \theta x_{jt} + \nu_j + \sigma_{jt} \tag{5.2}$$

其中,i 表示行业,j 表示地区,t 表示年份;EFF 表示行业层面企业创新驱动发展效率,eff 表示地区层面企业创新驱动发展效率;INC 表示行业层面财政科技政策激励,inc 表示地区层面财政科技政策激励;X 表示影响行业层面企业创新驱动发展效率的其他变量,x 表示影响地区层面企业创新驱动发展效率的其他变量,二者均包括企业规模、行业竞争性、所有制结构与融资错配度;μ_i 表示不随时间变化的行业截面的个体效应,ν_j 表示不随时间变化的地区截面的个体效应;ε_{it} 表示行业层面随机误差项,σ_{jt} 表示地区层面随机误差项。

(二)估计方法

理论上用于静态面板数据的估计模型共有三种,分别是混合效应(POLS)模型、固定效应(FE)模型与随机效应(RE)模型。实践中具体选择何种模型进行估计则要依据样本数据特征来决定,通常用 F 检验(原假设:混合效应模型为更优模型)对混合效应模型与固定效应模型进行选择,若原假设成立,说明混合效应模型更有效,反之则选择固定效应模型;用拉格朗日乘数(LM)检验(原假设:混合效应模型为更优模型)对混合效应模型与随机效应模型进行选择,若原假设成立,说明混合效应模型更有效,反之则选择随机效应模型;用豪斯曼(Hausman)检验(原假设:随机效应模型为更优模型)对固定效应模型与随机效应模型进行选择,若原假设成立说明随机效应模型更有效,反之则选择固定效应模型。综上可知,若 F 检验和 LM 检验结果均未通过显著性水平检验,说明估计模型应选择混合效应模型;若 F 检验和 LM 检验中有任何一个通过了显著性水平检验,则要再进行 Hausman 检验来确定估计模型。②

---

① P. Aghion et al., "Carbon Taxes, Path Dependency and Directed Technical Change: Evidence from the Auto Industry", Social Science Electronic Publishing, Vol. 124, No. 1, 2012;孙晓华、王昀、徐冉:《金融发展、融资约束缓解与企业研发投资》,《科研管理》2015 年第 5 期。

② 陈强:《高级计量经济学及 Stata 应用》,高等教育出版社 2014 年版,第 268 页;张林、张维康:《金融服务实体经济增长的效率及影响因素研究》,《宏观质量研究》2017 年第 1 期。

在实际检验中,面板数据难免会有异方差、截面相关或序列自相关等问题,此时利用普通面板数据估计方法,可能会低估标准误差,从而降低估计结果的有效性。对面板数据进行回归,通常是运用广义最小二乘法,但当截面单元数大于时间跨度时,可以采用带有 D&K 标准误的固定效应估计方法,对面板数据可能存在的个体效应与时间效应进行调整,以得到较为稳健的估计结果。①

二 变量选取与数据说明

(一) 变量选取

1. 被解释变量

本章的被解释变量为企业创新驱动发展效率(系统效率)。基于前文企业创新驱动发展效率的概念界定及其测度指标,利用两阶段关联网络 DEA 模型的 Malmquist 指数,测算得到企业创新驱动发展效率。考虑到测算得到的企业创新驱动发展效率为环比改进指数,为了保证面板数据处理的一致性,本书借鉴邱斌等的思路,② 将表示企业创新驱动发展效率的环比改进指数调整为定比改进指数,即假定基年 2009 年的企业创新驱动发展效率为 1,那么 2010 年的企业创新驱动发展效率等于 2009 年的企业创新驱动发展效率乘以 2009—2010 年的 Malmquist 指数,以此类推可得到 2009—2016 年的企业创新驱动发展效率数据。

2. 核心解释变量

本章的核心解释变量为财政科技政策激励。基于前文财政科技政策激励的概念界定及其测度指标,本章采用使用来自政府部门的研发资金/行业(地区企业)从业人员数、高新技术企业减免税/行业(地区企业)从业人员数、研究开发费用加计扣除减免税/行业(地区企业)从业人员

---

① J. C. Driscoll, A. C. Kraay, "Consistent Covariance Matrix Estimation with Spatially Dependent Panel Data", *Review of Economics & Statistics*, Vol. 80, No. 4, 1998;陶锋等:《金融地理结构如何影响企业生产率?——兼论金融供给侧结构性改革》,《经济研究》2017 年第 9 期。

② 邱斌等:《FDI 技术溢出渠道与中国制造业生产率增长研究:基于面板数据的分析》,《世界经济》2008 年第 8 期;程惠芳、陆嘉俊:《知识资本对工业企业全要素生产率影响的实证分析》,《经济研究》2014 年第 5 期。

数三个指标，分别衡量行业层面（地区层面）的政府直接补贴、税收直接优惠与税收间接优惠，并利用熵值法计算三者权重，计算出各年各行业（地区）财政科技政策激励的综合指数，以该综合指数作为财政科技政策激励的衡量指标。

3. 控制变量

为了科学探究财政科技政策激励对企业创新驱动发展效率的影响效果并获得稳健且可靠的检验结果，在控制企业特征变量或环境变量的基础上，剔除样本差异性影响，兼顾研究样本的可获取性与科学性，本书选取的控制变量主要包括企业规模、行业竞争性、所有制结构及融资错配度。

一是企业规模。Chen 和 Zhu 指出，规模大的企业因为规模经济性，可以发挥成本分摊优势，获得更多的创新回报，因此企业创新效率较高。[1] 但是，企业规模越大并不意味着企业创新效率会持续提升，如果企业内部的组织运行能力较低或官僚式管理过度等，企业创新效率反而会因企业规模的扩张而受到损害。[2] 大部分学者研究证实，企业规模与企业创新效率呈正相关关系，即企业规模促进了企业创新效率的提升。[3] Pavitt 等研究发现，企业规模与创新效率之间并不是简单的线性关系，两者之间存在"U"形关系。[4] 企业规模作为影响企业创新效率的一个重要因素，国内外学者关于企业规模与创新效率的关系研究一直存在争论。因此，在检验财政科技政策激励对企业创新驱动发展效率的影响时，有必要将企业规模作为控制变量考虑在内。参考王海宁和陈媛媛的衡量方法，本书采用行业从业人员与企业单位数的比值来衡量行业层面企业规模，

---

[1] Y. Chen, J. Zhu, *Measuring Information Technology's Indirect Impact on Firm Performance*, Kluwer Academic Publishers, 2004.

[2] 朱有为、徐康宁：《中国高技术产业研发效率的实证研究》，《中国工业经济》2006 年第 11 期。

[3] 钱燕云：《中德企业技术创新效率的评价和比较研究》，《科学学与科学技术管理》2003 年第 12 期；周立群、邓路：《企业所有权性质与研发效率——基于随机前沿函数的高技术产业实证研究》，《当代经济科学》2009 年第 4 期；余泳泽：《创新要素集聚、政府支持与科技创新效率——基于省域数据的空间面板计量分析》，《经济评论》2011 年第 2 期。

[4] K. Pavitt, M. Robson, J. Townsend, "The Size Distribution of Innovating Firms in the UK: 1945 – 1983", *Journal of Industrial Economics*, Vol. 35, No. 3, 1987.

用地区工业企业从业人员与企业单位数的比值来衡量地区层面企业规模。①

二是行业竞争性。如果行业在市场竞争中处于垄断地位，那么垄断优势有助于企业从事科技创新项目，同时享受创新成果市场化获得的超额利润。②闫冰等研究证实，行业竞争性越低，企业创新效率越低，该研究支持了熊彼特主义者所倡导的垄断有利于技术创新的观点。③但是，朱有为和徐康宁检验发现，对于具有较大企业规模和较充分的竞争关系的行业，即寡头主导的可竞争性行业结构更有利于提高创新效率。④周立群和邓路研究发现，尽管行业竞争有助于提升企业创新效率，但是其对三类外商投资企业的促进作用要显著高于国有企业。⑤综上，为了检验财政科技政策激励对企业创新驱动发展效率的影响效果，本书将行业竞争性作为控制变量考虑在内。在行业层面，本书采用行业大中型工业企业数占规模以上工业企业数的比重来衡量行业竞争性；在地区层面，本书采用经对数处理的企业数量来度量行业竞争性。⑥

三是所有制结构。不同类型所有制企业在管理激励、项目审核机制、融资方式和预算约束等方面存在差异，企业创新效率可能会因此受到影响。另外，多元化所有制结构还可能促进企业内部激励机制以及组织管理结构等的改革，带动知识和信息技术外溢，使得企业创新资源配置出现效率导向，从而影响企业创新效率变化。Zhang 等研究发现，中国国有企业研发效率显著低于非国有企业，在非国有企业中，外商企业比内资

---

① 王海宁、陈媛媛：《产业集聚效应与地区工资差异研究》，《经济评论》2010 年第 5 期。
② 肖文、林高榜：《政府支持、研发管理与技术创新效率——基于中国工业行业的实证分析》，《管理世界》2014 年第 4 期。
③ 闫冰、冯根福：《基于随机前沿生产函数的中国工业 R&D 效率分析》，《当代经济科学》2005 年第 6 期；陈修德、梁彤缨：《中国高新技术产业研发效率及其影响因素——基于面板数据 SFPF 模型的实证研究》，《科学学研究》2010 年第 8 期。
④ 朱有为、徐康宁：《中国高技术产业研发效率的实证研究》，《中国工业经济》2006 年第 11 期。
⑤ 周立群、邓路：《企业所有权性质与研发效率——基于随机前沿函数的高技术产业实证研究》，《当代经济科学》2009 年第 4 期。
⑥ 余伟、陈强、陈华：《环境规制、技术创新与经营绩效——基于 37 个工业行业的实证分析》，《科研管理》2017 年第 2 期。

集体企业和股份制企业创新效率更高。① 朱有为和徐康宁实证发现，国有企业比重越高或外商投资企业比重越高，越容易促进创新效率提升；相比于国有企业，外商投资企业对创新效率提升的贡献更大。② 因此，为了检验财政科技政策激励对企业创新驱动发展效率的影响，有必要控制所有制结构对企业创新驱动发展效率的影响。参考肖文等的指标选取方法，本书选择国有及国有控股企业工业总产值占全部工业总产值的比重来度量行业层面与地区层面的所有制结构。③

四是融资错配度。融资错配对企业创新驱动发展效率有着重要的影响。一方面，融资错配会降低金融市场对企业研发创新活动的风险分担能力以及资源配置效率，增加企业创新活动成本，从而导致企业创新激励不足；④ 另一方面，若企业可以利用融资错配形成的套利空间，获得更加稳定、安全的超额利润或寻租收益时，企业便不会选择从事高风险、高成本的创新活动来获利。⑤ 综上，融资错配可能是影响企业创新驱动发展效率的关键因素。为了检验财政科技政策激励对企业创新驱动发展效率的影响效果，有必要将融资错配度作为控制变量考虑在内。本书借鉴康志勇的度量方法，分别使用各工业行业（各地区工业企业）资金使用成本⑥对所有工业行业（所有地区工业企业）平均资金使用成本的偏离程度来衡量行业层面与地区层面的融资错配度。⑦

（二）数据说明

本书衡量财政科技政策激励所用数据来源于中国《工业企业科技活

---

① A. Zhang, Y. Zhang, R. Zhao, "A Study of the R&D Efficiency and Productivity of Chinese firms", *Journal of Comparative Economics*, Vol. 31, No. 3, 2003.

② 朱有为、徐康宁：《中国高技术产业研发效率的实证研究》，《中国工业经济》2006 年第 11 期。

③ 肖文、林高榜：《政府支持、研发管理与技术创新效率——基于中国工业行业的实证分析》，《管理世界》2014 年第 4 期；余伟、陈强、陈华：《环境规制、技术创新与经营绩效——基于 37 个工业行业的实证分析》，《科研管理》2017 年第 2 期。

④ 康志勇：《金融错配阻碍了中国本土企业创新吗？》，《研究与发展管理》2014 年第 5 期。

⑤ 张建华、杨小豪：《政府干预、金融错配与企业创新——基于制造业上市公司的研究》，《工业技术经济》2018 年第 9 期。

⑥ 各工业行业（各地区工业企业）的资金使用成本＝工业行业（工业企业）利息支出/扣除了应付账款后的负债总额。

⑦ 康志勇：《金融错配阻碍了中国本土企业创新吗?》，《研究与发展管理》2014 年第 5 期。

动统计年鉴》。由于 2009 年的《工业企业科技活动统计年鉴》才开始有"政府相关政策的落实情况"这项统计项目，并且本书涉及的大部分数据还未更新到 2017 年，为了保证数据的连续性与研究的规范性，本书用于研究财政科技政策激励对企业创新驱动发展效率影响的行业层面与地区层面工业企业面板数据均介于 2009—2016 年。① 本章样本共涉及中国 35 个细分行业和中国 30 个省份（以前文行业与省份选取目录为准），所用数据主要来源于《中国工业统计年鉴》《工业企业科技活动统计年鉴》《中国科技统计年鉴》《中国统计年鉴》以及各省份的《统计年鉴》等。本书对涉及货币计量的数据均以 2009 年为基期进行平减，以缓解价格波动对分析结果的偏误影响。其中，研发经费内部支出、新产品开发经费支出及其他科技经费支出，均借鉴朱平芳和徐伟民的处理方法，② 对各期名义研发经费内部支出进行平减处理；③ 新产品销售收入使用工业生产者出厂价格指数进行平减；为了缓解异常值对模型估计结果的影响，在数据处理过程中，对所有连续变量做了 1% 的缩尾处理。具体变量的描述性统计结果见表 5.1。

表 5.1　　　　　　　　　　　变量的描述性统计

	变量名称	变量符号	样本数	均值	标准差	最小值	最大值
行业层面	企业创新驱动发展效率	EFF	280	1.1515	0.2885	0.4987	2.6258
	财政科技政策激励	INC	280	0.3054	0.3633	0.0012	1.8858
	企业规模	SCA	280	5.6755	0.7133	4.7990	8.8584
	行业竞争性	COM	280	0.1991	0.1297	0.0346	0.6741
	所有制结构	PRO	280	0.2551	0.2822	0.0033	1.0000
	融资错配度	FIN	280	0.0051	0.0045	0.0000	0.0217

---

① 在《工业企业科技活动统计年鉴（2017）》发布前，2016 年的"政府相关政策的落实情况"原始数据采用移动平均法获得。

② 朱平芳、徐伟民：《政府的科技激励政策对大中型工业企业 R&D 投入及其专利产出的影响——上海市的实证研究》，《经济研究》2003 年第 6 期。

③ 用以平减处理的 R&D 经费支出价格指数 = 居民消费价格指数 ×0.55 + 固定资产投资价格指数 ×0.45。

续表

	变量名称	变量符号	样本数	均值	标准差	最小值	最大值
地区层面	企业创新驱动发展效率	eff	240	1.2846	0.3700	0.5910	2.8713
	财政科技政策激励	inc	240	0.4565	0.4291	0.0388	2.9320
	企业规模	sca	240	5.5790	0.2576	4.8778	6.3606
	行业竞争性	com	240	8.8463	1.2112	5.8201	11.0723
	所有制结构	pro	240	0.1027	0.0701	0.0113	0.2756
	融资错配度	fin	240	0.0038	0.0030	0.0000	0.0130

资料来源：笔者根据 Stata 软件计算结果整理。

第二节　实证检验与结果分析

本书借鉴现有研究的普遍做法，分别利用 F 检验、LM 检验与 Hausman 检验对混合效应（POLS）模型、固定效应（FE）模型与随机效应（RE）模型进行选择。F 检验结果在 1% 的显著性水平上拒绝了原假设，说明采用固定效应模型更合适，应该允许每个个体拥有自己的截距项；LM 检验显著拒绝了原假设，说明随机效应模型比混合效应模型更合适；Hausman 检验也在 1% 的水平上拒绝了原假设，表明固定效应模型要明显优于随机效应模型。① 因此，本书首先利用 FE 模型，估计了财政科技政策激励对企业创新驱动发展效率的影响。与此同时，面板数据难免会有异方差、截面相关或序列自相关等问题，且本书的数据结构属于截面单元数大于时间跨度数（35＞8、30＞8），对此，本书采用 D&K 标准误调整的固定效应方法，分别对行业层面与地区层面计量模型进行估计，以得到较为稳健的估计结果。因此，本部分以 FE 回归结果作为参照，具体分析以 D&K 估计结果为准。

一　行业层面检验

本部分从行业层面初步检验财政科技政策激励对企业创新驱动发展

---

① 限于篇幅，检验结果未列出。

效率的影响，并考虑到不同行业间的行业组织特征、行业技术基础以及创新需求等不同，可能导致在不同行业中财政科技政策激励对企业创新驱动发展效率存在差异化影响。对此，依据前文行业类型划分标准，将35个全行业样本划分为资源与劳动密集型、资本与技术密集型两类，进一步实证检验财政科技政策激励对企业创新驱动发展效率影响的行业异质性（见表5.2）。

表5.2 行业层面检验结果

变量	全部行业		资源与劳动密集型行业		资本与技术密集型行业	
	FE	D&K	FE	D&K	FE	D&K
	模型（1）	模型（2）	模型（3）	模型（4）	模型（5）	模型（6）
INC	0.5445***	0.5445***	0.2377***	0.2377	0.4741***	0.4741***
	(7.67)	(9.59)	(2.77)	(1.48)	(3.90)	(3.52)
SCA	-0.0028	-0.0028	0.2110***	0.2110**	-0.3332	-0.3332*
	(-0.02)	(-0.02)	(2.84)	(2.05)	(-0.87)	(-1.77)
COM	0.0324	0.0324	-0.6438***	-0.6438*	2.7766*	2.7766*
	(0.08)	(0.13)	(-3.17)	(-1.89)	(1.97)	(1.68)
PRO	-0.7450***	-0.7450**	-0.3164**	-0.3164**	-0.8559	-0.8559*
	(-3.00)	(-2.32)	(-2.45)	(-2.10)	(-1.44)	(-1.84)
FIN	-7.7672	-7.7672***	-0.5899	-0.5899	-60.4360**	-60.4360***
	(-1.17)	(-3.74)	(-0.20)	(-0.17)	(-2.09)	(-4.20)
常数项	1.2243	1.2243*	0.0227	0.0227	2.9034	2.9034***
	(1.58)	(1.92)	(0.06)	(0.04)	(1.47)	(3.58)
面板模型设定F值	18.65***	744.37***	6.85***	3.96*	11.10***	29.32***
	[0.0000]	[0.0000]	[0.0000]	[0.0504]	[0.0000]	[0.0001]
R^2	0.2799	0.2799	0.1944	0.1944	0.3737	0.3737

注：(1)***、**、*分别表示统计值在1%、5%、10%的显著性水平下显著；(2)()内为t值或z值，[]内为p值。

(一) 全行业样本的回归结果分析

本书检验了全行业层面财政科技政策激励对企业创新驱动发展效率的影响效应，回归结果对应表 5.2 中的模型（1）和模型（2）。可以发现，无论是采用 FE 模型还是 D&K 方法，财政科技政策激励（INC）的影响系数均显著为正，表明财政科技政策激励有利于提升企业创新驱动发展效率。该结论从行业层面证实了本书研究假说一是成立的，即财政科技政策激励促进了企业创新驱动发展效率的提升。具体成因可能与财政科技政策激励对企业创新活动外部性的矫正作用、创新风险的承担与补偿作用以及创新融资约束的缓解作用等相关。财政科技政策激励水平越高，越有利于矫正企业创新活动的外部性、补偿企业创新风险损失以及缓解企业创新融资约束，进而有助于激发企业开展科技研发活动与经济转化活动的积极性，最终提升企业创新驱动发展效率。

从控制变量的估计结果来看，在模型（2）中，企业规模（SCA）的影响系数为负，但并未通过显著性水平检验，说明企业规模对企业创新驱动发展效率的影响并不显著；行业竞争性（COM）的影响系数虽然为正，但是未通过显著性水平检验，说明行业竞争性对企业创新驱动发展效率的影响也不显著；所有制结构（PRO）的影响系数为 -0.7450 且通过了 5% 的显著性水平检验，说明所有制结构显著抑制了企业创新驱动发展效率的提升；融资错配度（FIN）的影响系数也显著为负，说明融资错配程度与企业创新驱动发展效率呈负相关关系，即融资错配度越高，企业创新驱动发展效率越低。

(二) 分行业样本的回归结果分析

1. 资源与劳动密集型行业

从表 5.2 可以看出，财政科技政策激励（INC）的影响系数在模型（3）与模型（4）中均为正数。虽然它在 FE 模型中通过了 1% 的显著性水平检验，但在采用 D&K 方法后并未通过显著性水平检验，说明在资源与劳动密集型行业中，财政科技政策激励对企业创新驱动发展效率的影响并不显著。产生该结果的可能原因：一方面，资源与劳动密集型行业是以资源开发利用与劳动力发挥为基础和依托的，在其生产要素构成中，自然资源与劳动力占据核心地位，相对于研发密集的资本与技术类行业，资源与劳动密集型行业的技术含量较低，进行技术创新的空间较小，其对财政科技政策激励的反应并不积极；另一方面，财政科技政策激励对资源与劳动密集型行业的资助力度相对较小，其中税收优惠更多的是以企业创新投入为前提，导致在资源与劳动密集型行业中，财政科技政策激励对企业创新驱动发展效率的影响并不显著。

从控制变量的估计结果来看，企业规模（SCA）的影响系数显著为正，说明企业规模的扩大对企业创新驱动发展效率的提升具有明显的促进效应。对于资源与劳动密集型行业而言，规模越大的企业，其承担的研发经费投入越多，企业通过大范围的研发活动可以消化创新过程中失败的研发项目，并借助研发创新带来的产品竞争优势进一步激励企业提高创新驱动发展效率。行业竞争性（COM）对企业创新驱动发展效率有显著的负向影响，这可能与竞争性较低的企业更多涉及国有资源型企业有关，导致在资源与劳动密集型行业中，行业竞争性越低，企业创新驱动发展效率越高。所有制结构（PRO）的影响系数显著为负，说明所有制结构显著抑制了企业创新驱动发展效率的提升。这是因为在资源与劳动密集型行业中，有很大一部分行业，例如电力、热力的生产和供应业，烟草制品业，石油和天然气开采业等，由于资源的垄断性以及社会的公用性，该部分资源与劳动密集型行业多数具有国有控制属性。由于国有企业管理人员的激励与约束机制不健全、委托代理等问题，其对依赖创新驱动发展的迫切性并不强，更容易忽视企业生产与创新效率。融资错配度（FIN）对企业创新驱动发展效率的影响并不显著，这可能与中国资源与劳动密集型行业更多的是依赖资源禀赋与低成本劳动力的竞争优势获利有关。其开展研发活动有充足的内部资金供给，对金融市场的外部融资依赖较少，金融市场上的融资错配度对企业创新驱动发展效率的抑制作用并不明显。

2. 资本与技术密集型行业

从表 5.2 可以看出，无论是采用 FE 模型还是 D&K 方法，财政科技政策激励（INC）的影响系数均显著为正，说明财政科技政策激励显著促进了企业创新驱动发展效率的提升。可能原因在于，资本与技术密集型行业的增长主要通过技术进步、工艺革新与创新产品市场化等方式实现，其技术研发周期长，研发费用高。因此，为了提高财政科技政策资金的利用率，在同等的创新投入情况下，资本与技术密集型行业的创新产出诉求较高，从而创新驱动发展效率也较高。此外，对比两种行业中财政科技政策激励对企业创新驱动发展效率的影响结果，可以发现，在资源与劳动密集型行业中，财政科技政策激励的影响系数未通过显著性水平检验，但在资本与技术密集型行业中，财政科技政策激励的影响系数显著为正。可以证实，财政科技政策激励对企业创新驱动发展效率的影响存在行业异质性。

从控制变量的估计结果来看，企业规模（SCA）的影响系数为 -0.3332，且通过了显著性水平检验。这说明，在资本与技术密集型行业中，企业规模的扩大会显著抑制企业创新驱动发展效率的提升。主要原因在于，资本与技术密集型行业对企业技术创新能力以及创新产品市场竞争力要求较高，对研发费用与技术人员投入力度较大，企业规模不断扩大会增加该行业通过科技研发促进企业经济效益显著增长的难度，同时还面临技术成果转化规模效益递减的问题。因此，该行业企业规模与企业创新驱动发展效率呈负相关关系。行业竞争性（COM）的影响系数显著为正，表明行业竞争性对企业创新驱动发展效率的提升具有显著的促进作用。主要是因为，资本与技术密集型行业在竞争型市场结构中可以最大限度地激发自身创新活动积极性，提升企业研发动力以及创新效率。所有制结构（PRO）的影响系数为 -0.8559，且通过了显著性水平检验，表明在资本与技术密集型行业，所有制结构与企业创新驱动发展效率存在显著的负相关关系。由于在资本与技术密集型行业的生产结构中，科研费用投入与技术知识占比均较大，其对管理人员的文化技术水平、研发主动性以及企业产品创新定位的要求较高。若所有制结构失衡，很容易导致企业创新项目选择失误并延迟创新，软预算约束也会引起创新效率损失。① 融资错配度（FIN）的影响系数为 -60.4360，且

---

① Y. Qian, C. Xu, "Innovation and Bureaucracy Under Soft and Hard Budget Constraints", Review of Economic Studies, Vol. 65, No. 1, 2010；吴延兵：《中国哪种所有制类型企业最具创新性？》，《世界经济》2012 年第 6 期。

通过了1%的显著性水平检验，表明在资本与技术密集型行业，融资错配度显著抑制了企业创新驱动发展效率的提升。企业开展创新活动需要依赖外源融资，而金融市场中的融资错配会降低企业获取金融资源、分散创新风险的能力，导致企业创新激励不足，进而降低企业创新驱动发展效率。

二 地区层面检验

本部分从地区层面初步检验财政科技政策激励对企业创新驱动发展效率的影响。考虑到不同地区地理资源、科技发展基础及科技创新实力等条件不同，财政科技政策激励对企业创新驱动发展效率的影响也会存在差异。对此，本章依据前文地区类型的划分标准，将30个省份划分为东部地区与中西部地区两类，进一步实证检验财政科技政策激励对企业创新驱动发展效率影响的地区异质性。具体检验结果见表5.3。

表5.3 地区层面检验结果

变量	全国		东部地区		中西部地区	
	FE	D&K	FE	D&K	FE	D&K
	模型（1）	模型（2）	模型（3）	模型（4）	模型（5）	模型（6）
inc	0.4043*** (5.01)	0.4043*** (16.72)	0.1412* (1.84)	0.1412*** (3.13)	0.2544* (1.71)	0.2544*** (3.47)
sca	0.9374*** (3.77)	0.9374*** (4.82)	-0.2992 (-0.91)	-0.2992 (-0.90)	1.1618*** (3.84)	1.1618*** (5.13)
com	0.9485*** (4.23)	0.9485*** (7.25)	-0.8725*** (-3.04)	-0.8725*** (-5.18)	1.8894*** (6.41)	1.8894*** (7.02)
pro	-3.0498* (-1.89)	-3.0498 (-1.58)	-6.8426*** (-3.50)	-6.8426*** (-4.41)	0.6131 (0.30)	0.6131 (0.22)
fin	-24.4805* (-1.94)	-24.4805*** (-3.52)	-45.3559** (-2.70)	-45.3559*** (-4.41)	-21.7768 (-1.43)	-21.7768*** (-2.81)

续表

变量	全国		东部地区		中西部地区	
	FE	D&K	FE	D&K	FE	D&K
	模型（1）	模型（2）	模型（3）	模型（4）	模型（5）	模型（6）
常数项	-12.1143*** (-3.75)	-12.1143*** (-7.87)	11.7603*** (2.66)	11.7603*** (3.69)	-21.3566*** (-5.44)	-21.3566*** (-9.42)
面板模型设定F值	11.39*** [0.0000]	313.60*** [0.0000]	11.22*** [0.0000]	1378.73*** [0.0000]	13.10*** [0.0000]	356.75*** [0.0000]
R^2	0.2174	0.2174	0.4380	0.4380	0.3386	0.3386

注：(1) ***、**、* 分别表示统计值在1%、5%、10%的显著性水平下显著；(2)（）内为 t 值或 z 值，[ ]内为 p 值。

（一）全国层面的回归结果分析

本章实证检验了全国层面财政科技政策激励对企业创新驱动发展效率的影响效应，回归结果对应表5.3中的模型（1）和模型（2）。可以发现，无论是采用FE模型还是D&K方法，财政科技政策激励（inc）的影响系数均在1%的水平上显著为正，这表明财政科技政策激励显著提升了企业创新驱动发展效率。该结果从地区层面证实了本书研究假说一是成立的，即财政科技政策激励促进了企业创新驱动发展效率的提升。该实证结果的具体成因分析与前文全行业层面财政科技政策激励对企业创新驱动发展效率的作用机理基本相同，本部分不再赘述。

从控制变量的估计结果来看，企业规模（sca）的影响系数为0.9374，且通过了1%的显著性水平检验，说明企业规模的扩大会显著促进企业创新驱动发展效率的提升；行业竞争性（com）的影响系数也显著为正，说明行业竞争性越强，企业创新驱动发展效率就越高，行业竞争性的增强可能是提升企业创新驱动发展效率的重要因素；所有制结构（pro）的影响系数为-3.0498，但并未通过显著性水平检验，说明所有制结构对企业创新驱动发展效率的影响并不明显；融资错配度（fin）与企业创新驱动发展效率存在显著的负相关关系，说明融资错配度越高，越容易抑制企业创新驱动发展效率的提升。

(二) 分地区层面的回归结果分析

1. 东部地区

从表 5.3 可以看出,财政科技政策激励(inc)的影响系数无论是在模型(3)还是在模型(4)中均显著为正,表明财政科技政策激励与企业创新驱动发展效率显著正相关,即在其他影响因素不变的条件下,财政科技政策激励越强,企业创新驱动发展效率越高。主要原因在于,一方面,从财政科技政策的激励水平来看,政府财政资金相对集中在东部地区,充足的资金供给很大程度上缓解了企业融资约束困境,更大可能地获得创新产出,从而企业创新驱动发展效率较高;另一方面,东部地区的科技创新环境较优良,且依托优越的地理区位吸纳了较多的研发投资与科技人员,特别是高端技术人才与先进技术,其科技创新资源丰富,社会技术市场活跃,企业创新驱动发展的社会环境较好,在效率水平上表现为企业创新驱动发展效率较高。

从控制变量的估计结果来看,企业规模(sca)并未通过显著性水平检验,说明在东部地区,企业规模对企业创新驱动发展效率的影响并不显著。可能原因在于,虽然企业规模越大,越有利于发挥成本分摊优势、获得更多的创新回报,但如果企业内耗较大、内部管理官僚化严重,越大规模的企业越容易导致创新无效率,企业规模的双向作用机理可能是导致东部地区企业规模影响不显著的主要原因。行业竞争性(com)的影响系数为 -0.8725,且通过了 1% 的显著性水平检验,说明在东部地区,行业竞争性与企业创新驱动发展效率具有显著的负相关关系。行业竞争性越低,垄断企业凭借寡头主导的可竞争性市场结构,越容易掌握市场先机,迅速形成技术创新优势。尤其是在创新竞争激烈的东部地区,企业垄断程度越高,其对市场的控制力就越强,其他企业很难模仿垄断企业的创新活动,垄断企业通过技术创新所获得的超额利润就越持久,企业创新规模效益的递增性容易提升企业创新驱动发展效率。所有制结构(pro)的影响系数为负,且通过了显著性水平检验,可以证明所有制结构与企业创新驱动发展效率之间具有显著的负相关关系。该结论与行业层面所有制结构的影响效应一致,说明行业层面国有企业的创新效率抑制作用在地区层面依旧适用,具体成因不再赘述。融资错配度(fin)显著抑制了企业创新驱动发展效率的提升。可能原因在于，一方面，东部地区金融市场的"所有制歧视"与"规模歧视"导致金融中介对缓解企业融资约束的功能未有效发挥，企业外部融资受限会抑制企业创新；另一方面，企业内部融资不足以缓解信贷约束，因而导致企业在面临外部金融市场融资错配时，其抵御创新活动风险的能力较弱。

2. 中西部地区

从表5.3可以看出，财政科技政策激励（inc）的影响系数在模型（5）与模型（6）中均显著为正，表明在中西部地区，财政科技政策激励显著提升了企业创新驱动发展效率。可能原因在于，一方面，国家财政科技政策支持各大国家重点实验室或科研院所入驻中西部地区，带来了较多的技术示范与溢出效应，财政科技政策的利用效率较高，因此，在同样的创新投入水平下，其创新产出空间较大，企业创新驱动发展效率相对较高；另一方面，受益于"中部崛起""西部大开发"等战略的落实与升级，中西部地区企业越来越重视科技创新对企业竞争与区域繁荣的作用，其创新环境与市场化进程不断改善，创新过程中的冗余较少，创新效率较高。此外，对比东部与中西部地区财政科技政策的激励效应，可以发现在中西部地区，财政科技政策激励的影响系数为0.2544，而在东部地区，财政科技政策激励的影响系数为0.1412。显然，财政科技政策激励对企业创新驱动发展效率的提升作用在中西部地区更强。该检验结果证实了财政科技政策激励对企业创新驱动发展效率的影响存在地区异质性。

从控制变量的估计结果来看，企业规模（sca）的影响系数显著为正，说明企业规模的扩大会提升企业创新驱动发展效率。中西部地区企业创新基础较薄弱，多依赖引进国外技术来降低研发风险以实现地区企业创新，只有组织结构完善且规模较大的企业才可以承担创新自主研发的潜在风险，并消化研发过程中的失败项目。因此，企业规模与企业创新驱动发展效率呈正相关关系。行业竞争性（com）的影响系数显著为正，表明行业竞争性对企业创新驱动发展效率具有显著的促进作用。在资金供给充足与风险承担能力较强的基础上，适度的竞争有利于企业在较长一段时间内保持新技术的不断出现。因此，在中西部地区，行业竞争性越大，越有利于提升企业创新驱动发展效率。所有制结构（pro）并未通过显著性水平检验，说明在中西部地区，所有制结构对企业创新驱动发展效率的正向促进作用并不显著。虽然国有化程度较高的企业会拥有一定的垄断优势，但是中西部地区的公平竞争环境有待完善、创新发展意识不足等问题，加深了该地区国有企业的创新懈怠性，削弱了垄断优势对创新效率的激励作用，从而导致所有制结构对企业创新驱动发展效率的促进效应并不显著。[1] 融资错配度（fin）显著抑制了企业创新驱动发展效率的提升，该结论与前文东部地区融资错配度的检验结果一致，具体成因不再赘述。

三　逆向因果关系检验

在检验财政科技政策激励对企业创新驱动发展效率的影响效应时，需要注意财政科技政策激励与企业创新驱动发展效率之间可能存在的逆向因果关系，即回归分析结果有可能是财政科技政策激励促进了企业创新投入和技术创新能力的提高，由此导致企业创新驱动发展效率的提升，也可能是企业创新资质或科技成果转化能力较高使政府加强了对企业创新项目的财政科技政策激励。为此，有必要对可能存在的逆向因果关系进行检验，而工具变量（IV）法是解决该问题较为有效的方法。[2] 首先，基于面板计量模型式（5.1）和式（5.2），离差变换固定效应（FE）模型，然后对变换后的模型采用两阶段最小二乘法（2SLS）估计，但是2SLS估计需要事先指定好内生解释变量，并为其设定合适的工具变量。参考前述学者的研究做法，本书以内生解释变量的滞后项作为工具变量来解决模型可能存在的逆向因果问题。

从表5.4可以看出，不管是行业层面还是地区层面数据，模型（1）

---

[1] 冯根福、刘军虎、徐志霖：《中国工业部门研发效率及其影响因素实证分析》，《中国工业经济》2006年第11期；陈修德、梁彤缨：《中国高新技术产业研发效率及其影响因素——基于面板数据SFPF模型的实证研究》，《科学学研究》2010年第8期。

[2] 毛艳华、李敬子：《中国服务业出口的本地市场效应研究》，《经济研究》2015年第8期；戴魁早、刘友金：《要素市场扭曲与创新效率——对中国高技术产业发展的经验分析》，《经济研究》2016年第7期。

至模型（6）中"不可识别检验"的 Anderson canon. corr. LM 统计值均在 1% 的显著性水平上拒绝了原假设，可以证实本书选择的工具变量是可识别的；与此同时，所有模型中用以"弱工具变量检验"的 Cragg-Donald Wald F 统计值明显大于 10% 偏误水平下的临界值，拒绝了原假设（工具变量弱识别）。根据检验结果可以认定，本书选择内生解释变量（财政科技政策激励）的滞后项作为工具变量是合理且有效的。与此同时，财政科技政策激励的回归系数符号与表 5.2 和表 5.3 的检验结果基本一致，可以证实检验结果是可靠且稳健的，不存在统计意义上的逆向因果问题，也可以说明本书选择 FE 估计模型和 D&K 估计方法是可行的。另外，控制变量的回归系数方向以及显著性水平等结果基本与基准回归分析一致，限于篇幅，在此不再赘述。

表 5.4　　　　　　　　　　逆向因果关系检验结果

变量	行业层面			地区层面		
	全部行业	资源与劳动密集型行业	资本与技术密集型行业	全国	东部地区	中西部地区
	模型（1）	模型（2）	模型（3）	模型（4）	模型（5）	模型（6）
INC	0.6866***	0.4706**	0.6495***			
	(6.39)	(2.32)	(4.04)			
inc				0.5210***	0.2283**	0.4777*
				(4.64)	(2.34)	(1.75)
Anderson canon. corr. LM 统计值	104.4800*** [0.0000]	21.1050*** [0.0000]	50.2670*** [0.0000]	104.5680*** [0.0000]	41.1140*** [0.0000]	37.9180*** [0.0000]
Cragg-Donald Wald F 统计值	202.9810	25.1560	117.7230	242.5940	100.7760	54.3240
Uncenterd R^2	0.3125	0.0593	0.4177	0.1665	0.3775	0.3244

注：(1) ***、**、* 分别表示统计值在 1%、5%、10% 的显著性水平下显著；(2) ( ) 内为 t 值或 z 值，[ ] 内为 p 值；(3) 限于篇幅，表中省略了其他控制变量的系数估计结果。

四 稳健性检验

前文实证检验结果证实，财政科技政策激励促进了企业创新驱动发展效率的提升。考虑到企业创新驱动发展效率在一定时间内具有持续性与相对稳定性，当前企业创新驱动发展效率水平还可能与过去期间企业创新驱动发展效率相关。为了确保估计结果的有效性，以及降低遗漏变量可能造成的估计偏误，本书在式（5.1）和式（5.2）的基础上加入了被解释变量（企业创新驱动发展效率）的一阶滞后项，将计量模型修正为如下形式的动态面板模型来进行稳健性检验：

$$EFF_{it} = \alpha_0 + \alpha_1 EFF_{i,t-1} + \alpha_2 INC_{it} + \lambda X_{it} + \mu_i + \varepsilon_{it} \quad (5.3)$$

$$eff_{jt} = \beta_0 + \beta_1 eff_{j,t-1} + \beta_2 inc_{jt} + \theta x_{jt} + \nu_j + \sigma_{jt} \quad (5.4)$$

其中，$EFF_{i,t-1}$表示行业层面企业创新驱动发展效率的一阶滞后项，$eff_{j,t-1}$表示地区层面企业创新驱动发展效率的一阶滞后项；其他变量所表示的含义与式（5.1）和式（5.2）保持一致。

由于在对财政科技政策激励与企业创新驱动发展效率的关系进行稳健性检验时设定的是动态面板模型，式（5.3）和式（5.4）中包含了被解释变量的滞后项，可能会导致模型存在内生性问题。对此，本书采用广义矩估计（GMM）对动态面板模型进行实证分析。广义矩估计主要有差分 GMM 和系统 GMM。考虑到本研究时期较短，差分 GMM 在差分转化时会损失部分样本容量，可能会降低工具变量的有效性，而系统 GMM 可以同时对水平和差分方程进行估计，其估计效率较高，并且两步系统 GMM 估计对截面相关和异方差有较强稳健性，一般情况下两步估计法要优于一步估计法。[①] 因此，本书选用两步系统 GMM 估计方法对动态面板模型进行估计。具体检验结果见表 5.5。

[①] R. Blundell, S. Bond, "Initial Conditions and Moment Restrictions in Dynamic Panel Data Models", *Economics Papers*, Vol. 87, No. 1, 1998；罗德明、李晔、史晋川：《要素市场扭曲、资源错置与生产率》，《经济研究》2012 年第 3 期；白俊红、卞元超：《要素市场扭曲与中国创新生产的效率损失》，《中国工业经济》2016 年第 11 期。

表 5.5　　稳健性检验结果

变量	行业层面			地区层面		
	全部行业	资源与劳动密集型行业	资本与技术密集型行业	全国	东部地区	中西部地区
	模型（1）	模型（2）	模型（3）	模型（4）	模型（5）	模型（6）
L.EFF	1.2913***	1.0022***	1.2751***			
	(21.35)	(31.07)	(17.74)			
INC	0.0749**	0.0691	0.0756*			
	(2.39)	(0.41)	(1.65)			
L.eff				0.9708***	0.8891***	1.1478***
				(47.44)	(8.35)	(63.10)
inc				0.2151***	0.2540*	0.2703**
				(6.75)	(1.81)	(2.56)
AR（2）检验	0.387	0.624	0.239	0.255	0.230	0.329
Hansen 检验	0.640	0.272	0.953	0.664	0.801	0.588

注：(1) ***、**、* 分别表示统计值在 1%、5%、10% 的显著性水平下显著；(2)( ) 内为 t 值或 z 值；(3) 限于篇幅，表中省略了其他控制变量的系数估计结果。

表 5.5 呈现了两步系统 GMM 的估计结果。为了检验动态面板模型设定的合理性和工具变量选取的有效性，本书对所有模型进行了残差序列相关性检验（AR 检验）以及过度识别检验（Hansen 检验）。其中，AR 检验结果表明，相应的 P 值均显著大于 0.1，接受随机扰动项无自相关的原假设，说明所有模型差分后的残差均不存在二阶序列相关性，可以判定模型的设定是合理的。Hansen 检验结果表明，相应的 P 值均显著大于 0.1，接受所有工具变量均有效的原假设，说明模型内过度识别约束有效，可以判定工具变量的选取是有效的。从表中模型（1）至模型（6）的估计结果来看，无论是行业层面还是地区层面，企业创新驱动发展效率的一阶滞后项的回归系数均在 1% 的水平上显著为正，核心解释变量财政科技政策激励的回归系数除数值大小有变化外，其符号与显著性水平和前文检验结果一致，可以证实前文研究结论是可靠且稳健的。

第三节　财政科技政策激励的门槛效应检验

前文估计结果表明,财政科技政策激励显著提升了企业创新驱动发展效率,即财政科技政策激励越强,企业创新驱动发展效率越高,财政科技政策激励与企业创新驱动发展效率之间存在线性关系。事实上,由于政策环境的制约,财政科技政策激励与企业创新驱动发展效率之间还可能存在非线性门槛关系,即只有当财政科技政策激励跨越一定门槛值后,由财政科技政策为企业创新驱动发展提供研发支持才是可行的,而当财政科技政策激励提升到一定水平之后,可能会加剧企业对政策激励的依赖,从而削弱企业自身创新投入的积极性与主动性,最终使得财政科技政策激励对企业创新驱动发展效率的提升作用下降。换句话说,在财政科技政策激励的不同门槛值区间,财政科技政策激励对企业创新驱动发展效率的影响可能存在明显差异。对此,本书通过构建面板门槛模型,实证检验财政科技政策激励与企业创新驱动发展效率之间可能存在的非线性门槛关系。

一　门槛模型设定与估计方法

（一）门槛模型设定

本部分尝试对财政科技政策激励与企业创新驱动发展效率之间的非线性门槛关系进行研究,旨在揭示财政科技政策激励影响企业创新驱动发展效率的门槛效应。本书采用 Hansen 提出的面板门槛模型（Threshold Panel Data Model）,其核心思想是将某个门槛值作为未知变量纳入面板回归模型,通过构建分段函数,对该门槛效应以及对应的门槛值进行检验。[①] 基于前文计量模型式（5.1）和式（5.2）的设定,以财政科技政策激励作为门槛变量,构建如下面板门槛模型。

[①] B. E. Hansen, "Threshold Effects in Non-Dynamic Panels: Estimation, Testing and Inference", *Journal of Econometrics*, Vol. 93, No. 2, 1999.

$$EFF_{it} = \alpha_0 + \alpha_1 INC_{it}I(\delta_{it} \leq \gamma_1) + \alpha_2 INC_{it}I(\gamma_1 < \delta_{it} \leq \gamma_2) + \ldots$$
$$+ \alpha_n INC_{it}I(\gamma_{n-1} < \delta_{it} \leq \gamma_n) + \alpha_{n+1} INC_{it}(\delta_{it} > \gamma_n) \quad (5.5)$$
$$+ \lambda X_{it} + \mu_i + \varepsilon_{it}$$

$$eff_{jt} = \beta_0 + \beta_1 inc_{jt}I(\delta_{jt} \leq \eta_1) + \beta_2 inc_{jt}I(\eta_1 < \delta_{jt} \leq \eta_2) + \ldots$$
$$+ \beta_n inc_{jt}I(\eta_{n-1} < \delta_{jt} \leq \eta_n) + \beta_{n+1} inc_{jt}(\delta_{jt} > \eta_n) \quad (5.6)$$
$$+ \theta x_{jt} + \nu_i + \sigma_{jt}$$

其中，i 表示行业，j 表示地区，t 表示年份；INC_{it}、inc_{jt} 为门槛变量财政科技政策激励；γ、η 分别为行业因素未知的门槛值与地区因素未知的门槛值；α_1、α_2、$\ldots$、α_n 与 α_{n+1} 分别为行业层面门槛变量在不同门槛值区间，财政科技政策激励对企业创新驱动发展效率的影响系数，如果 α_1、α_2、$\ldots$、α_n 与 α_{n+1} 之间有明显差异，说明门槛变量选取是有效的；同理，β_1、β_2、$\ldots$、β_n 与 β_{n+1} 分别为地区层面门槛变量在不同的门槛值区间，财政科技政策激励对企业创新驱动发展效率的影响系数，如果 β_1、β_2、$\ldots$、β_n 与 β_{n+1} 之间存在明显差异，说明门槛变量选取是有效的；$I(\cdot)$ 为指示函数，如果满足括号中的条件，那么 $I = 1$，反之则 $I = 0$；其余符号含义与式（5.1）和式（5.2）相同，在此不再赘述。

（二）门槛估计方法

要正确估计式（5.5）和式（5.6），需要解决好两个重点问题。其一，要对门槛效应的显著性与门槛值的真实性进行检验；其二，要对门槛值与斜率值进行联合估计。本书重点介绍式（5.5）的估计方法，参照式（5.5）便可类推出式（5.6）的估计方法。

对于式（5.5），首先，将任意的 γ_0 作为初始值赋予 γ，利用 OLS 估算出各变量系数与相应残差平方和 $S_1(\gamma)$。在 γ 取值范围内依次选取多个 γ_0，估算得到多个不同的 $S_1(\gamma)$，使得 $S_1(\gamma)$ 最小的就是门槛值 $\hat{\gamma}$，即 $\hat{\gamma} = \text{argmin} S_1(\hat{\gamma})$。确定门槛值以后，可知 $\hat{\sigma}_1^2 = S_1(\hat{\gamma})/[n(T-1)]$，其中，$n$ 为样本数，T 为时间维度，$\hat{\sigma}_1^2$ 为门槛估计残差的方差，根据门槛值可以估算出相应的斜率值。

其次，对门槛效应的显著性进行校验。考虑到检验单门槛效应、双门槛效应以及多门槛效应的显著性非常类似，且限于篇幅，本书仅以单门槛效应为例介绍其显著性检验方法。具体的原假设与检验统计量如下。

$$H_0: \alpha_1 = \alpha_2 \quad F_1 = (S_0 - S_1(\hat{\gamma}))/\hat{\sigma}_1^2 \quad (5.7)$$

如果拒绝了原假设,说明存在门槛效应。其中,S_0 表示无门槛条件下的残差平方和;$S_1(\hat{\gamma})$ 表示门槛条件下的残差平方和,且 $S_0 \geq S_1(\hat{\gamma})$。由于在原假设下门槛值无法识别,且统计量 F_1 属非标准 χ^2 分布,较难对其临界值进行界定,故采用"自助法"(bootstrap)模拟其渐进分布,并构造对应的概率值。

最后,对门槛值的真实性进行进一步检验。单门槛条件下的原假设和似然比检验(LR)的统计量分别为:

$$H_0: \hat{\gamma} = \gamma_0 \quad LR_1(\gamma) = (S_1(\gamma) - S_1(\hat{\gamma}))/\hat{\sigma}_1^2 \quad (5.8)$$

其中,$S_1(\gamma)$ 代表非约束条件下的残差平方和。尽管 $LR_1(\gamma)$ 仍然为非标准分布,但其累积分布函数为 $(1 - e^{-x/2})^2$,能够直接估算其临界值。Hansen 估算出其拒绝区间,即当显著性水平为 ξ,且 $LR_1(\gamma) > -2\ln(1 - \sqrt{1 - \xi})$ 时,拒绝原假设。

二 门槛效应检验与参数估计

(一)门槛效应检验

其一,确定门槛模型形式。本书采用 Hansen 提出的"自助法",重叠模拟似然比检验统计量 1000 次,对门槛效应进行检验,从而确定门槛模型的具体设定形式。[①] 具体的门槛效应检验结果如表 5.6 所示。从表 5.6 中的 F 统计值和对应的概率 P 值可以看出,不管是行业层面的财政科技政策激励(INC),还是地区层面的财政科技政策激励(inc),均通过了双重门槛效应检验。这充分说明,财政科技政策激励对企业创新驱动发展效率的影响确实存在基于财政科技政策激励的双重门槛效应。

---

① B. E. Hansen, "Threshold Effects in Non-Dynamic Panels: Estimation, Testing and Inference", *Journal of Econometrics*, Vol. 93, No. 2, 1999.

表5.6　　　　　　　　　　　門槛效应检验结果

门槛变量	门槛检验	F统计值	P值	90%置信区间	95%置信区间	99%置信区间
INC	单一门槛	12.9334***	0.0000	2.5709	3.6818	6.2481
	双重门槛	10.8077***	0.0070	2.5668	4.3729	9.6592
inc	单一门槛	23.5072***	0.0000	2.8948	4.0968	7.3668
	双重门槛	13.3632***	0.0000	-7.8767	-5.7593	0.9745

其二，估计具体门槛值。本书利用最小残差平方和（即LR图①中的最低点）来估计行业层面和地区层面门槛变量的双重门槛值，结果详见图5.1和图5.2。可以发现，无论是行业层面的财政科技政策激励（INC），还是地区层面的财政科技政策激励（inc），其双重门槛估计值均落在了95%置信区间范围内，由此可以判定，估计得到的双重门槛值均是显著有效且具有一定真实性的。

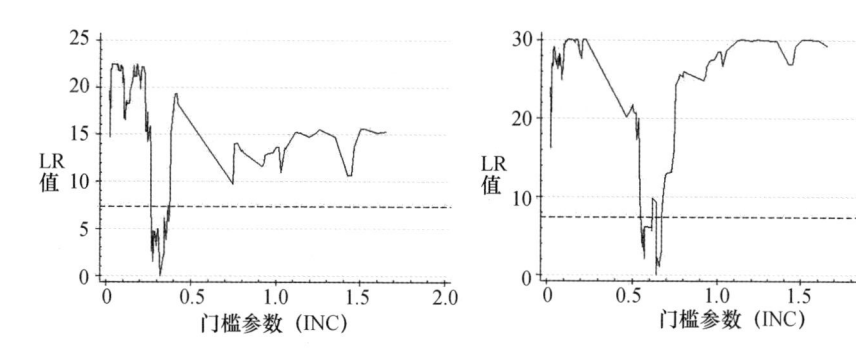

图5.1　行业层面财政科技政策激励的双重门槛估计值及其置信区间

通过"门槛条件"检验以后，本书采用Hansen提出的LR统计量来

---

① 在LR图中，门槛值点即为LR检验曲线的最低点，水平虚线为95%置信水平的似然比统计量LR临界值，该水平虚线与LR检验曲线的交点所构成的区间为得到的置信区间。当门槛估计值落在该区间时，似然比统计量小于该临界值，此时得到的门槛值有效。

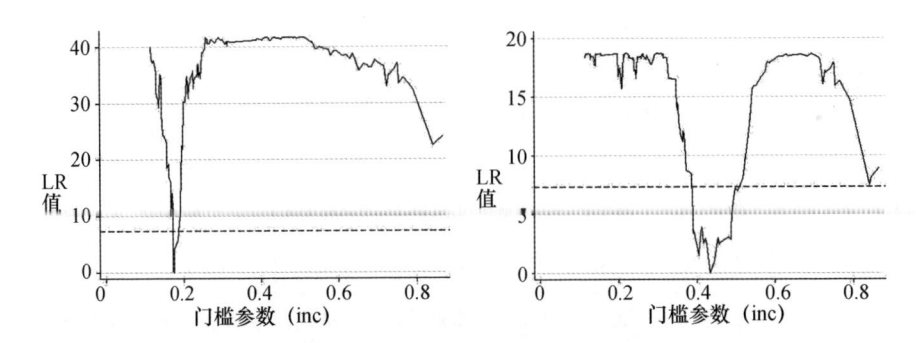

图 5.2　地区层面财政科技政策激励的双重门槛估计值及其置信区间

检验财政科技政策激励的门槛值及其真实性。① 财政科技政策激励的具体门槛值及其对应的95%置信区间如表5.7所示。在95%置信区间内，行业层面财政科技政策激励（INC）的双重门槛估计值分别为0.3293和0.6457，地区层面财政科技政策激励（inc）的双重门槛估计值分别为0.1749和0.4370，且LR值小于5%显著性水平的临界值。由此可以推断，上述门槛估计值具有一定的真实性。

表 5.7　门槛值估计结果

门槛变量	门槛值 1		门槛值 2	
	估计值	95%置信区间	估计值	95%置信区间
INC	0.3293	[0.2765, 0.3715]	0.6457	[0.5508, 0.7512]
inc	0.1749	[0.1630, 0.1868]	0.4370	[0.3774, 0.5323]

（二）门槛参数估计

在门槛效应检验确定了具体门槛值后，需要对双门槛模型进行参数估计。表5.8是以行业层面财政科技政策激励（INC）和地区层面财政科技政策激励（inc）作为门槛变量的双重面板门槛模型的参数估计结果。

---

① B. E. Hansen, "Threshold Effects in Non-Dynamic Panels: Estimation, Testing and Inference", *Journal of Econometrics*, Vol. 93, No. 2, 1999.

本书分别列示了固定效应（FE）模型和 FE-robust 稳健估计的结果，FE-robust 尽可能地避免了异方差带来的影响，从而更好地对模型进行估计。因此，本书以 FE-robust 的估计结果分析为主。从表 5.8 来看，在控制了其他变量的情况下，在财政科技政策激励的不同门槛值区间，财政科技政策激励对企业创新驱动发展效率的影响存在显著差异。从行业层面来看，当财政科技政策激励水平未跨过门槛值 0.3293 时，模型（2）中财政科技政策激励的影响系数为 0.3384，仅通过了 10% 的显著性水平检验；当财政科技政策激励跨过第一个门槛值 0.3293 时，财政科技政策激励的影响系数由 0.3384 增加为 0.9315，且通过了 1% 的显著性水平检验；当财政科技政策激励跨过第二个门槛值 0.6457 时，财政科技政策激励对企业创新驱动发展效率的影响系数由 0.9315 降为 0.5954，但依然通过了 1% 的显著性水平检验。由此说明，财政科技政策激励对企业创新驱动发展效率的影响存在基于财政科技政策激励水平的双门槛效应。同理可以证实，在地区层面财政科技政策激励对企业创新驱动发展效率的影响也存在基于财政科技政策激励水平的双门槛效应。

表 5.8　　面板门槛模型参数估计结果

行业层面			地区层面		
变量	FE 模型（1）	FE-robust 模型（2）	变量	FE 模型（3）	FE-robust 模型（4）
$INC_{it}I$ ($INC_{it} \leq 0.3293$)	0.3384 (1.48)	0.3384* (1.84)	$inc_{jt}I$ ($inc_{jt} \leq 0.1749$)	-0.6109 (-1.34)	-0.6109 (-1.47)
$INC_{it}I$ ($0.3293 < INC_{it} \leq 0.6457$)	0.9315*** (6.94)	0.9315*** (6.52)	$inc_{jt}I$ ($0.1749 < inc_{jt} \leq 0.4370$)	0.6653*** (5.18)	0.6653*** (5.49)
$INC_{it}I$ ($INC_{it} > 0.6457$)	0.5954*** (8.17)	0.5954*** (7.14)	$inc_{jt}I$ ($inc_{jt} > 0.4370$)	0.3095*** (3.99)	0.3095*** (4.90)
SCA	-0.0487 (-0.34)	-0.0487 (-0.37)	sca	0.7230*** (3.05)	0.7230*** (2.74)
COM	0.0941 (0.23)	0.0941 (0.25)	com	0.7877*** (3.64)	0.7877** (2.59)

续表

变量	行业层面		变量	地区层面	
	FE	FE-robust		FE	FE-robust
	模型(1)	模型(2)		模型(3)	模型(4)
PRO	-0.7523***	-0.7523***	pro	-2.1005	-2.1005
	(-3.14)	(-3.11)		(-1.35)	(-0.86)
FIN	-7.7277	-7.7277	fin	-28.6534**	-28.6534**
	(-1.22)	(-1.37)		(-2.44)	(-2.42)

综上所述，在财政科技政策激励水平的不同门槛值区间，财政科技政策激励对企业创新驱动发展效率的促进作用呈现出明显的倒"U"形规律。即在财政科技政策激励水平较低的时候，其对企业创新驱动发展效率的提升作用较弱甚至不显著，随着财政科技政策激励水平跨过一定门槛值后，财政科技政策激励对企业创新驱动发展效率的促进作用明显提升，但是当财政科技政策激励水平继续上升并跨越后续门槛值时，财政科技政策激励对企业创新驱动发展效率的促进作用将逐步下降。这说明，财政科技政策激励对企业创新驱动发展效率的影响并不是线性的，而是存在基于财政科技政策激励水平的非线性双门槛效应。只有保持适度的财政科技政策激励水平，才能有效发挥其对企业创新驱动发展效率的提升作用。

究其原因，可能是较低激励水平的财政科技政策对于缓解企业创新驱动发展过程中的研发融资约束、矫正企业创新活动的外部性以及补偿创新风险损失等问题的效果并不显著，导致企业对技术创新活动的积极性不高，企业科技研发以及创新成果转化为市场效益与经济效益的资金不足，企业创新驱动发展效率较低。如果适当提高财政科技政策激励水平，政府可以通过财政补贴或税收优惠等方式将企业外部效益内部化，并引导社会资金流向企业，发挥财政科技政策的杠杆作用，从而激发企业开展科技研发活动与经济转化活动的积极性，提升企业创新驱动发展效率。但是，随着财政科技政策激励的持续增加并超越某一临界值时，会引发资金过剩，企业会因为过度依赖政策激励而降低甚至取消本应由企业自身承担的研发投入，一定程度上会削弱企业技术创新的主动性与积极性。与此同时，如果一味地提高财政科技政策激励水平，而不考虑企业创新阶段、研发投向、创新成果转化以及创新效益等的具体情况，那么财政科技政策激励将流于形式或被企业用作其他用途，从而不利于企业创新驱动发展效率的提升。

第四节　本章小结

本章利用2009—2016年中国行业层面与地区层面工业企业面板数据，采用FE模型、D&K方法、工具变量法以及系统GMM估计法，实证检验了财政科技政策激励对企业创新驱动发展效率（系统效率）的影响。行业层面与地区层面的回归结果证实了研究假说一是成立的，即财政科技政策激励促进了企业创新驱动发展效率的提升。分行业与分地区样本检验结果发现，财政科技政策激励对企业创新驱动发展效率的影响还存在显著的行业异质性与地区异质性。具体来说，财政科技政策激励对企业创新驱动发展效率的促进效应在资本与技术密集型行业显著，但在资源与劳动密集型行业并未通过显著性水平检验；相对于东部地区，中西部地区财政科技政策激励对企业创新驱动发展效率的提升作用更强。最后，通过构建面板门槛模型实证检验发现，财政科技政策激励与企业创新驱动发展效率之间存在双重门槛关系，即在财政科技政策激励水平的不同门槛值区间，财政科技政策激励对企业创新驱动发展效率的影响效应呈现出明显的倒"U"形规律。

第六章

财政科技政策激励对企业创新驱动发展两阶段效率的影响检验

企业创新驱动发展作为一个先投入创新资源进行技术创新活动,形成创新产品成果,然后通过生产活动将创新成果进行扩散,最终驱动企业发展、增加企业经济效益的系统过程,包含科技研发与经济转化两个阶段。企业创新驱动发展效率也由两阶段效率(科技研发效率与经济转化效率)组成。第五章检验结果证实财政科技政策激励提升了企业创新驱动发展效率(系统效率),那么财政科技政策激励是否提升了科技研发效率以及经济转化效率呢?若财政科技政策激励促进了企业创新驱动发展两阶段效率的提升,那么该影响效应是否存在差异呢?为了解答这些问题,本章在分析企业创新驱动发展两阶段效率测算结果的基础上,重点探究财政科技政策激励对企业创新驱动发展两阶段效率的影响及其差异性,并进一步探究该影响可能存在的行业异质性与地区异质性,以清晰把握财政科技政策激励对企业创新驱动发展效率的促进作用主要通过何种路径来实现。

第一节 企业创新驱动发展两阶段效率的测度结果分析

一 行业层面企业创新驱动发展两阶段效率的测度结果分析

(一)全行业层面

由于企业创新驱动发展的第二阶段效率受第一阶段效率的制约,两阶段效率共同影响企业创新驱动发展的系统效率，因此，对企业创新驱动发展两阶段效率进行分析非常重要。本章节以 2009—2016 年为研究时段，依旧选取 35 个行业作为全行业研究样本，并依据企业创新驱动发展两阶段效率的测度指标，利用两阶段关联网络 DEA 模型的 Malmquist 指数，测算得到全行业层面企业创新驱动发展两阶段效率（见图 6.1）。考虑到两阶段关联网络 DEA 模型的 Malmquist 指数是根据相对效率计算出来的，因而对全行业层面企业创新驱动发展两阶段效率的分析是一种动态分析过程。

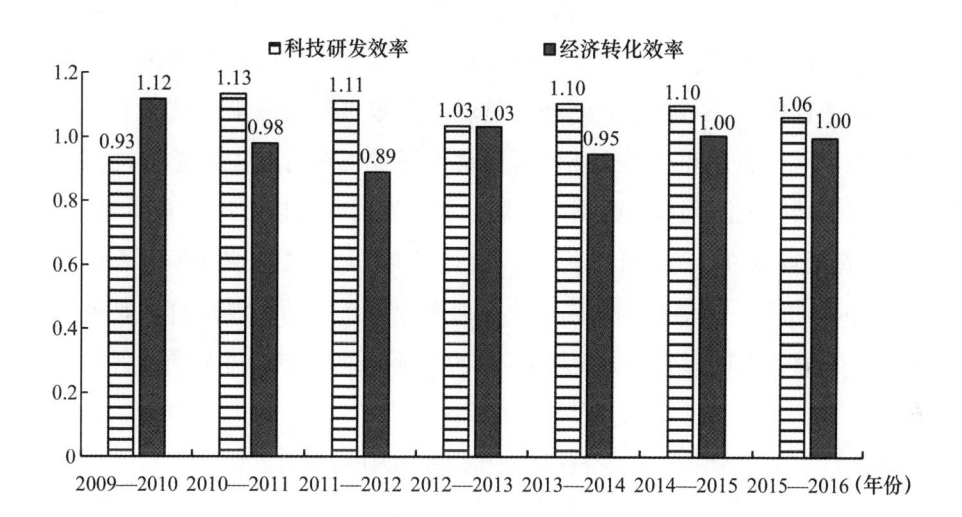

图 6.1　2009—2016 年全行业层面企业创新驱动发展两阶段效率

从图 6.1 来看，科技研发效率仅在 2009—2010 年为 0.93，其他年份均大于 1；经济转化效率除了在部分年份小于 1 外，在大部分年份都是大于 1 的。这说明，样本期间内中国工业企业创新驱动发展两阶段效率整体上均呈上升趋势。对比两阶段效率的变动趋势发现，一是在 2011—2013 年科技研发效率从 1.13 变动为 1.03，均大于 1 且上升幅度较小，说明这一时期企业创新驱动发展的科技研发效率表现出稳定的上升趋势；在 2013—2016 年科技研发效率从 1.03 变动为 1.06，均大于 1 且上升幅度较大，说明这一时期企业创新驱动发展的科技研发效率保持着较快的增长态势。二是在 2010—2012 年以及 2013—2014 年经济转化效率小于 1，说明这段时间经济转化效率是相对下降的，但在 2014—2016 年经济转化效率由 0.95 变动为 1.00，说明这一时期经济转化效率是稳步上升的。三是尽管企业创新驱动发展两阶段效率总体上大于 1，但是在样本期间内科技研发效率整体上要高于经济转化效率，说明企业对科技研发阶段的重视程度较高，科技研发投入转化为中间创新产出的效率较高，而企业将中间创新产出转化为经济效益的效率较低。

(二) 分行业层面

由于各个行业的生产经营特点，所投入的、占主要地位的资源是不同的，不同行业在创新基本要素的需求上也会有所不同。而创新是生产要素的重新组合，不同行业创新会呈现出资源与劳动密集型或资本与技术密集型等形态，并造成企业创新驱动发展效率在行业中的差异性，因此，有必要研究不同行业类型企业创新驱动发展两阶段效率的具体情况。本章依据前文的行业划分标准，通过两阶段关联网络 DEA 模型的 Malmquist 指数，测算得到不同行业层面企业创新驱动发展两阶段效率值（见表 6.1），以期探究企业创新驱动发展两阶段效率的行业异质性。

表 6.1　2009—2016 年分行业企业创新驱动发展两阶段效率

年份	科技研发效率		经济转化效率	
	资源与劳动密集型行业	资本与技术密集型行业	资源与劳动密集型行业	资本与技术密集型行业
2009—2010	0.9321	0.9373	1.1033	1.1376
2010—2011	1.0642	1.2354	1.0496	0.8724
2011—2012	1.1282	1.0872	0.8546	0.9401
2012—2013	1.0213	1.0518	1.0038	1.0724
2013—2014	1.1176	1.0821	0.9148	0.9948
2014—2015	1.1026	1.0919	0.9948	1.0201
2015—2016	1.0254	1.1202	0.9966	0.9992

从表 6.1 中可以看出，其一，在资源与劳动密集型行业中，除了在 2009—2010 年科技研发效率小于 1，在其他年份科技研发效率均大于 1，可以证实该行业科技研发效率是不断提升的，说明资源与劳动密集型行业越来越重视科技研发投入，并且随着技术引进与市场化水平的提高，资源与劳动密集型行业的科技研发效率也逐渐提升。在经济转化效率方面，在 2011—2012 年之前，资源与劳动密集型行业的经济转化效率大于 1；2011—2012 年与 2013—2014 年经济转化效率小于 1，分别为 0.8546 与 0.9148；在 2013—2014 年之后，经济转化效率尽管小于 1，但效率增长趋势较为明显并逐渐接近于 1。其二，在资本与技术密集型行业中，除了在 2009—2010 年科技研发效率小于 1，在其他年份科技研发效率均大于 1，说明整体上该行业科技研发效率呈现出持续上升的趋势。在经济转化效率方面，2010—2011 年与 2011—2012 年的经济转化效率均小于 1，说明该阶段经济转化效率出现了下滑；在 2013—2016 年经济转化效率整体上接近于 1，说明该阶段资本与技术密集型行业的经济转化效率是持续提升的。可能原因在于，党的十八大强调了坚持走中国特色自主创新道路以及实施创新驱动发展战略，应国家战略调整、市场需求与产业结构升级要求，作为资本积累、知识创造及技术创新的关键力量，资本与技术密集型行业不断增加技术研发与研发投入强度，并提高创新成果的经济效益，以此推动了经济转化效率的提升。

对比资源与劳动密集型、资本与技术密集型行业的两阶段效率发现，一是两类行业的科技研发效率整体上均高于经济转化效率，也就是说，两类行业越来越重视企业科技研发投入及其中间创新产品产出，企业受科技研发经验积累和技术方法改进的影响，科技研发效率也逐渐提高。分行业层面企业科技研发效率高于经济转化效率，一定程度上说明，经济转化效率可能是制约企业创新驱动发展效率（系统效率）的瓶颈，未来提升行业层面企业创新驱动发展效率的关键是提升创新产品转化为企业效益与市场价值的效率。二是相比于资源与劳动密集型行业，资本与技术密集型行业的两阶段效率整体较高，可能原因在于，资本与技术密集型行业拥有较高的资金占有量或技术研发能力，并且创新成果商业化的行业竞争特点也会促使企业注重开展创新活动，所以相对而言，资本与技术密集型行业的科技研发效率与经济转化效率均较高。

（三）具体行业层面

为了更加直观地分析企业创新驱动发展两阶段效率在各行业中的具体情况，并探究科技研发效率与经济转化效率之间的差异，本书以企业创新驱动发展两阶段效率均值（分别为1.068和0.99）为分界点，[①] 绘制了2009—2016年35个行业两阶段效率的散点图（见图6.2）。其中，横轴代表企业创新驱动发展的第一阶段效率——科技研发效率，纵轴代表第二阶段效率——经济转化效率。将35个行业按照资源与劳动密集型（R）、资本与技术密集型（C）分别进行编号（见表6.2），并构建企业创新驱动发展的科技研发效率—经济转化效率矩阵（见图6.3）。其中，企业创新驱动发展效率分为高科技研发效率与高经济转化效率（第Ⅰ区域）、低科技研发效率与高经济转化效率（第Ⅱ区域）、低科技研发效率与低经济转化效率（第Ⅲ区域）、高科技研发效率与低经济转化效率（第Ⅳ区域）四种类型。

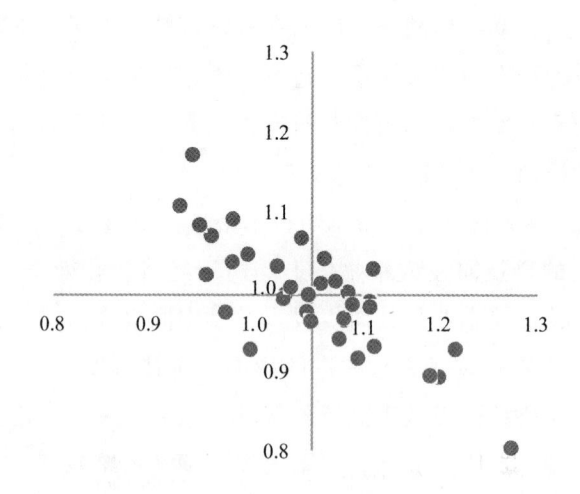

图6.2　2009—2016年行业层面科技研发效率—经济转化效率关系

[①] 限于篇幅，本书未罗列35个细分行业的企业创新驱动发展两阶段效率值。

表6.2　　　　　　　　　　　行业分类标准及编号

行业类型	行业名称
资源与劳动密集型（21个）	煤炭开采和洗选业（R_{01}），石油和天然气开采业（R_{02}），黑色金属矿采选业（R_{03}），有色金属矿采选业（R_{04}），非金属矿采选业（R_{05}），农副食品加工业（R_{06}），食品制造业（R_{07}），饮料制造业（R_{08}），烟草制品业（R_{09}），纺织业（R_{10}），纺织服装、鞋、帽制造业（R_{11}），皮革、毛皮、羽毛（绒）及其制品业（R_{12}），木材加工及木、竹、藤、棕、草制品业（R_{13}），家具制造业（R_{14}），造纸及纸制品业（R_{15}），印刷业和记录媒介的复制（R_{16}），非金属矿物制品业（R_{17}），金属制品业（R_{18}），电力、热力的生产和供应业（R_{19}），燃气生产和供应业（R_{20}），水的生产和供应业（R_{21}）
资本与技术密集型（14个）	文教体育用品制造业（C_{01}），石油加工、炼焦及核燃料加工业（C_{02}），化学原料及化学制品制造业（C_{03}），医药制造业（C_{04}），化学纤维制造业（C_{05}），橡胶和塑料制品业（C_{06}），黑色金属冶炼及压延加工业（C_{07}），有色金属冶炼及压延加工业（C_{08}），通用设备制造业（C_{09}），专用设备制造业（C_{10}），交通运输设备制造业（C_{11}），电气机械及器材制造业（C_{12}），通信设备、计算机及其他电子设备制造业（C_{13}），仪器仪表及文化、办公用机械制造业（C_{14}）

经济转化效率

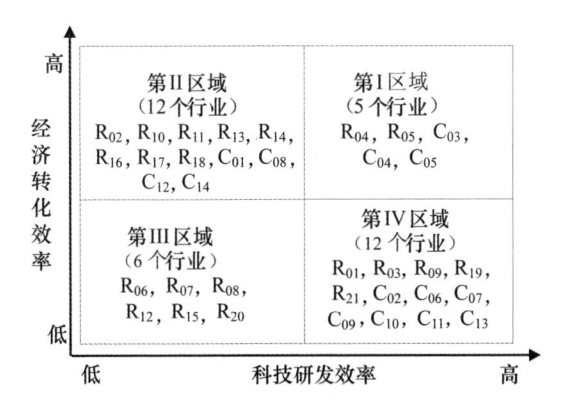

高	第Ⅱ区域（12个行业）R_{02}, R_{10}, R_{11}, R_{13}, R_{14}, R_{16}, R_{17}, R_{18}, C_{01}, C_{08}, C_{12}, C_{14}	第Ⅰ区域（5个行业）R_{04}, R_{05}, C_{03}, C_{04}, C_{05}
低	第Ⅲ区域（6个行业）R_{06}, R_{07}, R_{08}, R_{12}, R_{15}, R_{20}	第Ⅳ区域（12个行业）R_{01}, R_{03}, R_{09}, R_{19}, R_{21}, C_{02}, C_{06}, C_{07}, C_{09}, C_{10}, C_{11}, C_{13}
	低　　　　科技研发效率　　　　高	

图6.3　2009—2016年行业层面科技研发效率—经济转化效率矩阵

图 6.2 从整体上展示了 35 个行业企业创新驱动发展两阶段效率的分布情况。可以看出，科技研发效率（横轴）的总体分布是向坐标轴中心集聚，并主要集中在 1—1.1，说明科技研发阶段的效率值大都处于平均水平，仅有小部分行业的科技研发效率小于或大于平均水平。同样，经济转化效率（纵轴）总体分布也是向中心集聚的，效率值普遍集中于 0.9—1.1。要了解科技研发效率与经济转化效率的具体分布类型，则需要根据企业创新驱动发展两阶段效率矩阵来考察各行业企业在两阶段效率中的具体分布。

从图 6.3 所显示的有效性分布来看，科技研发效率有效的行业共计 17 个（第 I 区域 + 第 IV 区域），经济转化效率有效的行业共计 17 个（第 I 区域 + 第 II 区域），整体上科技研发效率与经济转化效率持平。这在一定程度上说明，一方面，企业将科技创新成果转化为商业产品并实现市场化的过程比较成功；另一方面，中国企业创新驱动发展的科技研发效率与经济转化效率仍有很大的发展空间。行业层面企业创新驱动发展两阶段效率矩阵的具体分析如下。

其一，第 I 区域为高科技研发效率—高经济转化效率。结合各行业科技研发效率与经济转化效率的有效性分布，企业创新驱动发展两阶段效率均较高的行业包括有色金属矿采选业（R_{04}）、非金属矿采选业（R_{05}）、化学原料及化学制品制造业（C_{03}）、医药制造业（C_{04}）及化学纤维制造业（C_{05}）5 个行业。上述行业实现了由创新资源到科技创新并向企业经济效益的转变，是企业提升创新驱动发展效率的标杆。除了 R_{04} 和 R_{05} 属于资源与劳动密集型行业外，其他 3 个行业均属于资本与技术密集型行业。这说明，相比于大部分资源与劳动密集型行业，资本与技术密集型行业的科技研发效率与经济转化效率均较高。主要原因在于：一方面，资本与技术密集型行业的技术创新空间大，可借鉴的先进国际技术经验较多，其技术基础相对国内其他行业较好；另一方面，中国经济高质量发展对资本与技术型行业的创新产品需求不断扩大，市场需求促使资本与技术型行业不断增加技术研发和创新投入强度，激烈的产品市场化竞争助推了企业创新驱动发展两阶段效率的不断提升。①

其二，第Ⅱ区域为低科技研发效率—高经济转化效率。主要包括石油和天然气开采业（R_{02}）、纺织业（R_{10}）、家具制造业（R_{14}）、印刷业和记录媒介的复制（R_{16}）、文教体育用品制造业（C_{01}）、有色金属冶炼及压延加工业（C_{08}）等12个行业。可以发现，该区域中资源与劳动密集型行业占比约为66.67%。这说明，尽管该部分行业的科技研发效率较低，但其经济转化能力较强，技术创新成果能够融入企业生产发展之中，并促进企业经济效益提升。主要原因可能在于，家具制造业、纺织业以及印刷业等大都属于市场准入门槛相对较低的资源与劳动密集型行业，且具有较大的市场占有额，行业间竞争较为激烈，在同等创新投入情况下，其创新产品的市场化诉求较高，并以此推动企业经济转化效率的提升。

其三，第Ⅲ区域为低科技研发效率—低经济转化效率。主要包括农副食品加工业（R_{06}）、食品制造业（R_{07}）、饮料制造业（R_{08}）以及燃气生产和供应业（R_{20}）等6个行业，属于企业创新驱动发展两阶段效率偏低的行业。从行业类型来看，上述6个行业均属于资源与劳动密集型行业。总体而言，该行业发展水平较低，创新资源较为匮乏，导致其科技研发效率较低。同时，还面临市场吸收能力不足的问题。企业即使获得中间创新产品，但其将创新成果转变为企业经济效益的可能性较小，企业创新驱动发展的经济转化效率普遍偏低。

其四，第Ⅳ区域为高科技研发效率—低经济转化效率。主要包括烟草制品业（R_{09}），电力、热力的生产和供应业（R_{19}），水的生产和供应业（R_{21}），黑色金属冶炼及压延加工业（C_{07}）及通用设备制造业（C_{09}）等12个行业。这些行业的经济转化效率面临严峻挑战，在未来发展中，应当注重提高中间创新成果的市场转化能力，不断开发新产品，提高新产品销售收入对企业经济效益的贡献率。例如，对于烟草制品业，电力、热力的生产和供应业，水的生产和供应业而言，其经济转化效率较低。一方面，由于该类行业大都属于垄断性行业，较低的行业竞争压力可能

---

① 杨治、宋芳晖：《中国工业企业技术创新状况的行业差异》，《经济理论与经济管理》1999年第6期。

使行业对创新中间产品转化为经济效益的积极性不高；另一方面，也可能与行业特点有关，该类行业在创新发展过程中对产品推陈出新的机会比较小，中间创新产品产出较少，甚至部分企业的创新效益水平很难通过新产品销售收入来反映。① 而对于黑色金属冶炼及压延加工业、通用设备制造业、交通运输设备制造业这类资本与技术密集型行业而言，由于其本身体量较大，虽然其对科技人才与研发资金的投入较大，且具有较高的科技研发效率，但是受企业规模的限制，会面临技术成果转化规模效益递减的问题，通过中间创新产出转化为企业经济效益的难度较大。

二 地区层面企业创新驱动发展两阶段效率的测度结果分析

（一）全国层面

本章以2009—2016年为研究时段，根据前文的标准选取30个省份作为全国样本，并依据企业创新驱动发展两阶段效率的测度指标，利用两阶段关联网络DEA模型的Malmquist指数，测算得到全国层面企业创新驱动发展两阶段效率（见图6.4）。考虑到两阶段关联网络DEA模型的Malmquist指数是根据相对效率计算出来的，因而对全国层面企业创新驱动发展两阶段效率的分析也是一种动态分析过程。

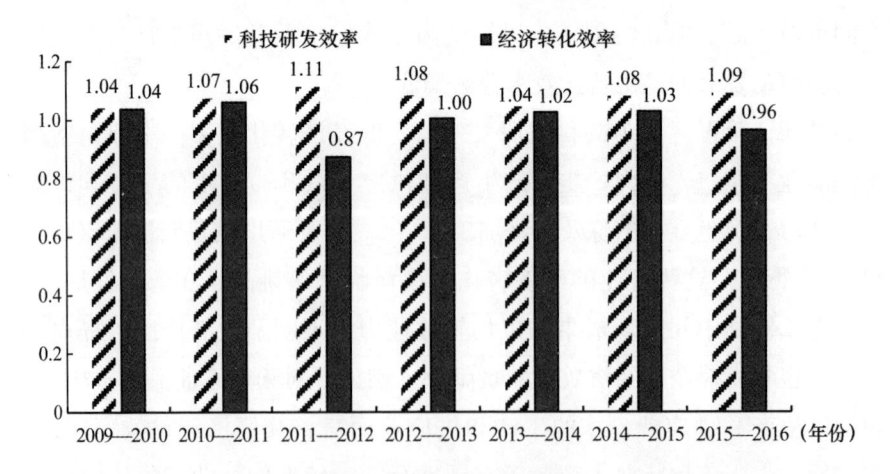

图6.4 2009—2016年全国层面企业创新驱动发展的两阶段效率

---

① 高霞：《规模以上工业企业技术创新效率的行业分析》，《软科学》2013年第11期。

从图 6.4 来看，2009—2016 年全国层面科技研发效率均大于 1，且基本稳定在 1.07 左右，说明这一时期企业创新驱动发展的科技研发效率表现出持续的、向好的发展趋势。经济转化效率仅在 2011—2012 年与 2015—2016 年小于 1，其他年份均大于 1，且上升幅度较为平稳，这说明企业创新驱动发展的经济转化效率水平整体上较为稳定，今后企业还需要更加重视对创新产品的经济效益转化，并加强中间创新成果与市场实际需求的匹配程度。尽管企业创新驱动发展两阶段效率总体上均大于 1，但科技研发效率明显高于经济转化效率。这说明，一方面，中国企业较为重视科技研发阶段，科技研发阶段的创新投入转化为中间创新产出的效率比较高；另一方面，经济转化阶段可能依然是限制企业提升创新驱动发展效率水平的瓶颈。

（二）分地区层面

在企业创新驱动发展过程中，由于地区间的科技发展水平与创新环境不同，企业创新资源的分配方式与供给情况也不同，企业间的创新驱动发展效率也可能存在差异，因此，有必要研究不同地区企业创新驱动发展两阶段效率的具体情况。本部分依据前文的地区划分标准，通过两阶段关联网络 DEA 模型的 Malmquist 指数，测算得到不同地区企业创新驱动发展两阶段效率值（见表 6.3），以期探究企业创新驱动发展两阶段效率的地区异质性。

表 6.3　2009—2016 年分地区企业创新驱动发展两阶段效率

年份	科技研发效率		经济转化效率	
	东部地区	中西部地区	东部地区	中西部地区
2009—2010	1.0561	1.0321	1.0255	1.0429
2010—2011	1.0356	1.0941	0.9945	1.0973
2011—2012	1.0531	1.1466	0.9004	0.8573
2012—2013	1.0494	1.1010	1.0191	0.9943
2013—2014	1.0524	1.0380	1.0670	1.0004
2014—2015	1.0521	1.0942	1.0008	1.0432
2015—2016	1.1130	1.0747	0.9825	0.9517

从表 6.3 中可以看出，其一，两类地区的科技研发效率均大于 1，说明在样本期间东部地区与中西部地区的企业科技研发效率是持续提升的，两类地区对科技研发越来越重视。尽管在较长时间内中西部地区的科技研发效率明显高于东部地区，但是中西部地区科技研发效率的提升态势相对稳定，东部地区后期的科技研发效率提升趋势较为迅速（效率值从 1.0561 变动为 1.1130）。这说明，虽然中西部地区的科技研发投入转化为中间创新产出的效率较高，但是企业创新驱动发展是一个长期的投入过程，中西部地区的后发优势在持续性的研发创新活动中会慢慢殆尽，其优势不再明显，相反东部地区在更新技术并减少创新冗余后，其科技研发优势逐渐回归，科技研发效率有提升的趋势。其二，除了在部分年份经济转化效率小于 1，整体上样本期间东部与中西部地区的经济转化效率大于 1。从经济效率的变动趋势来看，样本期间内两类地区的经济转化效率均有下降的趋势，且中西部地区的经济转化效率下降幅度较大（从 1.0429 下降到 0.9517），东部地区的下降幅度较小（从 1.0255 下降到 0.9825）。可能原因在于，东部地区受企业规模限制，面临技术成果转化规模效益递减的难题，所以企业不断改进创新产品的生产与经济效益转化能力，以保证在激烈的外部市场竞争中赢得一席之地，但克服技术成果转化规模效益递减问题需要时间，所以东部地区的经济转化效率下降幅度较小。

此外，相比于东部地区，中西部地区的企业创新驱动发展两阶段效率在很多年份高于东部地区，这与以往"东中西依次递减"的研究结果不完全一致。[①] 可能原因在于，一方面，受国家政策倾斜，较多的国家重点实验室、国家重点扶持的工业企业以及各大科研院所纷纷入驻中西部地区，与此同时，外资企业高效的管理模式与创新方式也带来了一定的溢出效应与技术示范作用；另一方面，中西部地区自身创新意识在不断提高，企业科技创新条件与市场化环境逐渐改善，使中西部地区企业在既定的创新资金投入与科技创新人员投入下，获得了较大的有效发明专

---

① 张玉、陈凯华、乔为国：《中国大中型企业研发效率测度与财政激励政策影响》，《数量经济技术经济研究》2017 年第 5 期。

利数和专利申请数等中间产出,并且中间创新成果转化成企业经济效益产出的能力也相对提高,从而使得企业创新驱动发展两阶段效率处于较优水平。

(三) 省域层面

为了更加直观地分辨各省份企业创新驱动发展两阶段效率的具体情况,探究中国各省份企业科技研发效率与经济转化效率间的差异,本部分以考察期内各省份两阶段效率均值(分别为1.07和0.99)①为分界点,绘制出2009—2016年30个省份两阶段效率的散点图(见图6.5)。其中,横轴代表企业创新驱动发展的第一阶段效率—科技研发效率,纵轴代表第二阶段效率——经济转化效率。对应地,构建了中国省域层面企业创新驱动发展的科技研发效率—经济转化效率矩阵(见图6.6),将各省份企业创新驱动发展效率分为高科技研发效率与高经济转化效率(第Ⅰ区域)、低科技研发效率与高经济转化效率(第Ⅱ区域)、低科技研发效率与低经济转化效率(第Ⅲ区域)、高科技研发效率与低经济转化效率(第Ⅳ区域)四种类型。

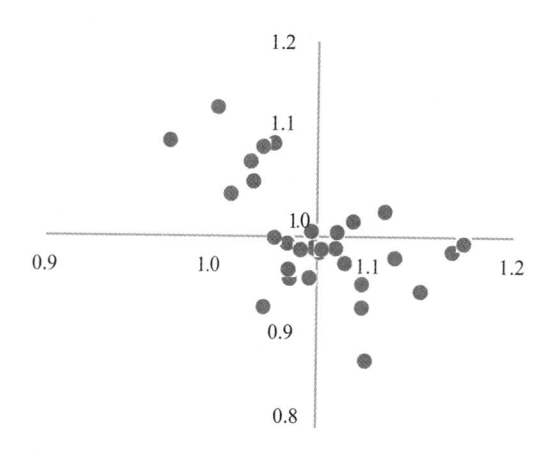

图6.5 2009—2016年中国省域科技研发效率—经济转化效率关系

从图6.5中可以看出,科技研发效率(横轴)总体向坐标轴右边高

---

① 限于篇幅,本书未罗列30个省份具体的企业创新驱动发展两阶段效率值。

值集聚，说明科技研发效率逐渐趋向于提高。总体来看，在2009—2016年更多的省份越来越重视企业科技研发投入及其中间创新产品产出，企业受科技研发经验积累和技术方法改进的影响，科技研发效率也逐渐提高。这种现象的出现可能得益于相关财政科技政策的发布和落实、各省份企业对科技创新政策的积极响应以及在实践中不断寻求最优的投入产出方式等。① 图6.5显示，经济转化效率（纵轴）主要集中在小于1的范围，说明经济转化阶段的效率提升可能成为企业创新驱动发展系统效率提升的瓶颈，并导致系统效率的提升受制于经济转化阶段，打破瓶颈是有效提升企业创新驱动发展效率的关键途径。

	科技研发效率	
经济转化效率 高	第 II 区域 天津、浙江、广东、湖北、河南、湖南、四川、贵州	第 I 区域 山西、辽宁、黑龙江
经济转化效率 低	第 III 区域 内蒙古、重庆、云南、海南、上海、福建、山东、陕西	第 IV 区域 北京、河北、吉林、江苏、安徽、江西、广西、甘肃、青海、宁夏、新疆
	低　　　　　　　　　　　　　　高	

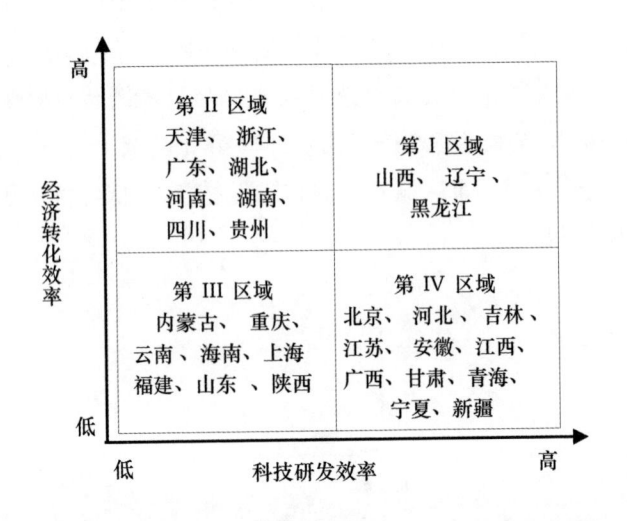

图6.6　2009—2016年中国省域科技研发效率—经济转化效率矩阵

从省域企业创新驱动发展两阶段效率矩阵来看（见图6.6），科技研发效率有效省份为14个（第I区域+第IV区域），经济转化效率有效省份为11个（第I区域+第II区域）。企业经济转化效率明显低于科技研发效率，一定程度上说明，企业完成科技创新成果转化并实现市场化的过程并不算成功，中国企业创新驱动发展的科技研发效率与经济转化效率仍然有较大的进步

---

① 张永安、宋晨晨、王燕妮：《创新科技政策时滞效应研究——基于中关村国家自主创新示范区数据》，《科技进步与对策》2018年第1期。

空间，经济转化阶段可能是制约企业创新驱动发展效率提升的主要原因。地区层面企业创新驱动发展两阶段效率的具体分析如下。

其一，第Ⅰ区域为高科技研发效率—高经济转化效率。结合各省份科技研发效率与经济转化效率的有效性分布可以发现，企业创新驱动发展两阶段效率均较高的省份包括山西、辽宁、黑龙江，这些省份实现了由创新资源到科技创新并向企业经济效益的转变，是中国工业企业提升创新驱动发展效率的标杆。可以看出，除辽宁属于东部地区外，其他省份均属于中西部地区。虽然这部分省份科技研发资源和企业发展水平并不高，但是能够有效利用创新成果并提高企业经济效益转化，说明这些省份充分发挥了科技创新在企业经济效益提升中的重要作用。可能原因在于，一方面，中西部地区发展水平较弱，创新过程中的冗余较少，创新成果转化为经济效益的水平相对较高；另一方面，近年来中西部地区积极参与实施创新驱动发展战略，技术水平与技术利用率都有了较为明显的改进与提升，其企业创新驱动发展中的后发效应明显，企业创新驱动发展的两阶段效率较高。①

其二，第Ⅱ区域为低科技研发效率—高经济转化效率。它主要包括天津、浙江、广东等8个省份。尽管这些省份的科技研发效率较低，但其经济转化效率较高，技术创新成果能够融入企业生产发展之中，促进企业经济效益提升。天津、浙江与广东凭借优越的地理位置以及较好的科技创新条件，有利于创新资源的流入，尤其是先进技术与高端人才的引进，致使在同等科技投入情况下，其创新成果的经济转化效率较高。但是，该部分省份的科技研发效率相对较低，会限制企业创新驱动发展系统效率的提升。因此，上述省份应该从相对薄弱环节入手，提高科技研发效率，从而提升企业创新驱动发展系统效率。

其三，第Ⅲ区域为低科技研发效率—低经济转化效率。它主要包括内蒙古、重庆、云南、上海、山东等8个省份，属于企业创新驱动发展两阶段效率均偏低的省份。从地理位置来看，内蒙古、云南、陕西等省

---

① 吴士健、张洁、权英：《基于两阶段串联DEA模型的工业企业技术创新效率及影响因素》，《科技管理研究》2018年第4期。

份经济发展水平相对较低，创新资源较为匮乏，导致其科技研发阶段的效率较低，科技成果转化为企业经济效益的能力较低。而上海、山东、福建作为东部地区，尽管拥有较好的创新发展环境与雄厚的科技研发基础，吸纳了较多的科技人才与研发资金，但是不够注重科技研发效率，在经济转化阶段又存在盲目投资，忽视投资质量（消化吸收、技术引进等），技术成果转化规模效益递减的问题，从而导致这部分省份企业创新驱动发展效率的提升面临较大压力。对此，需要双管齐下，从科技研发和经济转化方面做出较大改进，并依托雄厚的科技创新基础，逐渐由双低型效率向一低一高型效率转化，或者直接由双低型效率向双高型效率转化。

其四，第Ⅳ区域为高科技研发效率—低经济转化效率。它主要包括北京、河北、吉林、江苏等 11 个省份，这些省份面临企业科技成果的经济效益转化难题。对于北京、江苏等东部地区而言，其表现出较低的经济转化效率，原因与第Ⅲ区域东部地区的解释类似。而对于广西、甘肃、青海等经济欠发达的中西部地区而言，经济转化效率较低的主要原因在于，这些省份企业创新驱动发展面临经济市场吸收能力不足的问题，创新驱动需要企业通过产品生产和商业化的过程来实现，经济欠发达地区企业的创新产品生产较少，科技创新对于企业生产和市场化的推动作用不明显，科技成果的经济转化效率较低。[①] 因此，对于第Ⅳ区域省份的经济转化效率提升，应该适当调整企业发展目标，更加注重创新产品的商业化，提升经济转化效率。

第二节 研究设计

一 模型设定与估计方法

（一）模型设定

科技研发效率与经济转化效率共同影响着企业创新驱动发展系统效率，因此研究企业创新驱动发展两阶段效率就显得尤为重要。基于前文

---

① 李永周、袁波：《基于投入产出分析的区域创新驱动效率测度》，《统计与决策》2018 年第 8 期。

的分析,本部分分别以企业科技研发效率与经济转化效率为被解释变量,以财政科技政策激励为核心解释变量,以企业规模、行业竞争性、所有制结构以及融资错配度为控制变量,利用2009—2016年中国行业层面和地区层面工业企业面板数据,构建如下企业创新驱动发展两阶段效率影响因素的面板回归模型:

$$EFF_{it}^1(EFF_{it}^2) = p_0 + p_1 INC_{it} + \varphi X_{it} + \mu_i + \varepsilon_{it} \quad (6.1)$$

$$eff_{jt}^1(eff_{jt}^2) = q_0 + q_1 inc_{jt} + \varphi x_{jt} + \nu_j + \sigma_{jt} \quad (6.2)$$

其中,EFF_{it}^1、EFF_{it}^2分别表示行业层面企业科技研发效率与经济转化效率,eff_{jt}^1、eff_{jt}^2分别表示地区层面企业科技研发效率与经济转化效率;INC、inc分别表示行业层面与地区层面的财政科技政策激励;X表示影响行业层面企业创新驱动发展两阶段效率的其他变量,x表示影响地区层面企业创新驱动发展两阶段效率的其他变量,二者均包括企业规模、行业竞争性、所有制结构与融资错配度;μ_i表示不随时间变化的行业截面的个体效应,ν_j表示不随时间变化的地区截面的个体效应;ε_{it}表示行业层面随机误差项,σ_{jt}表示地区层面随机误差项。

(二)估计方法

本章面板模型所采用的估计方法与第五章第一节中的阐述基本一致,在此不再详述。

二 变量选取与数据说明

(一)变量选取

一是被解释变量。本部分的被解释变量分别为科技研发效率与经济转化效率。根据企业创新驱动发展两阶段效率的测度指标,利用两阶段关联网络DEA模型的Malmquist指数,测算得到企业创新驱动发展两阶段效率。同时,考虑到测算得到的企业创新驱动发展两阶段效率为环比改进指数,为了保证面板数据处理的一致性,本部分依照前文的处理方法,将表示企业创新驱动发展两阶段效率的环比改进指数调整为定比改进指数,以此得到2009—2016年企业创新驱动发展两阶段效率的数据。二是核心解释变量与控制变量。核心解释变量财政科技政策激励依然采用熵值法，计算得到财政科技政策激励的综合评价指数，以该综合评价指数作为财政科技政策激励的衡量指标；控制变量为企业规模、行业竞争性、所有制结构及融资错配度等。具体的核心解释变量与控制变量的测度指标均与第五章内容保持一致，在此不再赘述。

(二) 数据说明

本章行业层面与地区层面数据全部来源于中国《工业企业科技活动统计年鉴》《中国科技统计年鉴》《中国工业统计年鉴》《中国统计年鉴》以及各省份的《统计年鉴》等。具体数据处理详见前文，在此不再赘述。表6.4罗列了行业层面与地区层面企业科技研发效率与经济转化效率的描述性统计结果，对于前文已经涉及的变量，此处不再罗列。

表6.4 变量的描述性统计

	变量名称	变量符号	样本数	均值	标准差	最小值	最大值
行业层面	科技研发效率	$EFF1$	280	1.3044	0.5993	0.4715	4.6703
	经济转化效率	$EFF2$	280	1.0274	0.2387	0.5883	2.4653
地区层面	科技研发效率	$eff1$	240	1.2938	0.4743	0.6472	4.3209
	经济转化效率	$eff2$	240	1.0910	0.3346	0.4431	2.6343

为了直观地反映财政科技政策激励与企业创新驱动发展两阶段效率的关系，图6.7从行业层面展示了财政科技政策激励与科技研发效率、经济转化效率之间的关系，图6.8从地区层面展示了财政科技政策激励与科技研发效率、经济转化效率之间的关系。从图6.7中可以看出，科技研发效率与经济转化效率的拟合值的斜率均为正，可以从行业层面说明财政科技政策激励与科技研发效率、经济转化效率之间存在明显的正向关系。图6.8中科技研发效率与经济转化效率的拟合值的斜率同样为正，从地区层面也证实了财政科技政策激励与科技研发效率、经济转化效率之间存在正相关关系。此外，从行业层面与地区层面企业创新驱动发展两阶段效率的拟合值的斜率来看，无论是在行业层面还是地区层面，科技研发效率与经济转化效率的拟合值的斜率均存在一定差异，这意味着财政科技政策激励与科技研发效率、经济转化效率的正相关程度可能存在差异。

综上所述，初步探析了财政科技政策激励对企业创新驱动发展两阶段效率的影响及其差异性。基于这个研究结论，接下来将运用计量分析方法进行严谨的实证分析，以检验财政科技政策激励对企业创新驱动发展两阶段效率的影响及其差异性。

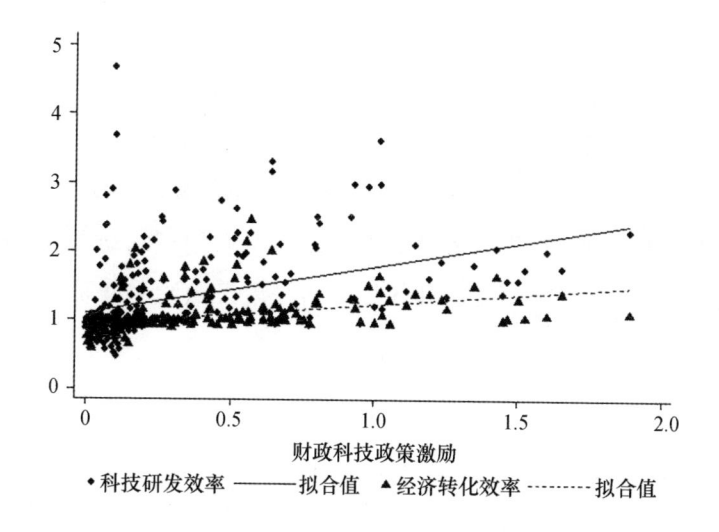

图 6.7　行业层面财政科技政策激励与企业创新驱动发展两阶段效率的关系

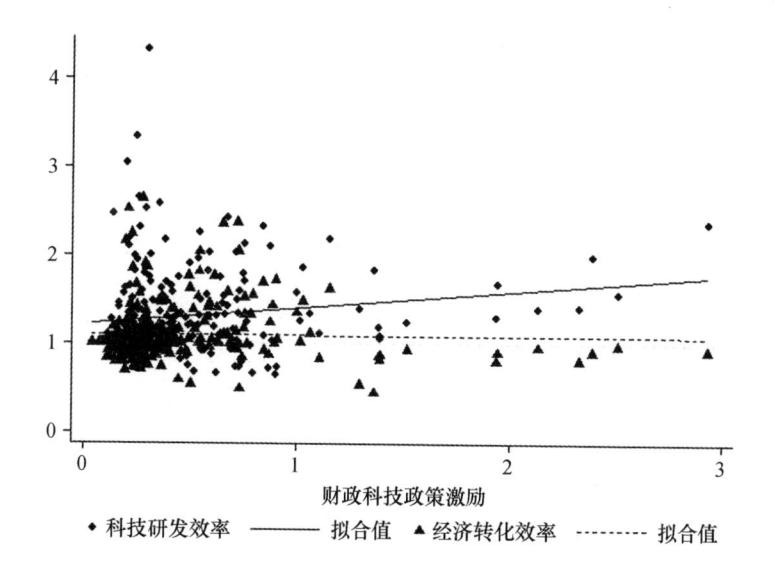

图 6.8　地区层面财政科技政策激励与企业创新驱动发展两阶段效率的关系

第三节 实证检验与结果分析

本章与第五章实证检验方法一致,依然利用 F 检验、LM 检验与 Hausman 检验对混合效应(POLS)、固定效应(FE)与随机效应(RE)进行选择。检验结果均表明固定效应模型要明显优于随机效应模型与混合效应模型。[①] 同时,采用 D&K 标准误调整的固定效应方法,从行业层面与地区层面分别实证检验财政科技政策激励对科技研发效率的影响(见表6.5),以及财政科技政策激励对经济转化效率的影响(见表6.6)。此外,为了直观地比较财政科技政策激励对企业创新驱动发展两阶段效率的影响效果,本章还对比分析了财政科技政策激励对两阶段效率的影响差异。

表6.5　　财政科技政策激励对科技研发效率影响的检验结果

	行业层面			地区层面	
变量	FE	D&K	变量	FE	D&K
	模型(1)	模型(2)		模型(3)	模型(4)
INC	1.1431*** (7.49)	1.1431*** (7.40)	inc	0.8246*** (7.91)	0.8246*** (5.98)
SCA	-0.0631 (-0.20)	-0.0631 (-0.22)	sca	0.6774** (2.11)	0.6774*** (4.41)
COM	0.1087 (0.12)	0.1087 (0.29)	com	1.2577*** (4.34)	1.2577*** (5.50)
PRO	-3.0101*** (-5.64)	-3.0101** (-2.37)	pro	-1.1495 (-0.55)	-1.1495 (-0.92)
FIN	-14.6923 (-1.03)	-14.6923 (-1.45)	fin	14.4062 (0.88)	14.4062 (1.55)

---

① 限于篇幅,检验结果未列出。

续表

行业层面			地区层面		
变量	FE	D&K	变量	FE	D&K
	模型（1）	模型（2）		模型（3）	模型（4）
常数项	2.1350 (1.28)	2.1350 (1.22)	常数项	-13.9243*** (-3.33)	-13.9243*** (-5.16)
面板模型 设定 F 值	24.76*** [0.0000]	197.71*** [0.0000]	面板模型 设定 F 值	16.23*** [0.0000]	23.12*** [0.0003]
R^2	0.3403	0.3403	R^2	0.2836	0.2836

一 财政科技政策激励对科技研发效率的影响分析

从行业层面来看，由表6.5的检验结果可知，财政科技政策激励（INC）在模型（1）与模型（2）中均通过了显著性水平检验，表明财政科技政策激励与科技研发效率显著正相关，即在其他影响因素不变的条件下，财政科技政策激励越强，企业科技研发效率越高。行业层面的检验结果可以证实假说二是成立的，即财政科技政策激励促进了企业科技研发效率的提升。从控制变量的检验结果来看，行业层面的企业规模（SCA）、行业竞争性（COM）及融资错配度（FIN）的影响系数均未通过显著性水平检验，说明企业规模、行业竞争性与融资错配度对企业科技研发效率的影响均不显著；所有制结构（PRO）通过了显著性水平检验，且影响系数为负数，说明所有制结构显著抑制了企业科技研发效率的提升，即企业国有化程度越高，企业科技研发效率就越低。

从地区层面来看，由表6.5的检验结果可知，无论是采用 FE 模型还是 D&K 方法，在模型（3）与模型（4）中，财政科技政策激励（inc）的影响系数均显著为正，说明财政科技政策激励对企业科技研发效率具有显著的提升效应，即财政科技政策激励越强，越有利于提升企业创新驱动发展效率。地区层面的检验结果也证实了假说二是成立的，即财政科技政策激励促进了企业科技研发效率的提升。从控制变量的检验结果来看，地区层面的企业规模（sca）和行业竞争性（com）的影响系数均为正，且都通过了显著性水平检验，说明大的企业规模与激烈的行业竞争对企业科技研发效率具有显著的提升效应；所有制结构（pro）与融资错配度（fin）均未通过显著性水平检验，说明所有制结构与融资错配度对企业科技研发效率的影响并不显著。

综上所述，行业层面与地区层面的检验结果一致且均证实研究假说二是成立的，即财政科技政策激励促进了企业科技研发效率的提升。产生该结果的主要原因在于，企业在科技研发阶段需要投入较多的研发资金与研发人员，仅依赖内源融资较难开展科技研发活动，但对于外源融资依赖性较强的企业而言，受融资约束的影响，研发成本高且耗时较长的科技研发项目极易被企业搁置。政府发挥直接补贴的事前支持以及税收优惠的事后补偿作用，可以实现对企业科技研发阶段的财政科技政策激励，让企业获得更多的资金供给。这不仅解决了企业科技研发资金不足的问题，还补偿了企业研发过程中的风险损失，进而激励企业从事科技研发活动。企业在获得财政科技政策激励后，同样多的资金投入获得了比未资助时更多的创新产出，可见财政科技政策激励对企业科技研发效率的提升具有明显的促进效应。

二 财政科技政策激励对经济转化效率的影响分析

从行业层面来看，由表 6.6 的检验结果可知，财政科技政策激励（INC）的影响系数在模型（1）与模型（2）中均显著为正，表明无论是采用 FE 模型还是 D&K 方法，财政科技政策激励均显著促进了经济转化效率的提升，即在其他影响因素不变的条件下，财政科技政策激励越强，企业经济转化效率越高。行业层面的检验结果可以证实研究假说三是成立的，即财政科技政策激励促进了企业经济转化效率的提升。从控制变量的检验结果来看，行业层面的企业规模（SCA）、行业竞争性（COM）及融资错配度（FIN）的影响系数均未通过显著性水平检验，说明企业规模、行业竞争性与融资错配度对企业经济转化效率的影响并不显著；所有制结构（PRO）的影响系数为负，并且通过了 1% 的显著性水平检验，说明所有制结构对经济转化效率的提升具有明显的抑制效应，即企业国有化程度越高，企业经济转化效率越低。

表6.6　财政科技政策激励对经济转化效率影响的检验结果

变量	行业层面		变量	地区层面	
	FE	D&K		FE	D&K
	模型（1）	模型（2）		模型（3）	模型（4）
INC	0.4341***	0.4341***	inc	0.3721***	0.3721***
	(7.86)	(9.12)		(5.36)	(4.67)
SCA	-0.0799	-0.0799	sca	0.4908**	0.4908***
	(-0.70)	(-0.74)		(2.29)	(4.34)
COM	-0.0504	-0.0504	com	0.8398***	0.8398***
	(-0.15)	(-0.15)		(4.35)	(5.17)
PRO	-0.7711***	-0.7711***	pro	-3.2196**	-3.2196***
	(-3.99)	(-4.26)		(-2.32)	(-4.25)
FIN	-2.2793	-2.2793	fin	-13.1348	-13.1348
	(-0.44)	(-0.83)		(-1.21)	(-1.52)
常数项	1.5666***	1.5666***	常数项	-8.8654***	-8.8654***
	(2.60)	(2.81)		(-3.19)	(-4.63)
面板模型设定F值	19.27***	72.10***	面板模型设定F值	13.13***	166.53***
	[0.0000]	[0.0000]		[0.0000]	[0.0000]
R^2	0.2864	0.2864	R^2	0.2426	0.2426

从地区层面来看，由表6.6的检验结果可知，无论是采用FE模型还是D&K方法，在模型（3）与模型（4）中，财政科技政策激励（inc）的影响系数均在1%的水平上显著为正，说明财政科技政策激励与企业科技研发效率正相关，即财政科技政策激励越强，企业科技研发效率越高。地区层面的检验结果也可以证实研究假说三是成立的，即财政科技政策激励促进了企业经济转化效率的提升。从控制变量的检验结果来看，地区层面的企业规模（sca）和行业竞争性（com）的影响系数均在1%的水平上显著为正，说明大的企业规模和激烈的行业竞争均显著促进了经济转化效率的提升；所有制结构（pro）的影响系数为负，且在1%的水平上通过了显著性检验，说明所有制结构对经济转化效率的提升具有显著的抑制作用；融资错配度（fin）的影响系数也为负，但并未通过显著性水平检验，说明融资错配度对企业经济转化效率的影响作用并不显著。

综上所述，行业层面与地区层面的检验结果一致且均证实研究假说三是成立的，即财政科技政策激励促进了企业经济转化效率的提升。产生该结果的主要原因在于，在经济转化阶段，企业需要将科技创新成果进行市场转化并实现企业经济效益，企业对市场有较高的要求以及依赖性，而市场失灵导致企业在将创新成果转化为经济效益的过程中存在严重的外部性问题，其他企业可以通过技术模仿等方式获得企业科技创新成果，并分享企业创新市场和创新收益。此外，企业在创新产品的持续开发、批量化生产以及推广过程中都存在较大的不确定性与风险。政府实施财政科技政策激励，一方面，通过补贴创新企业一定数量的资金，可以降低企业创新成果转化成本，使私人投资回报率与社会投资回报率相协调；另一方面，通过财政资助、税收优惠等财政科技政策，可以分担或补偿企业经济转化阶段的风险损失。由此导致财政科技政策激励在提高经济转化阶段企业创新积极性的同时，还会激发企业不断提升经济转化效率以提高政府财政资金利用率。

三　财政科技政策激励对两阶段效率影响的对比分析

前文从行业层面与地区层面分别对财政科技政策激励影响企业科技研发效率和经济转化效率的效应进行了实证研究。本部分将基于前文的检验结果（主要分析采用 D&K 方法的检验结果），从行业层面与地区层面比较财政科技政策激励对科技研发效率与经济转化效率的影响差异。通过对比分析，可以得到以下研究结论。

从行业层面来看，财政科技政策激励对科技研发效率的影响系数为 1.1431，对经济转化效率的影响系数为 0.4341，且均通过了显著性水平检验。这说明财政科技政策激励显著地促进了企业创新驱动发展两阶段效率的提升，但其激励效应存在明显的差异性，财政科技政策激励对科技研发效率的提升作用明显强于经济转化效率。从地区层面来看，财政科技政策激励对科技研发效率的影响系数为 0.8246，对经济转化阶段的影响系数为 0.3721，也均通过了显著性水平检验。上述结果表明，财政科技政策激励不仅显著提升了企业创新驱动发展两阶段效率，而且其提升效应还存在明显的差异性，对经济转化效率的促进效果要弱于科技研发效率。

综上所述,行业层面与地区层面的检验结果基本一致,均得出"财政科技政策激励对企业创新驱动发展两阶段效率具有显著的提升效应,并且相比于经济转化效率,财政科技政策激励对科技研发效率的提升作用更强"的结论。这在一定程度上说明,财政科技政策激励对企业创新驱动发展效率的促进作用主要通过提升科技研发效率来实现。可能原因在于,一方面,政府的财政科技政策激励未能完全被应用于企业创新驱动发展的整个过程中,科技研发阶段作为企业创新驱动发展过程的首要阶段,前期研发资金投入较多,容易导致在经济转化阶段创新资金供给不足,企业新增创新成果转化为市场化产品的创新产出就会减少,从而弱化了财政科技政策对经济转化效率的激励效应;另一方面,相比于科技研发阶段将创新资源转化为中间创新产出(专利、发明等),企业在经济转化阶段将中间创新成果转化为市场化价值的过程中可能存在盲目投资,忽视投资质量,企业创新产品的市场化效率不高,并拉低了企业经济转化效率。

四 稳健性检验

为了确保估计结果的有效性,同时降低遗漏变量可能造成的估计偏误,本部分在式(6.1)和式(6.2)的基础上加入了被解释变量(科技研发效率和经济转化效率)的一阶滞后项,将计量模型修正为如下形式的动态面板模型进行稳健性检验:

$$EFF_{it}^1(EFF_{it}^2) = p_0 + p_1 EFF_{i,t-1}^1(EFF_{i,t-1}^2) + p_2 INC_{it} + \varphi X_{it} + \mu_i + \varepsilon_{it} \tag{6.3}$$

$$eff_{jt}^1(eff_{jt}^2) = q_0 + q_1 eff_{j,t-1}^1(eff_{j,t-1}^2) + q_2 inc_{jt} + \varphi x_{jt} + \nu_j + \sigma_{jt} \tag{6.4}$$

其中,$EFF_{i,t-1}^1$、$EFF_{i,t-1}^2$分别表示行业层面企业科技研发效率与经济转化效率的一阶滞后项,$eff_{j,t-1}^1$、$eff_{j,t-1}^2$分别表示地区层面企业科技研发效率与经济转化效率的一阶滞后项;其他变量所表示的含义与式(6.1)和式(6.2)保持一致,在此不再赘述。在对财政科技政策激励与企业创新驱动发展两阶段效率的关系进行稳健性检验时设定的是动态面板模型，式（6.3）和式（6.4）中包含了被解释变量的滞后项，可能会导致模型存在内生性问题。对此，本章与第五章稳健性检验的做法一致，采用两步系统 GMM 估计方法对动态面板模型进行估计。具体检验结果见表 6.7。

表 6.7 稳健性检验结果

变量	行业层面		变量	地区层面	
	科技研发效率	经济转化效率		科技研发效率	经济转化效率
	模型（1）	模型（2）		模型（3）	模型（4）
$L.EFF^1$	1.1687***		$L.eff^1$	1.3453***	
	(126.76)			(229.18)	
$L.EFF^2$		1.0282***	$L.eff^2$		1.3082***
		(63.17)			(298.27)
INC	0.1208***	0.1070***	inc	0.0734***	0.0580***
	(8.71)	(11.50)		(7.01)	(8.59)
AR(2)检验	0.841	0.254	AR(2)检验	0.469	0.296
Hansen 检验	0.139	0.495	Hansen 检验	0.984	0.999

注：限于篇幅，表中省略了其他控制变量的系数估计结果。

为了检验动态面板模型设定的合理性和工具变量选取的有效性，本书对所有模型进行残差序列相关性检验（AR 检验）以及过度识别检验（Hansen 检验）。AR 检验结果表明，所有模型差分后的残差均不存在二阶序列相关性（P 值均显著大于 0.1），可以判定模型的设定是合理的。Hansen 检验结果表明，模型内过度识别约束有效（P 值均明显大于 0.1），可以判定工具变量的选取是有效的。从模型（1）至模型（4）的估计结果来看，无论是行业层面还是地区层面，企业科技研发效率与经济转化效率的一阶滞后项的回归系数均为正，且通过了 1% 的显著性水平检验，核心解释变量财政科技政策激励的回归系数除数值大小有所变化外，其符号与显著性水平相比于前文的检验结果并无本质性变化，说明前文的研究结论具有可靠性与稳健性。

第四节　行业异质性与地区异质性检验

前文从行业层面与地区层面实证检验了财政科技政策激励对企业创新驱动发展两阶段效率的影响。为了揭示企业创新驱动发展两阶段效率的行业间差异,依据前文的划分标准,本部分将全行业样本划分为资源与劳动密集型、资本与技术密集型两类,进一步检验财政科技政策激励影响企业创新驱动发展两阶段效率的行业异质性,具体检验结果见表6.8。为了揭示企业创新驱动发展两阶段效率的地区间差异,依据前文的划分标准,本部分将全国样本划分为东部与中西部地区两类,进一步检验财政科技政策激励影响企业创新驱动发展两阶段效率的地区异质性,具体检验结果见表6.9。限于篇幅,本部分仅列示了采用D&K估计方法的回归结果。

一　行业异质性检验

(一)　资源与劳动密集型行业的检验结果

由表6.8可知,财政科技政策激励(INC)在模型(1)与模型(2)中均显著为正,表明在资源与劳动密集型行业中,财政科技政策激励与企业创新驱动发展两阶段效率存在正相关关系,即财政科技政策激励显著提升了科技研发效率与经济转化效率。此外,对比科技研发阶段与经济转化阶段财政科技政策激励的影响系数可以发现,财政科技政策激励在科技研发阶段的影响系数为0.7631,在经济转化阶段的影响系数为0.3544,说明在资源与劳动密集型行业中,财政科技政策激励对科技研发效率的提升作用要强于经济转化效率。可能原因在于,虽然政府的财政科技政策会涉及企业科技创新的不同过程,但是政府财政科技政策激励相对更注重对企业研发创新积极性的培育,充足的资金供给增加了企业创新中间产出的可能性。并且,资源与劳动密集型行业受科技研发经验积累和技术方法改进的影响,其企业科技研发效率也逐渐提高。因此,财政科技政策激励对科技研发效率的影响效应要强于经济转化效率。

从控制变量的检验结果来看，企业规模（SCA）与行业竞争性（COM）的影响系数均未通过显著性水平检验，说明在资源与劳动密集型行业中，企业规模或行业竞争性对企业创新驱动发展两阶段效率的影响并不显著。可能原因在于，企业创新驱动发展两阶段效率的提升有赖于企业自身研发费用与研发人员的投入，以及中间创新产品的产出和产品市场化的能力，企业规模与行业竞争性的作用可能并不突出。所有制结构（PRO）的影响系数均为负数，且通过了显著性水平检验，说明所有制结构对企业创新驱动发展两阶段效率具有明显的抑制作用。这可能是由于国有企业创新决策与创新行为更多地受行政导向与行政指令影响。对于政府重视的研发方向，国有企业通常会作为重要的研发主体来承接政府的研发诉求，但由于技术壁垒的存在，进行规模化生产的可能性较低，很大一部分研发活动的创新产出很难在短期内转化为经济效益。融资错配度（FIN）的影响系数在企业创新驱动发展两阶段效率中均未通过显著性水平检验。可能原因在于，资源与劳动密集型行业多是以利用资源或劳动力为主的生产开发领域，产品中的资源与劳动力要素禀赋、属性、形态及层次等变动不大，企业技术创新投资与管理的投入量相对不高，产品附加值较低，企业面临的融资约束也较少。因此，外部金融市场的配置情况对企业科技研发与经济转化的影响较小，融资错配对企业创新驱动发展两阶段效率的影响并不显著。

（二）资本与技术密集型行业的检验结果

由表 6.8 中模型（3）与模型（4）的检验结果可知，财政科技政策激励（INC）对科技研发效率以及经济转化效率均有显著的正向影响。在科技研发阶段，财政科技政策激励的影响系数为 0.9727，且通过了 1% 的显著性水平检验；在经济转化阶段，其影响系数为 0.4084，也在 1% 的水平上显著。这说明在资本与技术密集型行业中，财政科技政策激励对企业创新驱动发展两阶段效率均有显著的促进作用，且财政科技政策激励对科技研发效率的提升作用要强于经济转化效率。另外，对比资源与劳动密集型行业，在资本与技术密集型行业中，财政科技政策激励对企业创新驱动发展两阶段效率的正向影响更大。主要原因除了与行业层面财政科技政策激励的共性有关外，还可能与资本与技术密集型行业的特殊性有关,即资本与技术密集型行业拥有较大的资金占有量或较强的技术研发能力,创新成果商业化的行业竞争特点也促使企业注重提升创新效率。因此,资本与技术密集型行业的科技研发效率与经济转化效率均较高。

表6.8 行业异质性检验结果

变量	资源与劳动密集型行业		资本与技术密集型行业	
	科技研发效率	经济转化效率	科技研发效率	经济转化效率
	模型(1)	模型(2)	模型(3)	模型(4)
INC	0.7631*	0.3544**	0.9727***	0.4084***
	(1.68)	(2.22)	(6.03)	(6.46)
SCA	0.1648	-0.0683	-0.3127	-0.0022
	(1.44)	(-0.97)	(-0.58)	(-0.02)
COM	-0.2756	-0.1339	1.0781	0.3045***
	(-0.80)	(-0.43)	(1.58)	(3.11)
PRO	-1.2216**	-0.4542***	-5.4423***	-0.9637***
	(-2.03)	(-3.16)	(-2.81)	(-5.12)
FIN	-10.9739	2.5493	-36.6670	-43.2621***
	(-1.55)	(0.77)	(-1.13)	(-3.24)
常数项	0.5662	1.4434***	3.8684	1.2690*
	(0.78)	(4.12)	(1.14)	(1.83)
面板模型设定F值	33.98***	4.57**	770.28***	26.76***
	[0.0001]	[0.0359]	[0.0000]	[0.0002]
R^2	0.0726	0.0755	0.5802	0.4391

从控制变量的检验结果来看,企业规模(SCA)的影响系数均未通过显著性水平检验,说明在资本与技术密集型行业中,企业规模对企业创新驱动发展两阶段效率的影响并不明显。行业竞争性(COM)对科技研

发效率的影响并未通过显著性水平检验,但是显著促进了经济转化效率的提升。可能原因在于,科技研发阶段从事研发活动的企业较多,且资本与技术密集型行业在第一阶段的创新效率差距并不大,行业竞争性对科技研发效率的影响不大,而经济转化阶段对企业创新产品市场化的要求更高,行业竞争性越强的企业越容易在市场竞争中立足,也更容易将创新成果转化为企业经济效益,因此行业竞争性在经济转化阶段的作用更强。所有制结构(PRO)对企业创新驱动发展两阶段效率具有明显的抑制作用,这主要与所有制结构自身特点对企业创新驱动发展活动的影响有关。融资错配度(FIN)对科技研发效率的影响并未通过显著性水平检验,但是显著抑制了经济转化效率的提升。可能原因在于,对于资本与技术密集型行业而言,企业创新成果的市场化过程需要持续的资金供给以解决可能面临的市场吸收能力不足的问题,因此融资错配程度越高,越容易降低企业分散创新成果转化风险的能力,从而影响经济转化效率。

二 地区异质性检验

(一)东部地区检验结果

财政科技政策激励(inc)在表6.9模型(1)与模型(2)中的影响系数为正,且均通过了显著性水平检验,表明财政科技政策激励对科技研发效率与经济转化效率存在显著的正向影响。对比财政科技政策激励的影响系数可以发现,财政科技政策激励在经济转化阶段的影响系数(0.2442)要小于科技研发阶段(0.5602),表明财政科技政策激励对科技研发效率的促进作用要强于经济转化效率。出现该结果的可能原因在于,一方面,东部地区在经济转化阶段存在盲目投资,导致企业创新成果产出与市场需求错配,减小了财政科技政策激励在经济转化阶段的影响;另一方面,当财政科技政策激励较少且不能满足成果转化阶段的需求时,企业创新成果转化资金不足和创新资金平均产出率就会下降,从而导致企业经济转化效率降低。

表 6.9　　　　　　　　　地区异质性检验结果

变量	东部地区		中西部地区	
	科技研发效率	经济转化效率	科技研发效率	经济转化效率
	模型（1）	模型（2）	模型（3）	模型（4）
inc	0.5602***	0.2442***	0.6271***	0.2596***
	(11.91)	(6.37)	(3.72)	(2.99)
sca	-0.9712***	-1.0279***	1.0346***	0.8634***
	(-2.62)	(-3.85)	(7.70)	(6.04)
com	-0.8554***	-0.9951***	2.2841***	1.8357***
	(-2.67)	(-5.32)	(4.31)	(8.05)
pro	-4.0744**	-7.1819***	2.0739	-0.1708
	(-2.04)	(-7.05)	(0.74)	(-0.16)
fin	-3.4664	-23.5669	17.3676**	-11.3425*
	(-0.20)	(-1.61)	(2.00)	(-1.69)
常数项	14.5805***	16.6104***	-24.3865***	-19.3022***
	(2.94)	(5.39)	(-5.58)	(-10.97)
面板模型设定 F 值	57.55*** [0.0000]	220.72*** [0.0000]	4775.87*** [0.0000]	434.76*** [0.0000]
R^2	0.4933	0.2774	0.3427	0.4689

从控制变量的检验结果来看，企业规模（sca）的影响系数显著为负，说明企业规模与科技研发效率、经济转化效率之间存在显著的负相关关系，即企业规模越大，企业创新驱动发展两阶段效率越低。这可能是因为中国东部地区企业本身规模相对较大，科技研发过程中的创新冗余较多，且受企业规模的限制，通过创新产出促进企业经济效益显著增长的难度较大，企业还需克服技术成果转化规模效益递减等难题。行业竞争性（com）的影响系数均为负数，且在企业创新驱动发展两阶段效率中均通过了显著性水平检验，即行业竞争程度与企业创新驱动发展两阶段效率成反比。主要原因在于，行业竞争性越低，垄断企业越容易掌握市场先机，迅速形成技术创新优势并提升科技研发效率。同时，垄断性企业

由于获得超额利润，其承担创新风险的能力较强，且研发活动还具有显著的规模效益，因此企业创新成果的经济转化效率也较高。所有制结构（pro）显著抑制了科技研发效率与经济转化效率的提升。这可能是由于国有企业创新行为的行政导向性较强，国有企业承担政府诉求的中长期科技研发项目较多，短期内生产成本远远超过收益且受制于技术壁垒，创新产品的规模化生产可能性较低。因此，企业国有化程度越高，越容易降低科技研发效率以及创新成果市场化的经济转化效率。融资错配度（fin）的影响系数并未通过显著性检验，可能原因在于，虽然东部地区企业面临的市场竞争较为激烈，但是外部市场环境相对公平，企业科技研发的创新成果产出以及创新产品的市场化转化更多的是依赖企业自身创新实力与水平，外部市场中的融资错配并不会对企业创新驱动发展活动产生明显的影响。

（二）中西部地区检验结果

财政科技政策激励（inc）在表6.9模型（3）与模型（4）中的影响系数为正，且均通过了显著性检验，说明财政科技政策激励显著促进了科技研发效率与经济转化效率的提升。对比财政科技政策激励的影响系数可以发现，财政科技政策激励对科技研发效率的激励效应（影响系数为0.6271）强于经济转化效率（影响系数为0.2596）。可能原因在于，一方面，中西部地区经济发展和对外开放程度相对不足，市场竞争力不强，创新成果与市场需求的匹配度不够，导致财政科技政策激励难以发挥其作用；另一方面，中西部地区的财政科技政策激励较少，财政资金在支持科技研发后所剩余的金额难以支撑创新成果的市场化运作。同时，相比于东部地区，中西部地区财政科技政策激励对企业创新驱动发展两阶段效率的促进作用更强。可能原因在于，近年来随着中西部地区经济的崛起、企业创新意识的增强，较多国家重点实验室、科研机构、重点扶持的工业企业以及外资企业等的入驻带来了显著的技术示范与溢出效应，中西部地区的创新环境不断改善和市场化进程不断完善，使得该地区企业在既定研发人员与研发经费投入下实现了较大的中间产出，并且中间创新投入转化成企业经济效益的能力也不断提高，从而导致企业创新驱动发展两阶段效率均较高于东部地区。

从控制变量的检验结果来看，企业规模（sca）与行业竞争性（com）的影响系数均为正数，且在企业创新驱动发展两阶段效率中均通过了显著性水平检验，说明大的企业规模与激烈的行业竞争均显著促进了企业创新驱动发展两阶段效率的提升。产生上述结果的可能原因在于，中西部地区企业要提升科技研发效率与经济转化效率，除了依靠既定的研发经费和科技人员投入，还要具备较大的企业规模或较强的行业竞争性，以此弥补科技研发与经济转化过程中的创新损失。企业规模发展与行业竞争性增强对提升企业创新驱动发展两阶段效率起到了辅助与增加竞争筹码的作用。所有制结构（pro）对科技研发效率与经济转化效率的影响并不显著，可能原因在于，尽管国有化程度较高的企业可以凭借垄断优势迅速掌握技术创新走势，激励企业提升创新驱动发展两阶段效率，但是国有化程度越高的企业，其承担政府中长期研发项目的责任越大，所有制结构的双向作用机理可能造成中西部地区企业科技研发效率与经济转化效率均不显著。融资错配度（fin）在科技研发阶段显著为正，但在经济转化阶段显著为负，说明融资错配度对科技研发效率具有显著的促进作用，但对经济转化效率具有显著的抑制作用。可能原因在于，一方面，中西部地区企业规模相对较小，虽然外部市场中的融资错配度较高，企业所面临的外源融资约束也较强，但是企业较少依赖外源融资，科技研发效率的提升主要依靠企业自身技术水平与技术利用率的提高，所以融资错配度越高，企业独善其身的立场越坚定，越容易激发企业提升科技研发效率；另一方面，中西部地区企业的创新成果市场化过程需要持续的资金供给以解决可能面临的市场吸收能力不足的问题，因此融资错配程度越高，企业面临融资约束与融资不公平待遇的可能性就越大，越容易降低企业分散创新成果转化风险的能力，企业科技创新成果转化为经济效益的可能性就越低，从而抑制了经济转化效率的提升。

第五节 本章小结

本章基于行业层面与地区层面企业创新驱动发展两阶段效率的测算结果分析，利用2009—2016年中国行业层面与地区层面工业企业面板数据，采用 FE 模型、D&K 方法及系统 GMM 估计法，实证检验了财政科技政策激励对企业科技研发效率与经济转化效率的影响，并对比分析了财政科技政策激励对企业创新驱动发展两阶段效率的影响差异。行业层面与地区层面的回归结果证实了假说二（财政科技政策激励促进了企业科技研发效率的提升）与假说三（财政科技政策激励促进了企业经济转化效率的提升）均是成立的。同时，相比于经济转化效率，财政科技政策激励对科技研发效率的提升效应更强，说明财政科技政策激励对企业创新驱动发展效率的促进作用主要通过提升科技研发效率来实现。此外，进一步讨论了财政科技政策激励对企业创新驱动发展两阶段效率影响的行业异质性与地区异质性。实证检验发现，在资本与技术密集型行业，财政科技政策激励对企业创新驱动发展两阶段效率的正向影响要强于资源与劳动密集型行业；相比于东部地区，中西部地区财政科技政策激励对企业创新驱动两阶段效率的促进作用更强。

第七章

不同类型财政科技政策激励对企业创新驱动发展效率的影响检验

前文的研究证实,财政科技政策激励促进了企业创新驱动发展效率的提升。而财政科技政策激励包括政府直接补贴、税收直接优惠与税收间接优惠等方式,那么不同类型财政科技政策激励是否均促进了企业创新驱动发展效率的提升呢?如果是,不同类型财政科技政策激励的影响效应又是否存在差异呢?为解答这些问题,本章基于前文财政科技政策激励的衡量指标,利用政府直接补贴、税收直接优惠与税收间接优惠三种类型财政科技政策激励方式,实证检验其对企业创新驱动发展效率(系统效率)的影响及差异性,并进一步探究该影响可能存在的行业异质性与地区异质性。

第一节 研究设计

一 模型设定与估计方法

(一)模型设定

为了检验不同类型财政科技政策激励对企业创新驱动发展效率的影响,本书综合利用2009—2016年中国行业层面和地区层面工业企业面板数据,设定如下面板计量模型进行实证检验:

$$EFF_{it}(eff_{jt}) = a_0 + a_1 lnINC1_{it}(lninc1_{jt}) + kX_{it}(x_{jt}) + \mu + \varepsilon \quad (7.1)$$

$$EFF_{it}(eff_{jt}) = b_0 + b_1 lnINC2_{it}(lninc2_{jt}) + mX_{it}(x_{jt}) + \nu + \eta \quad (7.2)$$

$$EFF_{it}(eff_{jt}) = c_0 + c_1 \ln INC3_{it}(\ln inc3_{jt}) + nX_{it}(x_{jt}) + \upsilon + \sigma \quad (7.3)$$

其中，$\ln INC1$ 表示行业层面政府直接补贴，$\ln inc1$ 表示地区层面政府直接补贴；$\ln INC2$ 表示行业层面税收直接优惠，$\ln inc2$ 表示地区层面税收直接优惠；$\ln INC3$ 表示行业层面税收间接优惠，$\ln inc3$ 表示地区层面税收间接优惠。X 表示影响行业层面企业创新驱动发展效率的其他变量，x 表示影响地区层面企业创新驱动发展效率的其他变量，二者均包括企业规模、行业竞争性、所有制结构与融资错配度；μ、ν、υ 表示不随时间变化的行业截面或地区截面的个体效应，ε、η、σ 表示行业层面或地区层面的随机误差项。

（二）估计方法

本章面板模型所采用的估计方法与第五章第一节中的阐述基本一致，在此不再详述。

二 变量选取与数据说明

（一）变量选取

一是核心解释变量。本章重点分析不同类型财政科技政策激励对企业创新驱动发展效率的影响，并参考《工业企业科技活动统计年鉴》中政府相关政策落实情况，选取"使用来自政府部门的研发资金""高新技术企业减免税""研究开发费用加计扣除减免税"来反映财政科技政策激励情况。同时，借鉴陈修德等的做法，① 以密度指标反映不同类型财政科技政策激励的水平，即使用来自政府部门的研发资金/行业从业人员数、高新技术企业减免税/行业从业人员数、研究开发费用加计扣除减免税/行业从业人员数，分别度量行业层面政府直接补贴（$\ln INC1$）、税收直接优惠（$\ln INC2$）、税收间接优惠（$\ln INC3$）；使用来自政府部门的研发资金/地区企业从业人员数、高新技术企业减免税/地区企业从业人员数、

---

① 陈修德、梁彤缨：《中国高新技术产业研发效率及其影响因素——基于面板数据 SFPF 模型的实证研究》，《科学学研究》2010 年第 8 期；熊维勤：《税收和补贴政策对 R&D 效率和规模的影响——理论与实证研究》，《科学学研究》2011 年第 5 期；王利：《中国大中型工业企业创新驱动增长的测度与分析》，《数量经济技术经济研究》2015 年第 11 期；姜南：《自主研发、政府资助政策与产业创新方向——专利密集型产业异质性分析》，《科技进步与对策》2017 年第 3 期。

研究开发费用加计扣除减免税/地区企业从业人员数,分别度量地区层面政府直接补贴（lninc1）、税收直接优惠（lninc2）、税收间接优惠（lninc3）。二是被解释变量与控制变量。本章的被解释变量企业创新驱动发展效率,控制变量企业规模、行业竞争性、所有制结构及融资错配度等的测度指标均与第五章内容保持一致,对于该部分变量选取的解释在此不再赘述。

（二）数据说明

考虑到政府直接补贴、税收直接优惠与税收间接优惠各指标间的数据绝对值差异较大,为了保证序列平稳性,本章对三类财政科技政策激励指标均做了对数处理。与此同时,为了缓解异常值对模型估计结果的影响,在数据处理过程中,本章对所有连续变量做了1%的缩尾处理。行业层面与地区层面三种类型财政科技政策激励的描述性统计结果如表7.1所示。本章的被解释变量企业创新驱动发展效率,控制变量企业规模、行业竞争性、所有制结构及融资错配度等的数据说明均与第五章内容保持一致,在此不再赘述,也不再罗列描述性统计结果。

表7.1　　　　　　　　变量的描述性统计

	变量名称	变量符号	样本数	均值	标准差	最小值	最大值
行业层面	政府直接补贴	$\ln INC1$	280	5.1108	1.2832	1.4824	7.9135
	税收直接优惠	$\ln INC2$	280	5.8468	1.3832	1.1494	8.7136
	税收间接优惠	$\ln INC3$	280	5.1539	1.7798	1.8142	8.5530
地区层面	政府直接补贴	$\ln inc1$	240	6.1244	0.7516	4.1972	8.3564
	税收直接优惠	$\ln inc2$	240	5.6723	1.1954	1.1779	8.3190
	税收间接优惠	$\ln inc3$	240	5.5175	0.7544	3.4177	7.7410

第二节　实证检验与结果分析

本章依然利用F检验、LM检验与Hausman检验对混合效应（POLS）、固定效应（FE）与随机效应（RE）进行选择。检验结果均表明,固定效应模型要明显优于随机效应模型与混合效应模型。[①] 同时，本章仍然采用 D&K 标准误调整的固定效应方法，从行业层面与地区层面分别实证检验政府直接补贴、税收直接优惠以及税收间接优惠对企业创新驱动发展效率的影响，具体检验结果详见表 7.2、表 7.3 与表 7.4。此外，为了直观地比较不同类型财政科技政策激励对企业创新驱动发展效率的影响效果，本章还对比分析了不同类型财政科技政策激励对企业创新驱动发展效率的影响差异。

表 7.2　　政府直接补贴对企业创新驱动发展效率影响的检验结果

变量	行业层面		变量	地区层面	
	FE	D&K		FE	D&K
	模型（1）	模型（2）		模型（3）	模型（4）
lnINC1	0.1010 ***	0.1010 ***	lninc1	0.3378 ***	0.3378 ***
	(3.48)	(3.04)		(7.45)	(5.85)
SCA	0.0532	0.0532	sca	0.7573 ***	0.7573 ***
	(0.33)	(0.34)		(3.20)	(5.92)
COM	-0.1458	-0.1458	com	0.9123 ***	0.9123 ***
	(-0.31)	(-0.60)		(4.35)	(5.40)
PRO	-0.9767 ***	-0.9767 **	pro	-1.3614	-1.3614
	(-3.65)	(-2.22)		(-0.89)	(-0.74)
FIN	-7.4706	-7.4706 ***	fin	-28.7824 **	-28.7824 ***
	(-1.02)	(-2.77)		(-2.42)	(-3.41)
常数项	0.6499	0.6499	常数项	-12.8305 ***	-12.8305 ***
	(0.77)	(0.72)		(-4.22)	(-6.40)
面板模型设定 F 值	8.24 *** [0.0000]	123.63 *** [0.0000]	面板模型设定 F 值	18.32 *** [0.0000]	488.07 *** [0.0000]
R^2	0.1465	0.1465	R^2	0.3088	0.3088

---

① 限于篇幅，检验结果未列出。

表7.3 税收直接优惠对企业创新驱动发展效率影响的检验结果

	行业层面			地区层面	
变量	FE 模型（1）	D&K 模型（2）	变量	FE 模型（3）	D&K 模型（4）
ln$INC2$	0.0525** (2.06)	0.0525** (2.33)	ln$inc2$	0.1580*** (5.10)	0.1580*** (2.85)
SCA	0.0749 (0.46)	0.0749 (0.48)	sca	0.7980*** (3.15)	0.7980*** (4.04)
COM	-0.0178 (-0.04)	-0.0178 (-0.08)	com	0.7822*** (3.52)	0.7822*** (5.63)
PRO	-0.9975*** (-3.65)	-0.9975** (-2.09)	pro	-1.9302 (-1.19)	-1.9302 (-1.00)
FIN	-11.2050 (-1.52)	-11.2050*** (-2.81)	fin	-20.7695* (-1.65)	-20.7695** (-2.29)
常数项	0.7350 (0.85)	0.7350 (0.77)	常数项	-10.7056*** (-3.31)	-10.7056*** (-7.27)
面板模型设定F值	6.48*** [0.0000]	46.05*** [0.0000]	面板模型设定F值	11.58*** [0.0000]	55.36*** [0.0000]
R^2	0.1190	0.1190	R^2	0.2203	0.2203

表7.4 税收间接优惠对企业创新驱动发展效率影响的检验结果

	行业层面			地区层面	
变量	FE 模型（1）	D&K 模型（2）	变量	FE 模型（3）	D&K 模型（4）
ln$INC3$	0.0278 (1.55)	0.0278* (1.75)	ln$inc3$	0.1053*** (2.82)	0.1053*** (3.19)
SCA	0.0996 (0.61)	0.0996 (0.62)	sca	0.9945*** (3.83)	0.9945*** (3.26)
COM	-0.0563 (-0.12)	-0.0563 (-0.25)	com	0.8498*** (3.67)	0.8498*** (6.88)

续表

变量	行业层面		变量	地区层面	
	FE 模型（1）	D&K 模型（2）		FE 模型（3）	D&K 模型（4）
PRO	-1.0316*** (-3.77)	-1.0316** (-2.12)	pro	2.7243 (-1.62)	-2.7243 (-1.43)
FIN	-9.4255 (-1.24)	-9.4255** (-2.11)	fin	-22.5194* (-1.72)	-22.5194*** (-3.18)
常数项	0.7650 (0.88)	0.7650 (0.83)	常数项	-11.9964*** (-3.57)	-11.9964*** (-6.52)
面板模型设定 F 值	6.07*** [0.0000]	37.88*** [0.0001]	面板模型设定 F 值	7.48*** [0.0000]	156.79*** [0.0000]
R^2	0.1122	0.1122	R^2	0.1543	0.1543

一 政府直接补贴对企业创新驱动发展效率的影响分析

从行业层面来看，由表 7.2 中的估计结果可以看出，无论是采用 FE 模型还是 D&K 方法，政府直接补贴（lnINC1）的影响系数均在 1% 的水平上显著为正，说明政府直接补贴对提升企业创新驱动发展效率具有明显的促进效应。从控制变量的估计结果来看，行业层面的企业规模（SCA）与行业竞争性（COM）的系数均未通过显著性水平检验，即企业规模以及行业竞争性对企业创新驱动发展效率的影响并不显著。所有制结构（PRO）与融资错配度（FIN）的影响系数均显著为负，说明所有制结构与融资错配度均显著抑制了企业创新驱动发展效率的提升，即企业国有化程度越高或融资错配度越高，越容易抑制企业创新驱动发展效率的提升。

从地区层面来看，由表 7.2 中的估计结果可以看出，在模型（3）与模型（4）中，政府直接补贴（lninc1）的影响系数为正，且通过了 1% 的显著性水平检验，说明政府直接补贴明显地提升了企业创新驱动发展效率。政府直接补贴越强，企业创新驱动发展效率越高。从控制变量的估计结果来看，地区层面的企业规模（sca）与行业竞争性（com）的影响系数均为正，且在 1% 的水平上显著，说明较大规模企业以及较强行业竞争性对地区企业创新驱动发展效率的提升具有显著的促进作用；所有制结构（pro）的影响系数为负数，但并未通过显著性水平检验，说明所有制结构对地区企业创新驱动发展效率的抑制效应并不明显；融资错配度（fin）的影响系数显著为负，说明融资错配程度越大，越容易抑制企业创新驱动发展效率的提升。

综上所述，行业层面与地区层面的检验结果基本一致，均得出"政府直接补贴促进了企业创新驱动发展效率的提升"的结论。主要原因在于，政府直接补贴多采用财政拨款、贷款贴息等方式对企业创新活动进行直接激励，以降低企业创新投入成本，使得企业在获得政府直接补贴后部分较难获利的创新项目也会变得有利可图。部分企业为了提高政府直接补贴的利用率，会不断提升企业创新驱动发展效率。与此同时，政府直接补贴在一定程度上还可以补偿企业创新活动中的风险损失，使得享受政府直接补贴激励的部分企业提高了创新投入力度，积极跟进并探索技术发展趋势以扩大市场份额，从而获得竞争优势，增加企业创新收益，进而提升企业创新驱动发展效率。

二 税收直接优惠对企业创新驱动发展效率的影响分析

从行业层面来看，由表 7.3 的估计结果可以看出，无论是采用 FE 模型还是 D&K 方法，税收直接优惠（ln$INC2$）对企业创新驱动发展效率的影响系数均在 5% 的水平上显著为正，说明税收直接优惠与企业创新驱动发展效率存在显著的正相关关系，即企业创新驱动发展效率会随着税收直接优惠力度的增强而提升。从控制变量的估计结果来看，行业层面的企业规模（SCA）与行业竞争性（COM）的影响系数均未通过显著性水平检验，即企业规模以及行业竞争性对企业创新驱动发展效率的影响并不显著。所有制结构（PRO）与融资错配度（FIN）的影响系数均显著为负，说明所有制结构与融资错配度均显著抑制了企业创新驱动发展效率的提升，即企业国有化程度越高或融资错配度越高，越容易抑制企业创新驱动发展效率的提升。

从地区层面来看，由表 7.3 中的估计结果可以看出，税收直接优惠（ln$inc2$）的影响系数在模型（3）与模型（4）中均为正，且通过了 1%

的显著性水平检验,说明税收直接优惠对企业创新驱动发展效率的提升具有显著的促进效应。从控制变量的估计结果来看,地区层面的企业规模（sca）与行业竞争性（com）的影响系数显著为正,说明企业规模越大或行业竞争性越强,企业创新驱动发展效率越高;所有制结构（pro）的影响系数为负,但并未通过显著性水平检验,说明所有制结构对地区企业创新驱动发展效率的抑制效应并不显著;融资错配度（fin）的影响系数为负,且通过了显著性水平检验,说明融资错配度对企业创新驱动发展效率的提升具有显著的抑制效应。

综上所述,行业层面与地区层面的检验结果基本一致,均得出"税收直接优惠促进了企业创新驱动发展效率的提升"的结论。主要原因在于,作为税收直接优惠典型形式的高新技术企业减免税,以高新技术企业认定条件为税收减免依据,一定程度上可以引导创新企业集聚科研创新人才、组建研发团队,鼓励企业增加创新投入,并依托规范且成熟的研发机构来承接企业先进技术的引进以及创新成果的转化,实现企业创新产出最大化,从而提升企业创新驱动发展效率。此外,政府通过对企业涉及创新投入的要素进行税收减免以及对创新产品的销售提供税收优惠,可以有效降低企业创新成本,将企业创新收益用于科技研发和生产再投入,提高企业创新能力、产品附加值与市场竞争力,并直接提高企业科技创新的预期收益,从而对企业提升创新驱动发展效率产生激励作用。

三 税收间接优惠对企业创新驱动发展效率的影响分析

从行业层面来看,由表 7.4 的估计结果可以看出,无论是采用 FE 模型还是 D&K 方法,在模型（1）与模型（2）中,税收间接优惠（$\ln INC3$）的影响系数均显著为正,说明税收间接优惠有利于促进企业创新驱动发展效率的提升,即税收间接优惠与企业创新驱动发展效率之间存在显著的正相关关系。从控制变量的估计结果来看,行业层面的企业规模（SCA）与行业竞争性（COM）的影响系数均未通过显著性水平检验,说明企业规模或行业竞争性对企业创新驱动发展效率的影响并不显著。所有制结构（PRO）与融资错配度（FIN）的影响系数均显著为负,

第七章　不同类型财政科技政策激励对企业创新驱动发展效率的影响检验

说明所有制结构与融资错配度对企业创新驱动发展效率的提升存在显著的抑制效应，即企业国有化程度越高或融资错配度越高，越容易抑制企业创新驱动发展效率的提升。

从地区层面来看，由表7.4中的估计结果可以看出，税收间接优惠（$lninc3$）的影响系数在模型（3）与模型（4）中均为正，且通过了1%的显著性水平检验，说明税收间接优惠显著提升了企业创新驱动发展效率。从控制变量的估计结果来看，地区层面的企业规模（sca）与行业竞争性（com）的影响系数均显著为正，说明大的企业规模与激烈的行业竞争对企业创新驱动发展效率的提升存在显著的促进效应；所有制结构（pro）的影响系数并未通过显著性水平检验，说明所有制结构对企业创新驱动发展效率的影响并不显著；融资错配度（fin）的影响系数显著为负，说明融资错配度对企业创新驱动发展效率的提升具有显著的抑制效应。

综上所述，行业层面与地区层面的检验结果基本一致，均得出"税收间接优惠促进了企业创新驱动发展效率的提升"的结论。主要原因在于，作为税收间接优惠典型形式的研究开发费用加计扣除减免税，可以帮助企业节约当期经营现金流量，间接增加资本供给量，降低企业创新活动的投资成本，解决创新活动的外部性问题，并引导企业进行实质性创新，从而提升企业创新驱动发展效率。此外，以亏损结转、加速折旧及税收抵免等方式的税收间接优惠，可以将原本完全由企业单独承担的创新风险转由政府承担一部分，补偿企业创新活动的财务风险损失，缓解企业开展风险性技术项目的创新压力，从而助推企业创新驱动发展效率的提升。

四　不同类型财政科技政策激励效果的对比分析

前文从行业层面与地区层面分别对政府直接补贴、税收直接优惠以及税收间接优惠影响企业创新驱动发展效率的效应进行了实证研究。本部分将基于前文的检验结果（主要分析采用D&K方法的检验结果），从行业层面与地区层面比较不同类型财政科技政策激励对企业创新驱动发展效率的影响差异。通过对比分析，可以得到以下研究结论。

从行业层面来看，政府直接补贴、税收直接优惠与税收间接优惠对企业创新驱动发展效率的影响系数均显著为正，且分别为 0.1010、0.0525 与 0.0278，该检验结果从行业层面证实了本书的研究假说四是成立的，即政府直接补贴、税收直接优惠与税收间接优惠均促进了企业创新驱动发展效率的提升。对比三种类型财政科技政策激励的影响系数可以发现，政府直接补贴的影响系数最大，税收间接优惠的影响系数最小，三种类型财政科技政策激励对企业创新驱动发展效率的影响效应依次表现为政府直接补贴强于税收直接优惠，税收直接优惠强于税收间接优惠。该结论从行业层面证实了研究假说五是成立的，即三种类型财政科技政策激励对企业创新驱动发展效率的影响存在差异。从地区层面来看，政府直接补贴、税收直接优惠与税收间接优惠的影响系数也均显著为正，且分别为 0.3378、0.1580 与 0.1053。该检验结果从地区层面证实了本书的研究假说四是成立的，即政府直接补贴、税收直接优惠与税收间接优惠均促进了企业创新驱动发展效率的提升。同样，对比三种类型财政科技政策激励的影响系数发现，政府直接补贴对企业创新驱动发展效率的提升效应最强，税收间接优惠对企业创新驱动发展效率的提升效应最弱，该结论从地区层面证实研究假说五是成立的。

综上所述，行业层面与地区层面的检验结果基本一致，均得出"政府直接补贴、税收直接优惠与税收间接优惠均促进了企业创新驱动发展效率的提升，并且政府直接补贴的影响效应强于税收直接优惠，税收直接优惠的影响效应强于税收间接优惠"的结论。产生该检验结果的可能原因在于，中国目前企业研究开发费用加计扣除减免税力度太小，很难激励企业进行研发，如中国企业研究开发费用加计扣除减免只占企业创新投入的 6% 左右，而美国、法国等创新型国家的加计扣除减免税占比约为 20%；另外，研究开发费用加计扣除政策并未限制企业研发产出，所以对企业创新驱动发展效率的激励作用相对较小。[①] 而税收直接优惠的显著性水平高于税收间接优惠，可能是由于《高技术企业认定管理办法》严格限定了企业的科技创新投入与创新产出，所以对从事科技创新活动

---

① 张玉、陈凯华、乔为国：《中国大中型企业研发效率测度与财政激励政策影响》，《数量经济技术经济研究》2017 年第 5 期。

的企业而言，高新技术企业减免税是一种针对研发成果的奖励，对企业提高创新效率的激励作用较强。此外，高新技术企业减免税的法律权威性较高，其对骗税、漏税等违法行为都有明确的法律处置措施，一定程度上减少了企业的"伪创新"以及"搭便车"等行为，从而有效地激励企业进行科技创新。而政府直接补贴的针对性相对于税收优惠更强，反应速度快，通过发挥其对企业创新活动的杠杆作用，可以缓解企业研发活动的融资约束。因此，政府直接补贴的激励效应更明显。

五 稳健性检验

前文的实证检验结果证实，不同类型财政科技政策激励均促进了企业创新驱动发展效率的提升。为了降低遗漏变量可能造成的估计偏误以及确保本章估计结果的稳健性，本书进一步在式（7.1）、式（7.2）和式（7.3）中加入被解释变量的一阶滞后项，构建了如下动态面板模型进行稳健性检验：

$$EFF_{it}(eff_{jt}) = a_0 + a_1 EFF_{i,t-1}(eff_{j,t-1}) \\ + a_2 lnINC1_{it}(lninc1_{jt}) + kX_{it}(x_{jt}) + \mu + \varepsilon \quad (7.4)$$

$$EFF_{it}(eff_{jt}) = b_0 + b_1 EFF_{i,t-1}(eff_{j,t-1}) \\ + b_2 lnINC2_{it}(lninc2_{jt}) + mX_{it}(x_{jt}) + \nu + \eta \quad (7.5)$$

$$EFF_{it}(eff_{jt}) = c_0 + c_1 EFF_{i,t-1}(eff_{j,t-1}) \\ + c_2 lnINC3_{it}(lninc3_{jt}) + nX_{it}(x_{jt}) + \upsilon + \sigma \quad (7.6)$$

其中，$EFF_{i,t-1}$表示行业层面企业创新驱动发展效率的一阶滞后项，$eff_{j,t-1}$表示地区层面企业创新驱动发展效率的一阶滞后项；其他变量所表示的含义与式（7.1）、式（7.2）及式（7.3）保持一致，在此不再赘述。由于在对不同类型财政科技政策激励与企业创新驱动发展效率的关系进行稳健性检验时设定的是动态面板模型，式（7.4）、式（7.5）及式（7.6）中包含了被解释变量的滞后项。为了解决可能存在的内生性问题，本章与第五章稳健性检验的做法一致，采用两步系统GMM估计方法对动态面板模型进行估计。具体检验结果见表7.5。

表 7.5　　　　　　　　　　稳健性检验结果

变量	行业层面			地区层面		
	政府直接补贴	税收直接优惠	税收间接优惠	政府直接补贴	税收直接优惠	税收间接优惠
	模型（1）	模型（2）	模型（3）	模型（4）	模型（5）	模型（6）
L.EFF	1.1262*** (132.74)	1.1444*** (135.41)	1.1357*** (75.12)			
ln*INC*1	0.0525*** (8.08)					
ln*INC*2		0.0407*** (6.71)				
ln*INC*3			0.0365*** (6.16)			
L.eff				0.9237*** (32.43)	1.0414*** (22.41)	0.9986*** (28.45)
ln*inc*1				0.1927*** (6.09)		
ln*inc*2					0.1691*** (6.72)	
ln*inc*3						0.1089*** (3.49)
AR（2）检验	0.376	0.117	0.655	0.261	0.238	0.259
Hansen检验	0.133	0.311	0.389	0.617	0.428	0.379

注：限于篇幅，表中省略了其他控制变量的系数估计结果。

为了检验动态面板模型设定的合理性和工具变量选取的有效性，本书对所有模型进行残差序列相关性检验（AR 检验）和过度识别检验（Hansen 检验）。其中，AR 检验结果表明，相应的 P 值均显著大于 0.1，接受随机扰动项无自相关的原假设，说明所有模型差分后的残差均不存在二阶序列相关性，可以判定模型的设定是合理的。Hansen 检验结果表明,相应的 P 值均显著大于 0.1,接受所有工具变量均有效的原假设,说明模型内过度识别约束有效,可以判定工具变量的选取是有效的。从模型(1)至模型(6)的估计结果来看,无论是行业层面还是地区层面,企业创新驱动发展效率的一阶滞后项的回归系数均在 1% 的水平上显著为正,核心解释变量政府直接补贴、税收优惠以及税收间接优惠的回归系数除数值大小有所变化外,其符号与显著性水平均与前文的检验结果无本质性变化,可以证实前文的研究结论是可靠且稳健的。

第三节 行业异质性与地区异质性检验

前文从行业层面与地区层面总体检验了不同类型财政科技政策激励对企业创新驱动发展效率的影响。为了揭示不同类型财政科技政策激励对企业创新驱动发展效率影响的行业差异,本部分依据前文的标准将全行业样本划分为资源与劳动密集型行业、资本与技术密集型行业两类,进一步检验三种类型财政科技政策激励对企业创新驱动发展效率影响的行业异质性,具体检验结果见表 7.6。为了揭示不同类型财政科技政策激励对企业创新驱动发展效率影响的地区差异,本部分依据前文的标准将全国样本划分为东部与中西部地区两类,进一步检验三种类型财政科技政策激励对企业创新驱动发展效率影响的地区异质性,具体检验结果见表 7.7。限于篇幅,本部分仅列示了采用 D&K 估计方法的回归结果。

一 行业异质性检验

(一)资源与劳动密集型行业的检验结果

由表 7.6 的检验结果可以看出,政府直接补贴（$\ln INC1$）的估计系数显著为正,而税收直接优惠（$\ln INC2$）与税收间接优惠（$\ln INC3$）的估计系数均未通过显著性水平检验,说明在资源与劳动密集型行业中,相比于税收直接优惠与税收间接优惠,政府直接补贴对企业创新驱动发展效率的激励效应更显著。可能原因在于,政府直接补贴相对于税收优惠而言,其对企业科研活动的资助是直接的、事前的,多注重激发企业开展创新活动的积极性与主动性。而资源与劳动密集型行业依托创新驱动发展的积极性并不高，其对具有明显事后激励效应的税收优惠的反应并不明显，因此，政府直接补贴对企业创新驱动发展的激励效应相对较显著。这与第五章行业层面财政科技政策激励对企业创新驱动发展效率的影响结果大体一致，即在资源与劳动密集型行业中，财政科技政策激励对企业创新驱动发展效率的影响并不显著。可能原因也与本书财政科技政策激励指标是包含政府直接补贴、税收直接优惠及税收间接优惠在内的综合评价指标体系有关，仅政府直接补贴通过了显著性检验，难免会降低整体财政科技政策激励对企业创新驱动发展效率的影响效果。

从控制变量的检验结果来看，企业规模（SCA）在三种类型财政科技政策激励中的影响系数均显著为正，说明在资源与劳动密集型行业中，企业规模越大，企业创新驱动发展效率越高；行业竞争性（COM）与所有制结构（PRO）的影响系数在三种类型财政科技政策激励中均显著为负，说明在资源与劳动密集型行业中，行业竞争性越强或所有制结构中国有化程度越高，越容易抑制企业创新驱动发展效率的提升；融资错配度（FIN）的影响系数虽然也为负，但是在模型（1）至模型（3）中，均未通过显著性水平检验，说明在资源与劳动密集型行业中，融资错配度对企业创新驱动发展效率的抑制作用并不显著。综上所述，本部分控制变量的检验结果与第五章资源与劳动密集型行业样本的检验结果基本一致，具体成因在此不再详细阐述。

（二）资本与技术密集型行业的检验结果

由表7.6的检验结果可以看出，政府直接补贴（$\ln INC1$）、税收直接优惠（$\ln INC2$）与税收间接优惠（$\ln INC3$）的影响系数均显著为正，说明三种类型财政科技政策激励均对企业创新驱动发展效率的提升起到了正向的促进作用。从三种类型财政科技政策的激励效应来看，政府直接补贴、税收直接优惠与税收间接优惠的影响系数分别为0.3046、0.2546与0.1889，这表明在资本与技术密集型行业，政府直接补贴对企业创新驱动发展效率的促进作用要强于税收直接优惠，而税收间接优惠对企业创新驱动发展效率的促进作用相对最弱。出现上述现象的可能原因在于，对于资本与技术密集型行业而言，其拥有较高的研发创新能力与研发主动性，且对创新资金的需求量较大，因此无论是事前激励还是事后激励，均会刺激企业提升创新驱动发展效率。不同类型财政科技政策的激励作用不同，主要与政府直接补贴、税收直接优惠与税收间接优惠各自的政策属性有关。

表7.6　　　　　　　　　行业异质性检验结果

变量	资源和劳动密集型行业			资本和技术密集型行业		
	政府直接补贴	税收直接优惠	税收间接优惠	政府直接补贴	税收直接优惠	税收间接优惠
	模型（1）	模型（2）	模型（3）	模型（4）	模型（5）	模型（6）
$\ln INC1$	0.0322** (2.47)			0.3046** (2.24)		
$\ln INC2$		0.0017 (0.23)			0.2546*** (2.91)	
$\ln INC3$			0.0065 (1.40)			0.1889** (2.33)
SCA	0.257** (2.13)	0.2699** (2.35)	0.2730** (2.31)	-0.4535** (-2.29)	-0.3862* (-1.96)	-0.5765*** (-3.03)
COM	-0.7697** (-2.14)	-0.7079** (-2.20)	-0.7458** (-2.16)	2.2359 (1.10)	2.5865* (1.85)	3.4150*** (3.07)
PRO	-0.2540** (-2.20)	-0.2681** (-2.59)	-0.2529** (-2.50)	-1.1624* (-1.68)	-1.1388* (-1.86)	-1.2760* (-1.74)
FIN	-1.2156 (-0.46)	-2.6907 (-0.91)	-1.9493 (-0.61)	-35.7409*** (-4.11)	-49.6283*** (-3.52)	-46.4617*** (-3.29)
常数项	-0.3445 (-0.55)	-0.2833 (-0.46)	-0.3205 (-0.52)	2.0544** (2.10)	1.7514 (1.43)	3.2445*** (2.87)
面板模型设定F值	57.84*** [0.0000]	6.48** [0.0147]	5.72** [0.0204]	13.17*** [0.0019]	35.18*** [0.0001]	21.21*** [0.0004]
R^2	0.1944	0.1510	0.1589	0.3288	0.3235	0.3120

从控制变量的检验结果来看，企业规模（SCA）的影响系数在三种类型财政科技政策激励中均显著为负，说明在资本与技术密集型行业，企业规模越大，越有利于提升企业创新驱动发展效率；行业竞争性（COM）

的影响系数均为正数,且在模型(5)与模型(6)中通过了显著性水平检验,说明在资本与技术密集型行业,行业竞争性与企业创新驱动发展效率存在显著的正相关关系;所有制结构(PRO)与融资错配度(FIN)的影响系数均显著为负,这说明所有制结构与融资错配度均显著抑制了企业创新驱动发展效率的提升,调整所有制结构或降低融资错配程度可能是未来提升企业创新驱动发展效率的重点。综上所述,本部分控制变量的检验结果与第五章资本与技术密集型行业样本的检验结果基本一致,具体成因在此不再详细阐述。

二 地区异质性检验

(一) 东部地区检验结果

从表7.7的估计结果中可以看出,政府直接补贴($lninc1$)、税收直接优惠($lninc2$)与税收间接优惠($lninc3$)的影响系数均显著为正,说明在东部地区,三种类型财政科技政策激励对提升企业创新驱动发展效率具有显著的正向影响。此外,从三种类型财政科技政策的激励效应来看,政府直接补贴的影响系数为0.1545,税收直接优惠的影响系数为0.1067,税收间接优惠的影响系数为0.1463。这表明在东部地区,政府直接补贴与税收间接优惠对企业创新驱动发展效率的激励作用要强于税收直接优惠。之所以出现税收直接优惠的激励效应小于税收间接优惠,可能原因在于,本书衡量税收直接优惠时以高新技术企业的税收减免为主,而税收间接优惠以企业研究开发费用加计扣除减免为主,相较于高新技术企业减免税,研究开发费用加计扣除减免税一般不会因企业规模或企业所在地等因素将某些企业排除在税收优惠范围之外,税收间接优惠的政策普适性要优于税收直接优惠。

从控制变量的检验结果来看,企业规模(sca)在三种财政科技政策激励中的系数均为负数,但并未通过显著性水平检验,说明在东部地区,企业规模对企业创新驱动发展效率的抑制作用并不显著。行业竞争性(com)、所有制结构(pro)以及融资错配度(fin)的影响系数均显著为负,说明在东部地区,行业竞争性、所有制结构以及融资错配度与企业创新驱动发展效率存在显著的负相关关系。分析控制变量的估计结果可以发现,其回归系数的方向、大小以及显著性水平与第五章东部地区样本回归结果基本一致,具体成因在此不再赘述。

表7.7　　　　　　　　　　地区异质性检验结果

变量	东部地区			中西部地区		
	政府直接补贴	税收直接优惠	税收间接优惠	政府直接补贴	税收直接优惠	税收间接优惠
	模型(1)	模型(2)	模型(3)	模型(4)	模型(5)	模型(6)
$lninc1$	0.1545***			0.3014***		
	(2.75)			(7.96)		
$lninc2$		0.1067**			0.1262***	
		(2.40)			(3.05)	
$lninc3$			0.1463***			-0.0006
			(2.94)			(-0.03)
sca	-0.4815	-0.4123	-0.4422	1.0378***	0.9701***	1.2645***
	(-1.45)	(-1.40)	(-1.26)	(15.25)	(6.01)	(3.88)
com	-0.8443***	-0.8922***	-0.8450***	1.7360***	1.8439***	1.9883***
	(-5.84)	(-4.47)	(-4.93)	(5.79)	(7.72)	(8.30)
pro	-4.7682***	-5.0902***	-5.4842***	0.7400	1.2115	0.4334
	(-3.07)	(-3.30)	(-4.45)	(0.27)	(0.42)	(0.15)
fin	-43.1166***	-32.0976***	-41.2789***	-27.4375***	-25.5824***	-21.0533***
	(-4.82)	(-5.27)	(-4.47)	(-3.24)	(-2.61)	(-2.90)
常数项	11.4883***	11.7668***	11.4077***	-21.1248***	-20.5168***	-22.6605***
	(4.16)	(3.36)	(3.52)	(-7.33)	(-10.42)	(-9.81)
面板模型设定F值	152.05*** [0.0000]	54.75*** [0.0000]	185.72*** [0.0000]	224.15*** [0.0000]	161.92*** [0.0000]	492.35*** [0.0000]
R^2	0.4847	0.4709	0.4964	0.4123	0.3776	0.3235

(二) 中西部地区检验结果

由表7.7的检验结果可以看出,政府直接补贴($lninc1$)与税收直接优惠($lninc2$)的估计系数均显著为正,而税收间接优惠($lninc3$)的估计系数为负且未通过显著性水平检验,这说明政府直接补贴与税收直接优惠对企业创新驱动发展效率具有显著的正向激励效应,而税收间接优惠的激励作用并不显著。可能原因在于,中西部地区对政府直接补贴与税收直接优惠的依赖性较强,且税收间接优惠需要以企业创新投入为前提,受税收间接优惠的前提条件限制,在中西部地区,税收间接优惠的激励效应并不显著。对比东部地区,中西部地区的政府直接补贴与税收直接优惠的激励效应均要大于东部地区。出现上述现象除了与三种类型财政科技政策属性有关外,还与中西部地区的特征有关。中西部地区科技创新的原生态环境相对欠完善,随着国家创新驱动发展战略的提出,中西部地区企业创新驱动发展的意识不断增强,其对政府直接补贴或税收直接优惠的诉求较强,且创新冗余较少,因此政府直接补贴与税收直接优惠对企业创新驱动发展效率的激励效应较强。

从控制变量的检验结果来看,企业规模(sca)与行业竞争性(com)的影响系数在三种类型财政科技政策激励中均显著为正,说明在中西部地区,企业规模越大或者行业竞争性越强,企业创新驱动发展效率越高。所有制结构(pro)的影响系数虽然为正数,但是均未通过显著性水平检验,说明所有制结构对企业创新驱动发展效率的提升作用并不明显。融资错配度(fin)的影响系数在三种类型财政科技政策激励中均显著为负,说明融资错配度越高,其对企业创新驱动发展效率的抑制效应越强。观察控制变量的估计结果可知,其回归系数的方向、大小以及显著性水平与第五章中西部地区样本回归结果基本一致,具体成因在此不再赘述。

第四节 本章小结

本章利用2009—2016年中国行业层面与地区层面工业企业面板数据,采用FE模型、D&K方法及系统GMM估计法,实证检验了不同类型财政科技政策激励对企业创新驱动发展效率(系统效率)的影响,并对比分析了政府直接补贴、税收直接优惠与税收间接优惠对企业创新驱动发展效率影响的差异性。行业层面与地区层面的回归结果证实了假说四(政府直接补贴、税收直接优惠与税收间接优惠均促进了企业创新驱动发展效率的提升)与假说五(三种类型财政科技政策激励对企业创新驱动发展效率的影响存在差异）均是成立的，并且政府直接补贴的激励效应强于税收直接优惠，税收直接优惠的激励效应强于税收间接优惠。此外，进一步讨论了三种类型财政科技政策激励对企业创新驱动发展效率影响的行业异质性与地区异质性。分行业来看，在资源与劳动密集型行业，仅政府直接补贴显著促进了企业创新驱动发展效率的提升；在资本与技术密集型行业，三种类型财政科技政策激励均提升了企业创新驱动发展效率，且政府直接补贴对企业创新驱动发展效率的激励效应强于税收直接优惠，税收直接优惠强于税收间接优惠。分地区来看，在东部地区，三种类型财政科技政策激励均显著促进了企业创新驱动发展效率的提升，并且政府直接补贴的激励效应最强，税收间接优惠的激励效应相对最弱；在中西部地区，仅政府直接补贴与税收直接优惠显著提升了企业创新驱动发展效率，且政府直接补贴的激励效应强于税收直接优惠。

第八章

研究结论、对策建议与研究展望

本章在归纳与总结全书相关研究内容与结论的基础上，根据理论研究与实证检验结果，有针对性地提出促进企业创新驱动发展效率提升的对策建议，并指出可能进一步拓展的研究议题与研究方向。

第一节 研究结论

本书在梳理公共财政理论、政策工具理论、激励理论以及创新理论等的基础上，探索性研究了财政科技政策激励对企业创新驱动发展及其效率的作用机理；归纳了财政科技政策的演进阶段与基本特征，系统分析了财政科技政策激励与企业创新驱动发展效率的总体概况、行业异质性与地区异质性，并从财政科技政策激励作用不充分、企业创新驱动发展内在动力不足、行业不协调与地区不协调现象突出等方面，阐述了当前企业创新驱动发展效率提升存在的主要问题；基于理论分析与现状阐述，分别实证检验了财政科技政策激励对企业创新驱动发展效率的总体影响、财政科技政策激励对企业创新驱动发展两阶段效率的影响，以及不同类型财政科技政策激励对企业创新驱动发展效率的影响，从而系统分析财政科技政策激励对企业创新驱动发展效率的影响效应。通过上述理论、现状与实证研究，本书得出以下研究结论。

第一，财政科技政策激励水平与企业创新驱动发展效率水平在样本期内整体上均呈现出显著的增长趋势，并且表现出明显的行业异质性与地区异质性，企业创新驱动发展效率的提升还面临诸多问题与挑战。测算结果表明，2009—2016年财政科技政策投入规模的年均增长率为17.14%，企业创新驱动发展效率在主要年份均大于1，说明在样本期内，财政科技政策激励水平与企业创新驱动发展效率的增长趋势较为明显。异质性分析结果表明，财政科技政策对资本与技术密集型行业的激励作用要强于资源与劳动密集型行业，东部地区的激励作用要强于中西部地区；相比于资源劳动密集型行业，在资本与技术密集型行业中，企业创新驱动发展效率水平更高，中西部地区企业创新驱动发展效率水平整体上要高于东部地区。此外，企业创新驱动发展效率的提升还面临诸多问题。一是财政科技政策的激励作用不充分，财政科技政策投入的总量有待提高，研究结构和主体结构有待优化。二是企业创新驱动发展内在动力不足，企业创新意愿不强，开展创新活动的规模以上工业企业总量偏小，企业对基础研究与应用研究缺乏创新积极性。三是行业不协调与地区不协调现象突出，如财政科技政策激励的行业不协调与地区不协调问题、企业创新驱动发展效率的行业不协调与地区不协调问题。

第二，财政科技政策激励促进了企业创新驱动发展效率的提升，其影响具有明显的行业异质性、地区异质性及双重门槛效应。本书利用2009—2016年中国行业层面和地区层面工业企业面板数据，并采用FE模型、D&K方法、工具变量法、系统GMM估计法及门槛模型估计等计量方法进行实证检验，发现：一是财政科技政策激励促进了企业创新驱动发展效率的提升，财政科技政策激励水平越高，企业创新驱动发展效率越高。二是财政科技政策激励对企业创新驱动发展效率的影响存在行业异质性与地区异质性。在资本与技术密集型行业，财政科技政策激励显著促进了企业创新驱动发展效率的提升；在资源与劳动密集型行业，财政科技政策激励对企业创新驱动发展效率的影响并不显著。在东部地区与中西部地区，财政科技政策激励均显著提升了企业创新驱动发展效率。相比于东部地区，中西部地区财政科技政策激励对企业创新驱动发展效率的提升作用更明显。三是财政科技政策激励与企业创新驱动发展效率之间存在双重门槛效应。在财政科技政策激励水平的不同门槛值区间，财政科技政策激励对企业创新驱动发展效率的促进作用呈现出明显的倒"U"形规律。在财政科技政策激励水平较低的时候，其对企业创新驱动发展效率的提升作用较小甚至不显著。随着财政科技政策激励水平跨过一定门槛值后，财政科技政策激励对企业创新驱动发展效率的促进作用明显提升。但是，当财政科技政策激励水平继续上升并跨越后续门槛值后，财政科技政策激励对企业创新驱动发展效率的促进作用将逐步下降。

第三，财政科技政策激励促进了企业创新驱动发展两阶段效率的提升，并且财政科技政策激励对科技研发效率的提升效应要强于经济转化效率。同时，财政科技政策激励对企业创新驱动发展两阶段效率的影响还存在行业异质性与地区异质性。本书利用2009—2016年中国行业层面和地区层面工业企业面板数据，并采用 FE 模型、D&K 方法及系统 GMM 估计法进行实证检验，发现：一是财政科技政策激励促进了企业科技研发效率及经济转化效率的提升，并且财政科技政策激励对科技研发效率的提升作用要强于经济转化效率，说明财政科技政策激励对企业创新驱动发展效率的促进作用主要通过提升科技研发效率来实现。二是财政科技政策激励对企业创新驱动发展两阶段效率的影响存在行业异质性与地区异质性。在资本与技术密集型行业、资源与劳动密集型行业，财政科技政策激励均促进了企业创新驱动发展两阶段效率的提升，并且资本与技术密集型行业的政策激励效应要强于资源与劳动密集型行业。在东部与中西部地区，财政科技政策激励均促进了企业创新驱动发展两阶段效率的提升，并且相比于东部地区，中西部地区财政科技政策对企业创新驱动两阶段效率的激励作用更强。

第四，不同类型财政科技政策激励均促进了企业创新驱动发展效率的提升，并且政府直接补贴的激励效应强于税收直接优惠，税收间接优惠的激励效应相对最弱。同时，三种类型财政科技政策激励对企业创新驱动发展效率的影响还存在行业异质性与地区异质性。本书利用2009—2016年中国行业层面和地区层面的面板数据，并采用 FE 模型、D&K 方法及系统 GMM 估计法进行实证检验，发现：一是政府直接补贴、税收直接优惠与税收间接优惠均显著促进了企业创新驱动发展效率的提升，且政府直接补贴的影响效应强于税收直接优惠，税收直接优惠的影响效应强于税收间接优惠。二是三种类型财政科技政策激励对企业创新驱动发展效率的影响存在行业异质性与地区异质性。在资源与劳动密集型行业，仅政府直接补贴显著促进了企业创新驱动发展效率的提升；在资本与技术密集型行业，三种类型财政科技政策均提升了企业创新驱动发展效率，且政府直接补贴的激励效应强于税收直接优惠，税收直接优惠的激励效应强于税收间接优惠。在中西部地区，仅政府直接补贴与税收直接优惠促进了企业创新驱动发展效率的提升，且政府直接补贴的激励效应强于税收直接优惠；在东部地区，三种类型财政科技政策激励均对企业创新驱动发展效率具有显著的促进作用，且政府直接补贴的激励效应最强，税收间接优惠的激励效应相对最弱。

第二节 对策建议

通过分析财政科技政策激励与企业创新驱动发展效率的基本状况及相关问题，结合本书第五章、第六章及第七章的实证检验结果，本章从财政科技政策的组织实施完善、财政科技政策的激励作用发挥、企业创新驱动发展积极性的调动以及行业协调性与地区协调性的增强等方面，提出促进企业创新驱动发展效率提升的对策建议。

一 不断完善财政科技政策的组织实施

首先，加强财政科技政策立法，强调政策的法制化与权威性。一是就财政科技政策中相对成熟、稳定的法规、规章或条例等，可以利用法定程序提升到法律层级，与此同时，要在法律条文中清晰界定政策优惠的具体目标、基本原则、主要方式以及优惠的审批程序、实施措施、具体范围等内容，以解决当前法规制度错综复杂的问题，提升财政科技政策的法律权威与效力。二是通过梳理财政科技政策，对相似性较高、相对分散的税收政策进行合并或重组，扩充或增加对企业创新驱动发展效率激励效应较强的财政科技政策。三是财政科技政策要有自身的调整周期，应基于社会整体的科技发展情况、产业发展阶段及经济发展状况等，科学预测政策调整周期。为了确保财政科技政策的落实，需要提前做好政策调整的准备事项及应急措施，以预防政策调整带来的不便，保证财政科技政策的稳定性与连续性。四是为了打破财政科技政策的行政分割，应积极推进财政科技政策立法或颁布财政科技政策条例，以法律的形式将政策的决策程序、实现目标、执行权责、治理框架及政策监管等内容确定下来，并合理安排政府与市场的职能分配和权责范围，以协调各部门利益，保障政策的高效、公平、公正与透明。

其次，增强税收优惠的普适性，优化财政科技政策结构。一是改变原本以特定对象、地区或企业为标准的税收优惠政策，建立起基于普惠性标准、以科技研发税制为核心的税收优惠政策；以企业技术创新为导向，在保证企业技术创新的科技研发阶段以及经济转化阶段税收优惠全覆盖的基础上，着重将税收优惠重心向企业科技研发、中间创新成果转化以及产品市场化等环节倾斜。二是构建税收间接优惠与税收直接优惠相互配合的税收优惠体系，充分发挥科研开发准备金税前列支、研究开发费用加计扣除、投资抵免以及加速折旧等税收优惠的作用，搭建鼓励企业开展技术创新的税收间接优惠体系，充分发挥税收减免、税收免征以及税率优惠等税收优惠的作用，建立鼓励企业创新成果产出的税收直接优惠体系。三是适时淘汰落后技术，适当更新高新技术企业目录，将科技服务业、战略新兴产业、文化支撑产业以及现代服务业等逐渐补充到高新技术企业认定中。四是改进并完善研究开发费用加计扣除的核算方法，适度扩充研发费用加计扣除的适用范围，除国家命令禁止的、限制类项目不可享受扣除优惠外，原则上其他项目可适当享受政策优惠，以鼓励企业增加科技创新投入。

再次，提高政策执行效率，释放政策红利。一是要明确财政科技政策的投入定位，应严格限制政府直接干预企业科技创新行为，降低甚至停止政府对企业的亏损补贴；强调企业的创新主体地位，减少企业技术创新中的财政资金投资占比以及政府干预运作程度，鼓励各类投资机构的发展，充分发挥市场的资源配置作用。二是办税流程的简化应以创新活动企业的特点为依据，对企业已经备案的税收优惠事项，在企业办理手续及材料齐全的情况下应当场办理；充分发挥信息技术的积极作用，提供网上系统申请前的提醒服务，完善网上系统的税收优惠申报渠道与企业资格审查，并及时将税务鉴定与技术认定等信息反馈给企业，以提高企业的申报评审效率。三是丰富政策解读与政策注意事项的宣传方式，可借助企业宣讲会、组织调研会等向企业责任人以及企业财务人员分析与解读政府的最新进展情况。定期通过政策优惠专题培训会的方式解答科技型企业的政策疑问，辅助企业了解政策动态，把握政策脉络，以引导企业提高科技创新投入。

最后，加强政策后续监管，提高政策效应水平。一是要建立对企业经营者的长效考核机制，从而避免企业经营者为追求短期利润，而无视政策激励效应。对于享受政府补贴与税收优惠的企业，要施行动态监管，借助实地考察、纳税评估与台账管理等方式，全面掌握政策优惠企业的生产经营状况，以保证财政科技政策切实落实到有需要的企业。同时，强化并落实对政策优惠企业以及创新资助项目的监管与审查，预防企业滥用优惠政策，以免税收流失造成真正从事科技创新的企业缺乏财力保障。二是要对政府减免税数据的统计核算与后续结果应用给予更多的关注，强化对政府补贴行为的监督，要依法严厉惩处违反法律法规的政府补贴行为；科学量化税收政策的企业科技创新效应，强化税务机关对企业经营行为的监督与审查；要严格执行税收政策，提高科技创新企业以及整个社会的纳税遵从。三是积极探索改进相关工作机制和协调机制，加强对政府补贴以及税收优惠的过程控制、执行管理与后期监管，完善科技部门、税务部门、政府相关部门的协同工作机制，并在诸如知识产权保护等法律权利事项上，加强与司法部门的协调与合作。

二 充分发挥财政科技政策的激励作用

首先，建立财政科技投入的稳定增长机制。一是要确保财政科技政策投入的增长率高于当年财政支出的增幅，以保证财政科技支出占财政总支出的比重稳定增长。此外，中央与地方两级政府应在预算编制与预算执行中体现财政科技政策投入法定增长的要求，将财政科技资金的利用效率作为科技经费预算编制的主要规则，放弃传统的"基数增长法"，采用"零基预算"或"绩效预算"。二是要拓宽国家重大科技项目的财政科技资金投入的经费来源渠道，建立促进专项科技投入与基本科技投入的长期稳定增长机制，以及创新资源整合与财政科技投入管理的运行机制，提高科技资金的使用效益。三是将政府部门的科技创新专项资金进行梳理并重整，利用母基金的形式发挥财政科技资金"蓄水池"的作用，综合运用股权引导、贷款担保、财政贴息以及风险补偿等多种财政科技政策工具，借助母基金的投资运作方式，鼓励社会资本以及企业资本积极参与技术创新，构建以政府财政科技政策投入为引导、企业科技创新投入为主体、风险投资与金融信贷为支撑、外资引入与社会集资为补充的多渠道、多层次、多元化的全社会参与的科技投入体系，以解决科技创新主体的融资难题。

其次，提高对基础研究和应用研究的支持力度。一是将财政资金对企业技术创新活动的支持主要集中在三个方面，即资助企业进行基础研究与应用研究、资助企业进行共性科技成果的验证与推广、资助处于早期阶段的创新项目与易受融资约束的初创企业及中小企业，而新产品开发与技术成果的商业化转化应主要由市场进行资源配置。二是继续扩大基础研究和应用研究的项目制资助范畴，推动重点基础学科发展，围绕国家发展需要与科学前沿，超前部署国家重大科学问题，强化对承接国家科技计划基础研究的创新型企业的财政科技支持，推进国家重大科技基础设施建设。三是对企业基础研究与应用研究的投入、共性科技成果的验证与推广宜采用专家评议制度确定资助对象，同时采用按比例无偿资助方式，以激发企业结合市场需求加入知识生产行列，提高技术产品生产与效益转化效率；应充分利用市场力量，利用财政资金的资助大力培育以创业投资基金为主的股权投资机构，利用其专业能力选择合适的资助对象，减少政府直接配置财政资金的规模，实现财政科技资源配置由政府主导型向市场主导型转变。四是建立完善、公开的项目管理库，公开项目申报书、同行评议、项目成果等信息，在扩大基础研究和应用研究成果的外部溢出效应的同时，使得项目申报、同行评议、项目经费支出、项目成果等全过程和全方位地接受社会监督，减少项目资助中无效率因素的干扰。

最后，财政科技政策要基于企业创新驱动发展两阶段差异，满足企业不同阶段的创新需求。一是应针对企业科技研发阶段与经济转化阶段技术创新需求明确财政科技政策的激励重点。企业技术创新的发展阶段不同，其科技创新需求与研发任务也会不同，对此要厘清政府与市场的职能边界,抓住关键。对于处在科技研发阶段的企业,政府要加强财政科技政策支持,最大限度地激发企业的研发积极性并激励企业创新中间产出;对处在经济转化阶段的企业,政府要增加对企业创新产品市场化风险损失的补偿,以保障企业科技成果顺利转化为市场化产品。二是财政科技政策的资金扶持应该针对企业创新的种子期、创业期和创新阶段各有侧重,可以依据企业技术创新的成熟水平开展延伸性的创新项目。对于进入经济转化阶段的企业,要取消政府直接补贴,通过采用税收优惠或者创新金融工具的方式,帮助技术创新水平成熟的企业获得金融支持,并考虑统筹运用风险投资与公共服务平台等财政投入机制。① 三是财政科技政策要注重对企业科技研发时期的激励,充分利用贷款贴息、科技担保、以奖代补、风险投资与风险补偿等方式,增加对企业前期投融资的支持,并瞄准企业创新发展的薄弱环节,提高企业创新项目的执行效率,有效刺激企业创新成果的经济效益转化。四是加大对企业科技成果转化中间试验环节和重大科技成果转化项目的支持力度,针对企业购买科技成果在市场上实现产业化的,政府要自项目获利年度起规定年限内,按每年科技成果转化产生的新增税收地方分成部分的百分比奖励给企业,激励企业进行技术创新投入与科技成果转化。

三 大力激发企业创新驱动发展动力

首先,坚定确立企业创新主体地位,调动企业创新主动性。一是要在思想上把企业摆在科技创新主要驱动力量的位置,坚持以企业为核心来安排财政科技资金,将项目选择、审批与企业技术创新相结合,突出企业科技创新主体的政策倾向。二是政府财政科技支出应重点支持有关企业与地方经济长远发展的关键项目和作为科技发展基础的研究与发展项目,把财政科技资金向建有科研机构的重点优势骨干行业和企业倾斜,向创新型产业集群倾斜,进一步强化企业的技术创新主体地位,建立主要由市场决定的技术创新项目、经费分配及成果评价机制。三是鼓励并推进研究开发机构积极转制为企业,对于关键科技与前沿技术的研究与

---

① 樊轶侠:《科技财政:从理论演进到政策优化》,中国金融出版社2017年版,第108页。

开发要以企业为牵头单位,充分联合各大科研院所与高校来承担;财政科技政策优惠要以激发企业科技创新主动性、迎合市场发展需求为出发点,发挥财政科技政策的引导作用。四是对企业的直接财政资助实行比例资助,激励企业自身进行更多的技术创新投入,大力发展创业投资引导基金制度,发挥财政资金的杠杆放大作用,撬动更多社会资本进行企业技术创新投入。

其次,增加企业基础研究与应用研究投入,提高企业研发创新能力。一是转变企业对基础研究的固有观念,依托企业对市场需求与技术创新动向较强的感知能力,找准与产业发展需求相对接的基础研究方向,突破现有研究局限,尽快掌握核心技术优势,加强创新产品研发与市场化。二是将基础研究投入渗透到创新型企业内部,引导并鼓励有科技创新条件的企业增加基础研究投入,尤其是那些与企业应用需求密切相关的基础研究,以突破企业创新发展的技术瓶颈。三是为了鼓励企业从事基础研究,可以适当扩大专利保护的范围,将企业基础研究中具有实用性特点的研究成果划作衍生性专利,并适度降低衍生性专利的实用标准,增加企业基础研究投入的回报率。四是提高财政科技政策对企业基础研究的支持水平,鼓励国家重点实验室入驻科技创新企业,加强企业对基础研究的基地建设,大力吸纳更多专业的科技创新人员进入企业;建立企业基础研究基金,鼓励企业优化并完善增加基础研究的财政科技政策评价体系。

最后,加强企业自身能力建设,激发企业创新积极性。政府财政科技政策的激励效果会受企业规模、所有制结构以及竞争能力等企业个体水平影响,导致即使政府给予企业相应的财政科技政策激励,若企业的创新基础薄弱、组织结构不够完善或者企业规模较低,无法承担研发创新潜在风险以及消化研发过程中的失败项目,也会造成企业创新驱动发展的无效率,并导致企业缺乏创新积极性。所以,企业要加强自身能力建设。一是要规范企业内部经营管理结构,建立起良好的企业组织形式与经营管理机制,降低各部门间的协调成本,为企业创新资源的高效率调配奠定良好的组织基础。二是企业要有明确的创新规模意识,考虑到基础的科技研发并不能给企业带来直接的产品销量与经济效益,并且众多创新项目的研发周期较长,在对企业研发创新经费投入具有持续性的同时,要有清晰判断企业规模效益的能力。若企业已经处于规模收益递增阶段,就可以适度扩张创新规模,但也应该谨防企业创新规模过度扩张造成的创新效率损失。三是要提高企业对高素质科研人员的吸收能力,除了通过福利待遇与薪资报酬等吸引人才外,还可以借助产学研合作,积极引导科研人员投身企业创新项目中;同时,也可以从科研人员职位晋升以及建立常态培训机制等方面吸引人才加入。四是要坚守原则,提高自身素质,切实将企业自身实际与政府战略导向相结合。当企业现金流充裕时,要及时科学评估创新项目的可行性,积极注入自有资金,并将企业有限的创新资源科学应用于企业亟须突破或较擅长的创新领域,而不能过度依赖财政科技政策扶持或一味迎合政府诉求,脱离企业自身发展规划,更不能通过"寻租"等非法手段获取政府财政科技政策支持。

四 着力增强行业协调性与地区协调性

一方面,企业要实施差异化的创新驱动发展策略,着力增强行业协调性与地区协调性。企业应根据自身所处行业或地区特点,合理利用政府财政科技政策,将政府补贴与税收优惠资金主动投入科技创新活动中,提高财政科技政策的使用效率与配置效率。针对创新驱动发展效率较低而企业创新投入较多的行业或地区,可以通过减少创新资金与研发人员冗余来提升创新效率,将有效的财政科技资金用于缺乏政策激励且创新产出弹性较大的行业或地区,以尽可能规避边际效益递减区间;针对创新驱动发展效率较低且企业创新投入较少的行业或地区,可以通过增加创新资金与研发人员的方式来增加创新产出,从而提高企业创新效率,以期获得规模效率。针对科技研发效率高而经济转化效率低的行业或地区,应在维持科技研发效率的基础上,努力提高创新成果向经济效益的转化率;针对科技研发效率低而经济转化效率高的行业或地区,应着力提高科技研发效率,并进一步提高知识成果向经济效益的转化率。针对企业创新驱动发展两阶段效率均较低的行业或地区,应努力增加创新产出并适度减少创新投入;针对企业创新驱动发展两阶段效率均较高的行业或地区,应该维持当前的创新效率水平,并作为与其相似行业或邻近地区创新效率的改进基准，为企业创新驱动发展效率水平不高的行业或地区提供参照。

另一方面，财政科技政策激励要充分考虑行业异质性与地区异质性，并兼顾行业协调性与地区协调性。政府对企业或创新项目的财政科技政策激励要避免"一刀切"，在完善政府财政科技政策的同时，逐步采取精准化、差异化的政策激励方式。在同等条件下，政府应优先选择对行业层面、地区层面企业创新驱动发展效率有显著激励效应的财政科技政策。由前文的实证检验结果可知，在资源与劳动密集型行业中，税收直接优惠与税收间接优惠对企业创新驱动发展效率提升的激励效果并不显著，只有政府直接补贴具有显著的正向激励作用，但从财政科技政策对资源与劳动密集型行业的激励水平来看，在较长时间内税收直接优惠的激励水平都要大于政府直接补贴。而在资本与技术密集型行业，三种类型财政科技政策对企业创新驱动发展效率均具有显著的激励效果。因此，政府要考虑不同行业的发展特点，对资源与劳动密集型行业应适度加大政府直接补贴力度，而在税收优惠方面应给予资本与技术密集型行业较大力度的政策倾斜。同样，在中西部地区，政府直接补贴与税收直接优惠显著提升了企业创新驱动发展效率，税收间接优惠对企业创新驱动发展效率的提升效果并不显著，但税收间接优惠的激励水平要大于税收直接优惠；而在东部地区，三种类型财政科技政策的激励效果均显著。因此，政府要调节对中西部地区的财政科技政策激励比重，适度提高政府直接补贴与税收直接优惠的激励水平，减少税收间接优惠的投入；而对东部地区，应在税收优惠方面给予适当的政策倾斜。

第三节　研究展望

本书剖析了财政科技政策激励对企业创新驱动发展及其效率的作用机理，实证检验了财政科技政策激励对企业创新驱动发展效率及其两阶段效率的影响，以及不同类型财政科技政策激励对企业创新驱动发展效率的影响，并从不断完善财政科技政策的组织实施、充分发挥财政科技政策的激励作用、大力激发企业创新驱动发展动力、着力增强行业协调性与地区协调性等方面提出了促进企业创新驱动发展效率提升的对策建议。由于笔者研究能力以及研究客观条件等的限制，本书还存在进一步探索的问题以及研究不足的地方，具体包括以下几点。

第一，本书在实证研究中使用了行业层面与地区层面的数据，在样本筛选中部分行业数据与地区数据严重缺失，某种程度上导致本书的样本数量与样本代表性存在一定的局限性。在后续研究中可以通过弥补缺失数据，掌握较全面的行业层面与地区层面的数据集，以便对本书的研究结论进行拓展与展开进一步的验证分析。

第二，对于核心解释变量财政科技政策激励，尽管本书在指标分析部分进行了具体的类别区分，但考虑到数据来源的规范性与可靠性，本书仅笼统地考察了政府直接补贴、税收直接优惠与税收间接优惠对企业创新驱动发展效率的影响，而政府对企业技术创新的财政科技政策激励措施不仅涉及财政补贴与税收优惠，还包括政府采购、政府投资等方面。因此，后续研究中可以对财政科技政策激励的测度指标做进一步划分与完善，以便更细致地观测不同类型的财政科技政策激励对企业创新驱动发展效率的影响可能存在的异质性。

第三，尽管本书探究了财政科技政策激励对企业创新驱动发展效率的总体影响、财政科技政策激励对企业创新驱动发展两阶段效率的影响以及不同类型财政科技政策激励对企业创新驱动发展效率的影响，但是考虑到所用数据涵盖了行业层面与地区层面，政策激励类型包括政府直接补贴、税收直接优惠与税收间接优惠，企业创新驱动发展过程又分为科技研发阶段与经济转化阶段，所以针对不同类型财政科技政策激励对企业创新驱动发展两阶段效率的影响研究较为复杂。因此，在后续研究中可以从不同类型的财政科技政策激励出发，探索其对企业科技研发效率与经济转化效率的影响，以及该影响可能存在的行业异质性与地区异质性。

参考文献

一 中文文献

樊轶侠：《科技财政：从理论演进到政策优化》，中国金融出版社2017年版。

寇宗来：《专利制度的功能和绩效》，上海人民出版社2005年版。

［韩］孙基华：《亚当·斯密的国富论》，申春梅、朱顺兰译，科学普及出版社2014年版。

熊维勤、张春勋：《财政科技政策与企业技术创新》，经济科学出版社2017年版。

张森年：《中国马克思主义理论创新之道》，上海人民出版社2007年版。

安同良、周绍东、皮建才：《R&D补贴对中国企业自主创新的激励效应》，《经济研究》2009年第10期。

白俊红、卞元超：《要素市场扭曲与中国创新生产的效率损失》，《中国工业经济》2016年第11期。

白俊红、李婧：《政府R&D资助与企业技术创新——基于效率视角的实证分析》，《金融研究》2011年第6期。

曹阳、项莹、茅宁莹：《基于DEA-Malmquist模型的我国医药制造业技术创新效率研究》，《南京中医药大学学报》（社会科学版）2013年第1期。

苌千里、徐蕾：《高技术产业、资本类型与企业创新效率——基于三阶段DEA模型的实证研究》，《河南师范大学学报》（哲学社会科学版）

2018年第3期。

车圣保:《效率理论述评》,《商业研究》2011年第5期。

陈凤华、汪琦:《研发补贴和税收优惠对高技术产业创新效率的影响研究》,《科技与经济》第2017第3期。

陈劲、陈钰芬:《企业技术创新绩效评价指标体系研究》,《科学学与科学技术管理》2006年第3期。

陈凯华、官建成:《共享投入型关联两阶段生产系统的网络DEA效率测度与分解》,《系统工程理论与实践》2011年第7期。

陈强:《高级计量经济学及Stata应用》,高等教育出版社2014年版。

陈庆江:《政府科技投入能否提高企业技术创新效率?》,《经济管理》2017年第2期。

陈修德、梁彤缨:《中国高新技术产业研发效率及其影响因素——基于面板数据SFPF模型的实证研究》,《科学学研究》2010年第8期。

陈雅雯等:《江苏财政科技投入现状分析与模式设计》,《科学管理研究》2014年第5期。

陈一博:《技术创新中心变迁与技术后发国的追赶路径——基于DEA-Malmquist指数法的检验》,《科学学与科学技术管理》2012年第7期。

陈莹文等:《基于改进两阶段DEA的中国高技术产业研发创新效率研究》,《软科学》2018年第9期。

程刚、李倩:《企业实施创新驱动发展战略的隐性知识转移模式研究》,《情报理论与实践》2014年第3期。

程惠芳、陆嘉俊:《知识资本对工业企业全要素生产率影响的实证分析》,《经济研究》2014年第5期。

储德银、杨姗、宋根苗:《财政补贴、税收优惠与战略性新兴产业创新投入》,《财贸研究》2016年第5期。

戴魁早、刘友金:《要素市场扭曲与创新效率——对中国高技术产业发展的经验分析》,《经济研究》2016年第7期。

董霄:《提升四川企业自主创新能力的财政政策探讨》,《软科学》2014年第5期。

董艳梅、朱英明:《中国高技术产业创新效率评价——基于两阶段动态网络 DEA 模型》，《科技进步与对策》2015 年第 24 期。

段云龙、王荣党：《我国省区大中型工业企业技术创新效率差异的实证分析》，《经济问题探索》2010 年第 8 期。

范柏乃、段忠贤、江蕾：《中国自主创新政策：演进、效应与优化》，《中国科技论坛》2013 年第 9 期。

范硕、何彬：《创新激励政策是否能提升高新区的创新效率》，《中国科技论坛》2018 年第 7 期。

冯根福、刘军虎、徐志霖：《中国工业部门研发效率及其影响因素实证分析》，《中国工业经济》2006 年第 11 期。

冯海红、曲婉、李铭禄：《税收优惠政策有利于企业加大研发投入吗?》，《科学学研究》2015 年第 5 期。

冯志军、陈伟：《中国高技术产业研发创新效率研究——基于资源约束型两阶段 DEA 模型的新视角》，《系统工程理论与实践》2014 年第 5 期。

冯宗宪、丁梦：《本土技术转移对省际高新技术产业创新效率影响的实证分析》，《统计与决策》2018 年第 22 期。

冯宗宪、王青、侯晓辉：《政府投入、市场化程度与中国工业企业的技术创新效率》，《数量经济技术经济研究》2011 年第 4 期。

高霞：《规模以上工业企业技术创新效率的行业分析》，《软科学》2013 年第 11 期。

龚立新、吕晓军：《政府补贴与企业技术创新效率——来自 2009—2013 年战略性新兴产业上市公司的证据》，《河南大学学报》（社会科学版）2018 年第 2 期。

郭兵、袁菲、谢智敏：《基于 DEA 方法的上海市财政科技投入绩效评价研究》，《中国管理科学》2012 年第 1 期。

郭燕青、李海铭：《科技金融投入对制造业创新效率影响的实证研究——基于中国省级面板数据》，《工业技术经济》2019 年第 2 期。

韩兵、苏屹、李彤：《基于两阶段 DEA 的高技术企业技术创新绩效研究》，《科研管理》2018 年第 3 期。

洪银兴：《关于创新驱动和协同创新的若干重要概念》，《经济理论与经济管理》2013 年第 5 期。

胡树华等：《基于两阶段测度的中小企业创新效率评价研究》，《经济体制改革》2015年第6期。

黄红华：《政策工具理论的兴起及其在中国的发展》，《社会科学》2010年第4期。

贾康、马晓玲：《积极财政政策的调整与财政改革》，《财贸经济》2004年第10期。

贾帅帅、王孟欣：《基于三阶段DEA的工业企业科技创新效率研究》，《科技管理研究》2017年第16期。

姜南：《自主研发、政府资助政策与产业创新方向——专利密集型产业异质性分析》，《科技进步与对策》2017年第3期。

姜彤彤：《R&D投入对高技术产业技术效率的影响研究——基于省际面板数据和SFA方法的实证分析》，《工业技术经济》2012年第10期。

姜振茂、汪伟：《折旧率不同对资本存量估算的影响》，《统计与信息论坛》2017年第1期。

蒋建军、齐建国：《激励企业R&D支出的税收政策效应研究》，《中国软科学》2007年第8期。

解维敏、唐清泉、陆姗姗：《政府R&D资助，企业R&D支出与自主创新——来自中国上市公司的经验证据》，《金融研究》2009年第6期。

康志勇：《金融错配阻碍了中国本土企业创新吗?》，《研究与发展管理》2014年第5期。

赖于民：《云南省全社会科技投入现状分析与评价》，《中国软科学》2004年第5期。

黎文靖、郑曼妮：《实质性创新还是策略性创新？——宏观产业政策对微观企业创新的影响》，《经济研究》2016年第4期。

李博：《中国科技投入现状及问题的分析》，《成都电子机械高等专科学校学报》2009年第4期。

李升泽、贺定修、范明明：《基于客观赋权法的财政科技投入绩效评价软件研究》，《科技管理研究》2013年第11期。

李欣洁、袁春林、吴静汐：《税收优惠政策对中国企业自主创新的激励效应研究——基于对深交所创业板274家企业R&D投入强度的GMM分析》,《中国集体经济》2015 年第 21 期。

李雪松、王冲:《要素市场扭曲是否抑制了创新效率的提升?——基于区域差异的视角》,《南京审计大学学报》2019 年第 2 期。

李彦龙:《税收优惠政策与高技术产业创新效率》,《数量经济技术经济研究》2018 年第 1 期。

李永周、袁波:《基于投入产出分析的区域创新驱动效率测度》,《统计与决策》2018 年第 8 期。

李政、杨思莹:《官员激励和政府创新偏好对工业创新效率的影响》,《北京师范大学学报》(社会科学版)2019 年第 1 期。

李左峰、张铭慎:《政府科技项目投入对企业创新绩效的影响研究——来自我国 95 家创新型企业的证据》,《中国软科学》2012 年第 12 期。

连燕华、于浩、郑奕荣:《中国企业科技投入与产出分析》,《科学学与科学技术管理》2003 年第 4 期。

梁彤缨、冯莉、陈修德:《税式支出、财政补贴对研发投入的影响研究》,《软科学》2012 年第 5 期。

廖丽平、姚丽霞、刘绘珍:《基于低碳战略的企业生态化技术创新效率研究——基于两阶段链 DEA 模型和 Tobit 回归分析》,《科技管理研究》2016 年第 6 期。

林添松、王燕、吴蒙:《基于三阶段 DEA 的我国医药制造业技术效率区域比较研究》,《现代管理科学》2014 年第 5 期。

刘端、朱颖、陈收:《企业技术并购、自主研发投资与创新效率——来自技术密集型行业的实证》,《财经理论与实践》2018 年第 2 期。

刘继兵、王定超、夏玲:《政府补助对战略性新兴产业创新效率影响研究》,《科技进步与对策》2014 年第 23 期。

刘婧、占绍文、李治:《知识产权能力、外部知识产权保护与动漫企业创新效率》,《软科学》2017 年第 9 期。

刘满凤、李圣宏:《基于三阶段 DEA 模型的我国高新技术开发区创新效率研究》,《管理评论》2016 年第 1 期。

刘晓慧、王爱国、刘西国:《风险管控、高管激励与创新效率——基于我国创业板上市公司的实证分析》,《经济体制改革》2018 年第 6 期。

刘志辉、唐五湘：《北京市科技投入现状分析与评价》，《科学学与科学技术管理》2007年第1期。

卢跃东、沈圆、段忠贤：《中国省级行政区域财政科技投入产出绩效评价研究》，《自然辩证法通讯》2013年第5期。

鹿娜、梁丽萍：《科技政策演变与科技成果产出的关联研究（1978—2016）》，《武汉理工大学学报》（社会科学版）2016年第6期。

吕洪渠、任燕燕：《产业集聚、制度环境与中国战略性新兴产业的效率特征》，《山东大学学报》（哲学社会科学版）2018年第2期。

罗德明、李晔、史晋川：《要素市场扭曲、资源错置与生产率》，《经济研究》2012年第3期。

马乃云、候倩：《基于平衡计分卡方法的财政科技经费绩效评价体系研究》，《中国软科学》2016年第10期。

毛艳华、李敬子：《中国服务业出口的本地市场效应研究》，《经济研究》2015年第8期。

苗慧、刘凤朝、王元地：《辽宁省财政科技投入效率评价研究》，《中国科技论坛》2013年第1期。

穆忻普、易荣华：《DEA方法在煤炭企业中的应用》，《煤炭经济研究》1991年第2期。

聂亚利：《中国财政科技投入现状与绩效评价指标体系研究》，《当代经济》2017年第35期。

牛雄鹰、李春浩、张芮：《国际人才流入、人力资本对创新效率的影响——基于随机前沿模型的研究》，《人口与经济》2018年第6期。

潘越、潘健平、戴亦一：《公司诉讼风险、司法地方保护主义与企业创新》，《经济研究》2015年第3期。

彭鹏、李丽亚：《中国财政科技投入现状分析和对策研究》，《中国科技论坛》2003年第6期。

彭煜、陈思颖、盛文文：《Malmquist指数法对西部地区技术创新效率的评价——基于两阶段关联DEA方法》，《运筹与管理》2013年第3期。

钱燕云：《中德企业技术创新效率的评价和比较研究》，《科学学与科学技术管理》2003年第12期。

邱斌等：《FDI 技术溢出渠道与中国制造业生产率增长研究：基于面板数据的分析》，《世界经济》2008 年第 8 期。

屈国俊、宋林、郭玉晶：《中国上市公司技术创新效率研究——基于三阶段 DEA 方法》，《宏观经济研究》2018 年第 6 期。

仟海云、宋伟宸：《企业异质性因素、研发费用加计扣除与 R&D 投入》，《科学学研究》2017 年第 8 期。

生延超：《创新投入补贴还是创新产品补贴：技术联盟的政府策略选择》，《中国管理科学》2008 年第 6 期。

宋丽颖、杨潭：《财政补贴、行业集中度与高技术企业 R&D 投入的非线性关系实证研究》，《财政研究》2016 年第 7 期。

孙国锋、张婵、姚德文：《大中型高技术企业创新效率测度与分解——基于 DEA 模型的实证分析》，《审计与经济研究》2016 年第 3 期。

孙晓华、王昀、徐冉：《金融发展、融资约束缓解与企业研发投资》，《科研管理》2015 年第 5 期。

孙志建：《政府治理的工具基础：西方政策工具理论的知识学诠释》，《公共行政评论》2011 年第 3 期。

谈志琴：《企业实施创新驱动发展战略的策略与路径》，《经济视野》2014 年第 9 期。

谭文华：《从华东区的比较看福建省科技投入现状与问题》，《科学学研究》2006 年第 1 期。

唐书林、肖振红、苑婧婷：《上市公司自主创新的国家激励扭曲之困——是政府补贴还是税收递延?》，《科学学研究》2016 年第 5 期。

陶长琪、齐亚伟：《专利长度、宽度和高度的福利效应及最优设计》，《科学学研究》2011 年第 12 期。

陶锋等：《金融地理结构如何影响企业生产率？——兼论金融供给侧结构性改革》，《经济研究》2017 年第 9 期。

童光辉：《公共物品概念的政策含义——基于文献和现实的双重思考》，《财贸经济》2013 年第 1 期。

王波、张念明：《创新驱动导向下财政政策促进科技创新的路径探索》，《云南社会科学》2018 年第 1 期。

王桂娟:《从公共产品到绩效预算的经济学分析》,《财政研究》2007 年第 9 期。

王海宁、陈媛媛:《产业集聚效应与地区工资差异研究》,《经济评论》2010 年第 5 期。

王俊:《R&D 补贴对企业 R&D 投入及创新产出影响的实证研究》,《科学学研究》2010 年第 9 期。

王黎萤、王佳敏、虞微佳:《区域专利密集型产业创新效率评价及提升路径研究——以浙江省为例》,《科研管理》2017 年第 3 期。

王黎萤等:《影响知识产权密集型产业创新效率的因素差异分析》,《科学学研究》2018 年第 4 期。

王利:《中国大中型工业企业创新驱动增长的测度与分析》,《数量经济技术经济研究》2015 年第 11 期。

王敏、徐丽华:《论中小企业科技创新战略与创新驱动发展》,《中国市场》2015 年第 39 期。

王新红、李世婷:《基于创新驱动的产业升级能力影响因素分析》,《技术与创新管理》2017 年第 2 期。

王鑫、经孝芳:《近代工业的技术效率及影响因素——基于上海调查的实证研究》,《软科学》2018 年第 1 期。

邬龙、张永安:《基于 SFA 的区域战略性新兴产业创新效率分析——以北京医药和信息技术产业为例》,《科学学与科学技术管理》2013 年第 10 期。

吴士健、张洁、权英:《基于两阶段串联 DEA 模型的工业企业技术创新效率及影响因素》,《科技管理研究》2018 年第 4 期。

吴卫红等:《我国省域创新驱动发展效率评价及提升路径实证研究》,《科技管理研究》2017 年第 5 期。

吴闻潭、钱煜昊、曹宝明:《中国粮油加工业上市公司技术效率及影响因素研究——基于三阶段 DEA 模型》,《江苏社会科学》2017 年第 6 期。

吴秀波:《税收激励对 R&D 投资的影响:实证分析与政策工具选拔》,《研究与发展管理》2003 年第 1 期。

吴延兵:《中国哪种所有制类型企业最具创新性?》,《世界经济》2012 年第 6 期。

肖鹏、国建业、王雄辉：《中国财政科技投入现状分析与调整策略》，《中央财经大学学报》2004 年第 2 期。

肖仁桥、钱丽、陈忠卫：《中国高技术产业创新效率及其影响因素研究》，《管理科学》2012 年第 5 期。

肖仁桥、王宗军、钱丽：《我国不同性质企业技术创新效率及其影响因素研究：基于两阶段价值链的视角》，《管理工程学报》2015 年第 2 期。

肖文、林高榜：《政府支持、研发管理与技术创新效率——基于中国工业行业的实证分析》，《管理世界》2014 年第 4 期。

熊维勤：《税收和补贴政策对 R&D 效率和规模的影响——理论与实证研究》，《科学学研究》2011 年第 5 期。

熊正德、阳芳娟、万军：《基于两阶段 DEA 模型的上市公司债权融资效率研究——以战略性新兴产业新能源汽车为例》，《财经理论与实践》2014 年第 5 期。

徐海峰、陈存欣：《辽宁省财政科技资金投入效率评价》，《科学管理研究》2017 年第 5 期。

许治、范洁凭：《中国校企联合申请有效专利分布特征研究》，《科学学与科学技术管理》2012 年第 1 期。

许治、师萍：《政府科技投入对企业 R&D 支出影响的实证分析》，《研究与发展管理》2005 年第 3 期。

闫冰、冯根福：《基于随机前沿生产函数的中国工业 R&D 效率分析》，《当代经济科学》2005 年第 6 期。

杨佳伟、王美强、李丹：《基于共享投入两阶段 DEA 模型的中国省际高技术产业研发创新效率评价》，《科技管理研究》2017 年第 3 期。

杨治、宋芳晖：《中国工业企业技术创新状况的行业差异》，《经济理论与经济管理》1999 年第 6 期。

叶海景：《政府 R&D 资助对企业创新效率的影响——基于温州规上工业企业面板数据的随机前沿分析》，《中共浙江省委党校学报》2017 年第 6 期。

叶锐、杨建飞、常云昆：《中国省际高技术产业效率测度与分解——基于共享投入关联 DEA 模型》,《数量经济技术经济研究》2012 年第 7 期。

尹述颖、陈立泰:《基于两阶段 SFA 模型的中国医药企业技术创新效率研究》,《软科学》2016 年第 5 期。

游达明、孙理:《企业创新驱动发展模式选择》,《统计与决策》2017 年第 7 期。

于业明、王欣、王建军:《新兴古典经济学述评》,《世界经济文汇》2001 年第 2 期。

余伟、陈强、陈华:《环境规制、技术创新与经营绩效——基于 37 个工业行业的实证分析》,《科研管理》2017 年第 2 期。

余泳泽:《创新要素集聚、政府支持与科技创新效率——基于省域数据的空间面板计量分析》,《经济评论》2011 年第 2 期。

余泳泽:《中国高技术产业技术创新效率及其影响因素研究——基于价值链视角下的两阶段分析》,《经济科学》2009 年第 4 期。

张琛、刘银国:《会计稳健性与自由现金流的代理成本:基于公司投资行为的考察》,《管理工程学报》2015 年第 1 期。

张国安:《Marx 关于人的本质的四重含义及其现实意义》,《甘肃社会科学》2015 年第 6 期。

张建华、杨小豪:《政府干预、金融错配与企业创新——基于制造业上市公司的研究》,《工业技术经济》2018 年第 9 期。

张江雪、朱磊:《基于绿色增长的我国各地区工业企业技术创新效率研究》,《数量经济技术经济研究》2012 年第 2 期。

张俊瑞、白雪莲、孟祥展:《启动融资融券助长内幕交易行为了吗?——来自中国上市公司的经验证据》,《金融研究》2016 年第 6 期。

张林、张维康:《金融服务实体经济增长的效率及影响因素研究》,《宏观质量研究》2017 年第 1 期。

张满银、张丹:《京津冀地级市区规模以上工业企业创新效率分析》,《经济经纬》2019 年第 1 期。

张明玖:《财政激励、金融支持与工业企业创新成果转化研究》,《西南大学学报》(社会科学版) 2017 年第 1 期。

张娜、李小胜、李少付:《环境规制下区域创新环境对工业企业技术创新效率的影响研究》,《资源开发与市场》2018年第5期。

张青、王桂强:《基于灰色关联分析的地方政府财政科技投入绩效评价:以上海市为例》,《研究与发展管理》2007年第4期。

张世慧、宋艳、王俊:《四川省财政科技投入绩效评价体系的优化设计》,《软科学》2013年第8期。

张翔:《中国财政科技投入与R&D经费投入的现状及趋势》,《人文杂志》2004年第6期。

张延:《西方经济学中的危机、革命和综合》,《经济科学》1998年第1期。

张永安、宋晨晨、王燕妮:《创新科技政策时滞效应研究——基于中关村国家自主创新示范区数据》,《科技进步与对策》2018年第1期。

张玉、陈凯华、乔为国:《中国大中型企业研发效率测度与财政激励政策影响》,《数量经济技术经济研究》2017年第5期。

张子砚、曹阳:《创新及创新效率研究综述》,《现代商贸工业》2014年第11期。

赵付民、邹珊刚:《区域创新环境及对区域创新绩效的影响分析》,《统计与决策》2005年第4期。

赵建房、杨琳:《积极推动财政科技政策革新》,《中国财政》2014年第9期。

赵康生、谢识予:《政府研发补贴对企业研发投入的影响——基于中国上市公司的实证研究》,《世界经济文汇》2017年第2期。

赵磊:《环境规制对我国制造业创新效率的影响研究》,《上海经济》2018年第2期。

赵路:《财政支持科技事业发展的回顾》,《中国财政》2008年第20期。

赵筱媛、苏竣:《基于政策工具的公共科技政策分析框架研究》,《科学学研究》2007年第1期。

郑春美、余媛:《高新技术企业创新驱动发展动力机制研究——基于制度环境视角》,《科技进步与对策》2015年第24期。

郑琼洁:《政府科技激励与技术创新效率研究——基于动态面板数据的GMM检验》,《技术经济与管理研究》2014年第9期。

郑威、陆远权:《金融分权、地方官员激励与企业创新投入》,《研究与发展管理》2018 年第 5 期。

周江华等:《政府创新政策对企业创新绩效的影响机制》,《技术经济》2017 年第 1 期。

周立群、邓路:《企业所有权性质与研发效率——基于随机前沿函数的高技术产业实证研究》,《当代经济科学》2009 年第 4 期。

周泽昆、陈珽:《估计多产出的平均生产率最大的规模的一种方法》,《华中理工大学学报》1989 年第 3 期。

朱平芳、徐伟民:《政府的科技激励政策对大中型工业企业 R&D 投入及其专利产出的影响——上海市的实证研究》,《经济研究》2003 年第 6 期。

朱有为、徐康宁:《中国高技术产业研发效率的实证研究》,《中国工业经济》2006 年第 11 期。

邹甘娜、符嘉琪:《财政支出的规模、结构与企业科技创新》,《江汉论坛》2018 年第 6 期。

邓练兵:《中国创新政策变迁的历史逻辑——兼论以市场失灵为政策依据理论的不适用性》,博士学位论文,华中科技大学,2013 年。

郭景先:《财税政策、外部融资与创新绩效》,博士学位论文,天津财经大学,2016 年。

林建明:《转型期地方政府扶持对企业研发行为的影响机理研究》,博士学位论文,浙江工商大学,2011 年。

聂颖:《中国支持科技创新的财政政策研究》,博士学位论文,辽宁大学,2011 年。

周宇:《企业技术创新财税激励的效应研究》,博士学位论文,西北大学,2017 年。

庄佳林:《支持中国中小企业发展的财政政策研究》,博士学位论文,财政部财政科学研究所,2011 年。

二 外文文献

A. A. Toole, "Does Public Scientific Research Complement Private Investment in Research and Development in the Pharmaceutical Industry?", *Journal of Law & Economics*, Vol. 50, No. 1, 2007.

A. Charnes et al., *Data Envelopment Analysis: Theory, Methodology, and Applications*, Boston: Springer, 1994.

A. Charnes, W. W. Cooper, E. Rhodes, "Measuring the Efficiency of Decision Making Units", *European Journal of Operational Research*, Vol. 2, No. 6, 1978.

A. Jaffe, "Building Program Evaluation into the Design of Public Research Support Programs", *Oxford Review of Economic Policy*, Vol. 18, No. 1, 2000.

A. J. Smith et al., "The Competitive Advantage of Nations: is Porter's Diamond Framework a New Theory that Explains the International Competitiveness of Countries", *Southern African Business Review*, Vol. 14, No. 1, 2010.

A. Shah, "Fiscal Incentives for Investment and Innovation", *Social Science Electronic Publishing*, Vol. 13, No. 5, 1995.

A. Steinmetz, "Competition, Innovation, and the Effect of R&D knowledge", *Journal of Economics*, Vol. 115, No. 3, 2015.

A. Trianni et al., "Classification of Drivers for Industrial Energy Efficiency and Their Effect on the Barriers Affecting the Investment Decision-making Process", *Energy Efficiency*, Vol. 10, No. 1, 2017.

A. Zhang, Y. Zhang, R. Zhao, "A Study of the R&D Efficiency and Productivity of Chinese firms", *Journal of Comparative Economics*, Vol. 31, No. 3, 2003.

B. A. Lundvall, *National Systems of Innovation: Toward a Theory of Innovation and Interactive Learning*, London: Anthem Press, 2010.

B. E. Hansen, "Threshold Effects in Non-Dynamic Panels: Estimation, Testing and Inference", *Journal of Econometrics*, Vol. 93, No. 2, 1999.

B. Guloglu, R. B. Tekin, "A Panel Causality Analysis of the Relationship among Research and Development, Innovation, and Economic Growth in High-Income OECD Countries", *Eurasian Economic Review*, Vol. 2, No. 1, 2012.

B. Jackson, "Decision Methods for Selecting a Portfolio of R&D Projects", *Research Management, Vol. 26, No. 5, 1983.

B. Nixon, "Research and Development Performance Measurement: A Case Study", Management Accounting Research, Vol. 9, No. 3, 1998.

C. Bérubé, P. Mohnen, "Are Firms That Receive R&D Subsidies More Innovative?", Canadian Journal of Economics/revue Canadienne Déconomique, Vol. 42, No. 1, 2009.

C. Elschner, C. Ernst, C. Spengel, "What the Design of an R&D Tax Incentive Tells about Its Effectiveness: A Simulation of R&D Tax Incentives in the European Union", Journal of Technology Transfer, Vol. 36, No. 3, 2011.

C. Freeman, "The Economics of Industrial Innovation", Social Science Electronic Publishing, Vol. 7, No. 2, 1997.

C. I. Jones, J. C. Williams, "Measuring the Social Return to R&D", Finance & Economics Discussion, Vol. 113, No. 4, 1997.

C. Kao, S. N. Hwang, "Multi-period Efficiency and Malmquist Productivity Index in Two-stage Production Systems", European Journal of Operational Research, Vol. 232, No. 3, 2014.

C. S. Nicholson, N. A. Theobald, C. J. Nicholson, "Disparate Measures: Public Managers and Performance-Measurement Strategies", Public Administration Review, Vol. 66, No. 1, 2010.

C. Teerawat, H. Charles, "The Efficiency of SMEs in Thai Manufacturing: A Stochastic Frontieranalysis", Economic Modelling, Vol. 43, No. 12, 2014.

C. Z. Tsvakirai, L. Frikkie, J. F. Kirsten, "Does Research and Development (R&D) Investment Lead to Economic Growth? Evidence from the South African Peach and Nectarine Industry", African Journal of Science, Technology, Innovation and Development, No. 3, 2018.

D. Aigner, C. A. K. Lovell, P. Schmidt, "Formulation and Estimation of Stochastic Frontier Production Function Models", Journal of Econometrics, Vol. 6, No. 1, 1977.

D. Czarnitzki, B. Ebersberger, A. Fier, "The Relationship Between R&D Collaboration, Subsidies and R&D Performance: Empirical Evidence from Finland and Germany", *Journal of Applied Econometrics*, Vol. 22, No. 7, 2007.

D. Czarnitzki, G. Licht, "Additionality of Public R&D Grants in A Transition Economy", *Economics of Transition*, Vol. 14, No. 1, 2010.

D. Frantzen, "R&D, Human Capital and International Technology Spillover: A Cross-country Analysis", *The Scandinavian Journal of Economics*, No. 1, 2000.

D. Guellec, "Applications, Grants and the Value of Patent", *Economics Letters*, Vol. 69, No. 1, 2000.

D. Guellec, P. Bruno, "The Impact of Public R&D Expenditure on Business R&D", *Economics of Innovation and New Technology*, Vol. 12, No. 3, 2003.

D. Guellec, "The Impact of Public R&D Expenditure on Business R&D", *ULB Institutional Repository*, Vol. 12, No. 3, 2001.

D. H. Mogens, S. M. Erik, S. Valdemar, "Efficiency, R&D and Ownership-some Empirical Evidence", *International Journal of Production Economics*, Vol. 83, No. 1, 2003.

D. P. Leyden, A. N. Link, "Why Are Governmental R&D and Private R&D Complements?", *Applied Economics*, Vol. 23, No. 10, 1991.

D. W. Caves, L. R. Christensen, W. E. Diewert, "The Economic Theory of Index Numbers and the Measurement of Input, Output, and Productivity", *Econometrica*, Vol. 50, No. 6, 1982.

E. Berman, X. H. Wang, "Performance Measurement in U. S. Counties: Capacity for Reform", *Public Administration Review*, Vol. 60, No. 5, 2010.

E. E. Hale, R. Phillips, R. Phillips, "Some Implications of Keynes General Theory of Employment, Interest, and Money", *Economic Record*, Vol. 12, No. 2, 2010.

E. Mansfield, "Industrial Innovation in Japan and the United States", *Science*, Vol. 241, No. 4, 1988.

E. Mansfield, L. Switzer, "Effects of Federal Support on Company-Financed R and D: The Case of Energy", *Social Science Electronic Publishing*, Vol. 30, No. 5, 2015.

E. Mansfield, "The R&D Tax Credit and Other Technology Policy Issues",

Journal of Product Innovation Management, Vol. 76, No. 4, 2001.

F. G. Hayden, "Technology, Institutions and Economic Growth. By Richard R. Nelson", *R&D Management*, Vol. 38, No. 4, 2010.

G. E. Battese, G. S. Corra, "Estimation of a Production Frontier Model: With Application to the Pastoral Zone of Eastern Australia", *Australian Journal of Agricultural Economics*, Vol. 21, No. 3, 1997.

G. E. Battese, T. J. Coelli, "Frontier Production Functions, Technical Efficiency and Panel Data: With Application to Paddy Farmers in India", *Journal of Productivity Analysis*, Vol. 3, No. 1, 1992.

G. H. Jefferson, B. Huamao, G. Xiaojing, "R&D Performance in Chinese Industry", *Economics of Innovation and New Technology*, Vol. 15, No. 4, 2006.

G. Xulia, J. Jaumandreu, C. Pazo, "Barriers to Innovation and Subsidy Effectiveness", *Rand Journal of Economics*, Vol. 36, No. 4, 2005.

H. C. Amornkitvikai, "Finance, Ownership, Executive Remuneration, and Technical Efficiency: A Stochastic Frotier Analysis (SFA) of Thai Listed Manufacturing Enterprises", *Australasian Accounting Business & Finance Journal*, Vol. 5, No. 1, 2011.

H. F. Lewis, T. R. Sexton, "Network DEA: Efficiency Analysis of Organizations with Complex Internal Structure", *Computers & Operations Research*, Vol. 31, No. 9, 2004.

H. M. Wang, H. K. Yu, H. Q. Liu, "Heterogeneous Effect of High-tech Industrial R&D Spending on Economic Growth", *Journal of Business Research*, Vol. 66, No. 10, 2013.

H. O. Fried et al., "Accounting for Environmental Effects and Statistical Noise in Data Envelopment Analysis", *Journal of Productivity Analysis*, Vol. 17, No. 2, 2002.

J. Backhaus, "Joseph Alois Schumpeter: Entrepreneurship, Style and Vision", *Social Science Electronic Publishing*, Vol. 25, No. 1, 2003.

J. Carmichael, "The Effects of Mission-Oriented Public R&D Spending on Private Industry", *Journal of Finance*, Vol. 36, No. 3, 1981.

J. C. Driscoll, A. C. Kraay, "Consistent Covariance Matrix Estimation with Spatially Dependent Panel Data", *Review of Economics & Statistics*, Vol. 80, No. 4, 1998.

J. D. Adams, E. P. Chinang, J. L. Jensen, "The Influence of Federal Laboratory R&D on Industrial Research", *Review of Economics and Statistics*, No. 5, 2003.

J. H. Park, "Open Innovation of Small and Medium-sized Enterprises and Innovation Efficiency", *Asian Journal of Technology Innovation*, No. 2, 2018.

J. L. Furman, M. E. Porter, S. Stern, "The Determinants of National Innovative Capacity", *Research Policy*, Vol. 31, No. 6, 2002.

J. Mcmanus, E. A. Heinen, M. M. Baehr, "The General Theory of Employment, Interest, and Money", *Limnology & Oceanography*, Vol. 12, No. 1, 2010.

J. V. Blanes, I. Busom, "Who Participates in R&D Subsidy Programs? The Case of Spanish Manufacturing Firms", *Research Policy*, Vol. 33, No. 10, 2004.

K. Hussinger, "R&D and Subsidies at the Firm Level: An Application of Parametric and Semiparametric Two-Step Selection Models", *Journal of Applied Econometrics*, Vol. 23, No. 6, 2010.

K. Pavitt, M. Robson, J. Townsend, "The Size Distribution of Innovating Firms in the UK: 1945 – 1983", *Journal of Industrial Economics*, Vol. 35, No. 3, 1987.

K. Shin et al., "Measuring the Efficiency of U. S. Pharmaceutical Companies Based on Open Innovation Types", *Journal of Open Innovation: Technology, Market, and Complexity*, Vol. 4, No. 3, 2018.

L. Brandt, T. Tombe, X. Zhu, "Factor Market Distortions Across Time, Space, and Sectors in China", *Review of Economic Dynamics*, Vol. 16, No. 1, 2013.

L. Lanahan, "Multilevel Public Funding for Small Business Innovation: A Review of US State SBIR Match Programs", *Journal of Technology Transfer*, Vol. 41, No. 2, 2016.

M. Boldrin, D. K. Levine, "Rent-seeking and Innovation", *Journal of Monetary Economics*, Vol. 51, No. 1, 2008.

M. E. Porter, *Competitive Advantage of Nations*, Free Press, 1998.

M. Falk, "What Drives Business Research and Development (R&D) Intensity Across Organisation for Economic Co-operation and Development (OECD) Countries?", *Applied Economics*, Vol. 38, No. 5, 2006.

M. Greco, G. Locatelli, S. Lisi, "Open Innovation in the Power & Energy Sector: Bringing Together Government Policies, Companies' Interests, and Academic Essence", *Energy Policy*, No. 4, 2017.

M. J. Farrell, "The Measurement of Productive Efficiency", *Journal of the Royal Statistical Society*, Vol. 120, No. 3, 1957.

M. Lee, I. J. Hwang, "Determinants of Corporate R&D Investment: An Empirical Study Comparing Korea's IT Industry with Its Non-IT Industry", *ETRI Journal*, Vol. 25, No. 4, 2003.

N. Bloom, R. Griffith, J. V. Reenen, "Do R&D Tax Credits Work? Evidence From a Panel of Countries 1979 – 1997", *Journal of Public Economics*, Vol. 85, No. 1, 2002.

P. Aghion et al., "Carbon Taxes, Path Dependency and Directed Technical Change: Evidence from the Auto Industry", *Social Science Electronic Publishing*, Vol. 124, No. 1, 2012.

P. Beneito, "Choosing Among Alternative Technological Strategies: An Empirical Analysis of Formal Sources of Innovation", *Research Policy*, No. 32, 2003.

P. D. L. Julnes, M. Holzer, "Promoting the Utilization of Performance Measures in Public Organizations: An Empirical Study of Factors Affecting Adoption and Implementation", *Public Administration Review*, Vol. 61, No. 6, 2001.

P. H. Hsu, X. Tian, Y. Xu, "Financial Development and Innovation: Cross-Country Evidence", *Journal of Financial Economics*, Vol. 112, No. 1, 2014.

P. J. Klenow, "Ideas Versus Rival Human Capital: Industry Evidence on Growth Models", *Journal of Monetary Economics*, Vol. 42, No. 1, 2004.

P. Moon, K. Bates, "Core Analysis in Strategic Performance Appraisal", *Management Accounting Research*, Vol. 4, No. 2, 1993.

P. Patanakul, J. K. Pinto, "Examining the Roles of Government Policy on Innovation", *Journal of High Technology Management Research*, Vol. 25, No. 2, 2014.

P. Smith, "Model Misspecification in Data Envelopment Analysis", *Annals of Operations Research*, Vol. 73, No. 1, 1997.

R. Blundell, S. Bond, "Initial Conditions and Moment Restrictions in Dynamic Panel Data Models", *Economics Papers*, Vol. 87, No. 1, 1998.

R. D. Banker, A. Charnes, W. W. Cooper, "Some Models for Estimating Technical and Scale Inefficiencies in Data Envelopment Analysis", *Management Science*, Vol. 30, No. 9, 1984.

R. D. Behn, "Why Measure Performance? Different Purposes Require Different Measures", *Public Administration Review*, Vol. 63, No. 5, 2003.

R. E. Ankli, "Michael Porter's Competitive Advantage and Business History", *Business & Economic History*, No. 21, 1992.

R. Fare, S. Grosskopf, C. A. K. Lovell, *The Measurement of Efficiency of Production*, Springer Netherlands, 1985.

R. Fare, S. Grosskopf, "Network DEA", *Socio-Economic Planning Sciences*, Vol. 34, No. 1, 2000.

R. Griffith, D. Sandler, J. V. Reenen, "Tax Incentives for R&D", *Fiscal Studies*, Vol. 16, No. 2, 2010.

R. L. Schmidt, J. R. Freeland, "Recent Progress in Modeling R&D Project-selection Processes", *IEEE Transactions on Engineering Management*, Vol. 39, No. 2, 1992.

R. S. Higgins, "Federal Support of Technological Growth in Industry: Some Evidence of Crowding Out", *IEEE Transactions on Engineering Management*, Vol. 28, No. 4, 2013.

S. E. Katrin, J. A. Francisco, M. Zuray, "A Three-stage DEA-SFA Efficiency Analysis of Labour-owned and Mercantile Firms", *Journal of Industrial & Management Optimization*, Vol. 7, No. 3, 2017.

S. Hong et al., "Effect-directed Analysis: Current Status and Future Challenges", *Ocean Science Journal*, Vol. 51, No. 3, 2016.

S. J. Kim et al., "The Effect of Service Innovation on R&D Activities and Government Support Systems: The Moderating Role of Government Support Systems in Korea", *Journal of Open Innovation Technology Market & Complexity*, Vol. 2, No. 1, 2016.

S. J. Wallsten, "The Effects of Government-Industry R&D Programs on Private R&D: The Case of the Small Business Innovation Research Program", *Rand Journal of Economics*, Vol. 31, No. 1, 2000.

S. K. Robert, P. N. David, "Linking the Balanced Scorecard to Strategy", *California Management Review*, Vol. 39, No. 1, 1996.

S. Lach, "Do R&D Subsidies Stimulate or Displace Private R&D? Evidence from Israel", *Journal of Industrial Economics*, Vol. 50, No. 4, 2002.

S. Park, "Analyzing the Efficiency of Small and Medium-sized Enterprises of a National Technology Innovation Research and Development Program", *Springerplus*, Vol. 3, No. 1, 2014.

S. Sasidharan, J. Lukose, S. Komera, "Financing Constraints and Investments in R&D: Evidence from Indian Manufacturing Firms", *Social Science Electronic Publishing*, No. 55, 2015.

S. Y. Sohn, J. Y. Gyu, H. H. Kyu, "Structural Equation Model for the Evaluation of National Funding on R&D Project of SMEs in Consideration with MBNQA Criteria", *Evaluation & Program Planning*, Vol. 30, No. 1, 2007.

T. Clausen, "Do Subsidies Have Positive Impacts on R&D and Innovation Activities at the Firm Level?", *Structural Change & Economic Dynamics*, Vol. 20, No. 4, 2009.

T. J. Brignall et al., "Product Costing in Service Organizations", *Management Accounting Research*, Vol. 2, No. 4, 1991.

T. J. Klette, J. Moen, Z. Griliches, "Do Subsidies to Commercial R&D Reduce Market Failures? Micro-Econometric Evaluation Studies", *Research Policy*, Vol. 29, No. 4, 1999.

T. Koga, "Firm Size and R&D Tax Incentives", *Technovation*, Vol. 23, No. 7, 2003.

W. E. Souder, T. Mandakovic, "R&D Project Selection Models", *Research Management*, No. 29, 1986.

Y. Chen, J. Zhu, *Measuring Information Technology's Indirect Impact on Firm Performance*, Kluwer Academic Publishers, 2004.

Y. Qian, C. Xu, "Innovation and Bureaucracy Under Soft and Hard Budget Constraints", *Review of Economic Studies*, Vol. 65, No. 1, 2010.

后　记

　　本书是在我的博士学位论文基础之上修改完成的。我要感谢我的博士生导师陆远权教授！在2016年的暑假前夕，我有幸与陆老师在师门办公室有一次短暂的沟通，至今还记得初见陆老师的场景与模样。那天上午突然接到师妹的通知，说是陆老师在办公室想让大家碰个面，当面询问一下我的具体情况与读博安排。得到未曾谋面的陆老师的突然"召见"，让我既兴奋又紧张，渴望被认可又害怕被拒绝……在向老师与各位师兄、师姐、师弟、师妹问过安好后，正视陆老师时，映入我眼帘的是个干练、清瘦、帅气的老师模样，真人比官网上的宣传照更精神，也更严肃。在和陆老师有过短暂的了解与交谈之后，我知道自己有机会参加面试，悬着的心总算是平静了下来。在这之后，经过按部就班地入学面试与提交各种手续、材料后，我顺利地进入了陆老师师门，亦叫"陆扇门"。陆老师给了我攻读博士学位的机会，在"陆扇门"的这三年里，无论是学术上的传道授业，还是课题中的指点迷津，抑或是日常闲谈中的自由辩论，陆老师严谨求实的治学作风、专业渊博的学术积淀以及深邃开阔的研究视野，都深深地影响着我。在学术尤其是确定博士学位论文研究方向与框架上，陆老师给了我自由的选题范畴，并经常在微信上将我所研究的相关议题的最新报告或参考资料共享给我，以尽可能地让我紧跟该研究领域的学术前沿与政策热点。这不仅奠定了我后续研究工作的牢固基础，还锻炼了我的学术洞察力与学术敏感性。从博士学位论文的框架设定到研究逻辑开展等，都倾注了陆老师的大量心血。还记得陆老师在百忙之中审阅我的论文时，他整理了七页密密麻麻的修改意见笔记、还有备注的小纸条。这让我又一次见识了陆老师严谨治学的态度与认真培育学生的用心。上一次有此深刻印象，还是在陆老师撰写国家社科基金申请书的时候。截至2018年6月，我们师门连续申报国家社科基金有三个年头了。陆老师每年都会自己撰写手稿并分享给我们，拿过那密密麻麻的手稿，有时真的想告诉陆老师其实可以用电脑或者手机记录的。后来才知道，陆老师行政职务中的会议较多，用电脑或手机并不方便，这些密密麻麻的字迹都是陆老师在平日里，随时随地记录的学术思考中的灵感或想法，有时是开会后随手拿过便签纸记录的，有时是散步路过在办公室便签纸上记录的，有时是看报告时随手摘录的……我们熟知陆老师，所以总会在他办公桌上不断更新便签纸，因为我们知道这份习惯与坚持对他而言有多珍贵。而他总是会敏锐地感知到学术热点与专业难点。就在陆老师放假不休假的自我高标准要求中，他利用过年别人放松、团聚的时间，在学院办公室修改完了年前我们初定的申报稿，并在开学后第一时间与我们共享了他的新想法、新思路、新框架与新内容。陆老师严谨治学、刻苦钻研的作风，让我们知道了那句"没有人能随随便便成功"背后的真谛。不负众望，在申报国家社科基金的第三个年头，我们有了自己的国社基金号。

  我还要感谢我的硕士生导师徐鲲教授！不像其他人对大学及以后的人生有个清晰的规划，我更像是随遇而安的浮萍，漂到哪里就从哪里开始，悠然却又不知所措的样子像极了没有方向的雏鸟。但当毕业的时限悄然而至，没有人能逃离十字路口的抉择，每个人都必须确定新的征程、新的方向。怀揣着不知所以但又懵懂的意愿，我选择了一条考研之路。所幸自己的选择与努力没有被辜负，读研又开启了我在重庆大学的另外三年时光。研究生三年是我在真正意义上调整自己、让自己变得越来越好的三年。在这里，我遇到了首位恩师徐鲲教授。他给了我自主学习与自由选择的空间，在我想写论文又不知方向的时候给我选题，并在论文写作规范、中心把握、论文投稿等细节上传授经验，并给予细致地讲解与示范。是徐老师的耐心与包容教会了我沉下心来做事、端正态度做事、始终如一做事。如果没有徐老师的理解与包容、引导与教诲、榜样与示范，我可能仍旧是那个懵懂、事事拎不清、做事没规划的莽撞姑娘。我想好的老师就像小学课本里灯塔的故事所表达的那样，像是我们人生奋斗征程上的灯，点亮我们前行的道路；像是我们远航漂泊中的塔，指引我们航行的方向。非常庆幸能和徐老师拥有这份师生缘分，非常感谢徐老师所赠予的这份师生情谊，也非常珍惜在徐老师门下和大家一起度过的三年时光。

除了在学术上受惠于陆老师与徐老师的谆谆教导外，我还要感谢师母刘红老师（陆远权教授夫人），感谢她在日常生活、处事等诸多方面给予我的极大帮助。我们师门已经记不清吃过多少次刘老师亲手做的炖牛肉、蒸香肠了，也记不清跟着刘老师吃过多少应季的新鲜水果了。刘老师就像善良、温柔又慈爱的母亲，给予我们最贴心的关怀、理解与包容，我在此一并表示最诚挚的谢意，非常感谢陆老师，非常感谢刘老师！同时，还要感谢研究生办公室肖干老师以及其他办公室老师和同学在日常学习管理方面给予我的帮助与支持，感谢肖老师不厌其烦地通知我们各种毕业事项，为您耐心与热情的工作态度点赞！此外，在读博期间，重庆大学公共管理学院以及经济与工商管理学院各位任课教师所传授的高级微观经济学、计量经济学、制度经济学等学科前沿理论知识，极大地拓展了我的研究视野，丰富了我的研究方法，在此也向各位辛勤的老师表示最崇高的敬意和最深切的感谢。与此同时，"陆扇门"和睦一家亲的优良传统也让我受益颇多。尤其要感谢博士学习期间同门重庆师范大学张德钢博士、重庆科技学院朱小会博士、重庆水利电力职业技术学院王希师妹、成都市龙泉驿区发改局刘源师妹以及在校的李玉山博士，毛丹、秦佳佳、蔡文波、刘姜、陈康与卢鑫等诸多师兄、师姐、师弟、师妹，感谢你们在师门研究课题、办公室集中学习以及日常生活中的陪伴、合作与互助。还要感谢博士班好友聂军、肖伶俐等同学，与他们之间的学术探讨或旅游聚餐，都为我平淡的博士生活点缀了些许色彩。

我要特别感谢我最看重、最亲爱的家人们。感谢母亲大人开明、自由的教育思想与理念，让我可以听从自己的内心去做自己想做的事情，感谢您为我在每个关键抉择上的默默祈祷与祝福；感谢父亲在无数个夜晚加班，不辞辛苦地工作，感谢父亲寡言少语背后的惦念与担忧，非常感谢您和母亲对我的尊重与理解，儿行千里母担忧的挂念我懂，全部付出为子女的度量我懂，父母在亦远游的取舍我懂；感谢妹妹的陪伴，让我成长路上不孤单，是你的善良与温柔教会了我如何做一个好姐姐，是你的可爱与调皮让我们家里多了喜乐。家庭的和睦与温暖一直是我求学路上、日常生活中充满力量的根本。今天，我用这本书作为送给家人最珍贵的礼物，愿今后可以回馈给家人更多的成果，也愿我用不懈奋斗来回报这份无言且珍贵的亲情。在这里，我想特别感谢我的男朋友李晓龙博士。他是我所遇见的集聪慧、稳重、幽默及才华为一身的最有魅力的宝藏男孩。我们一起经历了四年多的幸福时光，离不开他的体谅、理解、包容、照顾与陪伴。每次在我遭遇退稿、拒稿、论文瓶颈期以及种种不顺心的事情时，他都会给予我心灵的慰藉并帮我重拾信心与勇气。以后的路还很长，我想我只能用一生来回馈他对我的爱，就这样和他一直平平淡淡地走下去。

另外，本书在撰写过程中参考并引用了国内外众多学者的文献资料与研究成果，已尽可能地做到一一标注，如有遗漏，在此深表抱歉，望谅解！